汽车装配与调试

（第 2 版）

主　编　甘守武
副主编　罗永前

重庆大学出版社

内容提要

本书是汽车制造与装配技术专业的主干课程之一，是学习德国职业教育引入任务驱动理念后实施校企合作、共同开发的具有工学结合特色的配套教材。根据国家级示范性建设重点项目汽车制造与装配技术专业人才培养方案与课程标准，本书以汽车生产企业的实际生产过程为依据，安排了总成分装线；一次内饰装配线；底盘装配线；二次内饰装配线，检测线5个实践任务。通过以上任务的完成，学生能够掌握汽车装配与调试的基本工艺、装配车间的管理与控制、汽车的装配流程，汽车检测与调试等知识。本书可作为全国汽车制造与装配技术专业的教材，也可作为专业技术人员的工具书及培训参考用书。

图书在版编目(CIP)数据

汽车装配与调试/甘守武主编.—2版.—重庆：
重庆大学出版社，2013.9(2021.10重印)
国家示范性高等职业院校工学结合规划教材
ISBN 978-7-5624-5846-3

Ⅰ.①汽… Ⅱ.①甘… Ⅲ.①汽车—装配(机械)—高等职业教育—教材②汽车—调试方法—高等职业教育—教材 Ⅳ.①U463

中国版本图书馆CIP数据核字(2013)第183481号

汽车装配与调试
(第2版)
主 编 甘守武
副主编 罗永前
策划编辑：周 立
责任编辑：文 鹏 谢 芳 版式设计：周 立
责任校对：秦巴达 责任印制：赵 晟
*
重庆大学出版社出版发行
出版人：饶帮华
社址：重庆市沙坪坝区大学城西路21号
邮编：401331
电话：(023) 88617190 88617185(中小学)
传真：(023) 88617186 88617166
网址：http://www.cqup.com.cn
邮箱：fxk@cqup.com.cn (营销中心)
全国新华书店经销
POD：重庆俊蒲印务有限公司
*
开本：787mm×1092mm 1/16 印张：12.5 字数：312千
2010年12月第1版 2013年9月第2版 2021年10月第5次印刷
ISBN 978-7-5624-5846-3 定价：36.00元

再版前言

作为国家“十一五”规划重点建设内容之一的汽车工业，近年来得到了飞速发展。汽车行业现有各类生产企业 5 800 多家，总资产超万亿元，直接从业人员近 220 万人，相关从业人员 3 500 多万人，560 万辆左右的年产量，11 000 多亿元的总产值，3 000 亿元左右的工业增加值，24 辆/千人左右的汽车化水平。

目前全国从事汽车装配工种的操作工人仅有 5 万人，其中，中、高级汽车装调工水平的人数仅占 25% 左右，高技能人才缺口数量大。从国内开设汽车制造与装配技术专业高职院校调研结果显示，目前国内开设本专业的高职院校由于办学条件限制，水平相对较低，没有真正形成校企融合的办学模式，课程设置和实训环节针对性普遍不强，毕业生技能水平和相应素质总体不高，很难满足企业对人才的需求。由此可见，汽车装配技术专业人才前景光明，有着巨大的市场前景。

本书是汽车制造与装配技术专业的核心课程之一，是学习德国职业教育引入任务驱动理念后实施校企合作、共同开发的具有工学结合特色的配套教材。根据国家级示范性建设重点项目汽车制造与装配技术专业人才培养方案与课程标准，本书以汽车生产企业的实际生产过程为依据，安排了总成分装线、一次内饰装配线、底盘装配线、二次内饰装配线、检测线 5 个实践任务，通过以上任务的完成，学生能够掌握汽车装配与调试的基本工艺、装配车间的管理与控制、汽车的装配流程，汽车检测与调试等知识。本书可作为全国汽车制造与装配技术专业的教材，也可作为专业技术人员的工具书及培训参考用书。

本书的主要特点有：

①模拟实际的汽车装调车间工作场景、让学生在上岗前熟悉汽车装配与调试的流程及工艺。

②与汽车企业汽车装调工要求紧密接轨，体现汽车生产企业对装调工的职业素质及技术要求。

本书由重庆电子工程职业学院甘守武担任主编，罗永前担任副主编。甘守武编写第1章、第2章、第4章，罗永前编写第3章、第5章，周均与重庆交通大学尹作发合编第6章，陈志军与徐跃进合编第7章。在教材编写过程中，得到了长安汽车集团、渝安集团、重庆东风小康等汽车企业的大力支持，在此特别鸣谢。

由于编者水平有限，书中难免有疏漏和不当之处，恳请读者提出宝贵意见。

编　者

2013年2月

目录

第 1 章　汽车装配及调试工艺基础 …… 1
1.1　汽车装配与调试工艺概述 …… 1
1.2　生产作业指导书识读 …… 8
1.3　班组管理知识 …… 11
1.4　装配质量管理与控制 …… 13

第 2 章　常用工具的认识及使用 …… 15
2.1　扳手类工具的认识及使用 …… 15
2.2　螺钉旋具的认识与使用 …… 24
2.3　手锤的认识与使用 …… 27
2.4　钳子的认识与使用 …… 29
2.5　风动及电动工具的认识与使用 …… 33
2.6　量具的认识及使用 …… 36
2.7　其他工具的认识与使用 …… 41

第 3 章　总成分装线 …… 49
3.1　发动机总成分装 …… 49
3.2　车门总成分装 …… 53

第 4 章　一次内饰装配线 …… 61
4.1　车身线束装配 …… 61
4.2　行李箱内饰装配 …… 67
4.3　仪表板装配 …… 75
4.4　乘员仓内饰装配 …… 84
4.5　发动机舱内饰装配 …… 102
4.6　挡风玻璃装配 …… 114

第 5 章　底盘装配线 …… 117
5.1　散热器及冷凝器带附件总成装配 …… 117
5.2　动力总成及附件装配 …… 119
5.3　转向器总成及附件装配 …… 126
5.4　燃油管路装配 …… 129
5.5　制动管路装配 …… 132
5.6　悬架装配 …… 138
5.7　消声器总成装配 …… 142

第 6 章　二次内饰装配线 …… 144
6.1　保险杠装配 …… 144
6.2　车轮装配 …… 149
6.3　座椅装配 …… 151
6.4　车门及装饰件总成装配 …… 155
6.5　刮水电机及雨刷装配 …… 159
6.6　蓄电池装配及整车油液加注 …… 161

第 7 章　检测线 …… 163
7.1　发动机电喷控制系统检测 …… 163
7.2　外观及零部件工作状态检测 …… 166
7.3　灯光指示与电器检测 …… 178
7.4　底盘检测 …… 182
7.5　汽车总装扭力抽查 …… 186
7.6　怠速排放检测 …… 189
7.7　汽车路试与淋雨密封性检测 …… 191

第 1 章 汽车装配及调试工艺基础

能力培养

- 工艺文件识读能力
- 班组管理能力
- 总装质量控制及管理能力

职场安全

- 国家和行业职场健康安全法律法规
- 适当的劳保服装及鞋帽、防护眼镜等
- 车间设备工具安全使用规程等

1.1 汽车装配与调试工艺概述

1.1.1 装配与调试的定义

汽车是各种零部件的有机组合体。汽车生产的最后一道工序必定是装配与调试，否则各种零部件无法组合在一起并发挥应有的功能。所谓装配就是将各种零部件、合件或总成按规定的技术条件和质量要求连接组合成完整产品的生产过程，也可称为“使各种零件部件、合件或总成具有规定的相互位置关系的工艺过程”；调试就是对组装好的整车进行出厂前的各项检查和试验，调试到合格的出厂状态，包括发动机、底盘、车身、电器设备等部分的检测，对于不合格的状态，需进行返修调试。

1.1.2 汽车装配的技术要求

汽车装配是汽车的最后一道工序，装配质量的高低，直接关系到整车质量。因此，在整车装配的过程中，必须达到下列技术要求。

(1)装配的完整性

必须按工艺规定，将所有零部件、总成全部装上，不得有漏装、少装现象，不要忽视小零件，如螺钉、平垫圈、弹簧垫圈、开口销等。

(2)装配的统一性

按生产计划，对基本车型，按工艺要求装配，不得误装、错装和漏装，装配方法必须按工艺要求；装配要统一：两车间装的同种车型统一、同一车间装的同种车型统一、同一工位干的同样车型统一，简称为"三统一"。

(3)装配的紧固性

凡是螺栓、螺母、螺钉等件必须达到规定的扭矩要求。应交叉紧固的必须交叉紧固，否则会造成螺母松动现象，带来安全隐患。螺纹连接严禁松动现象，不过，过紧会造成螺纹变形、螺母卸不下来。

(4)装配的润滑性

按工艺要求，凡润滑部位必须加注定量的润滑油和润滑脂。对发动机来说，如果润滑油过少或漏加，发动机运转起来，很快会造成齿轮磨损，拉缸现象，直到整机损坏；加注过多，发动机运转时润滑油很容易窜到燃烧室、燃烧后产生积碳，因此加油量必须按工艺要求加。

(5)装配的密封性

- 冷却系统的密封性。各接头不得漏水。
- 燃油系统的密封性。各管路连接和燃油滤清器等件不得有漏漆漏油现象。
- 各油封装配密封性。装油封时，将零件拭干净，涂好机油，轻轻装入，油封不到刃口，否则会产生漏油。
- 空气管路装配密封性。要求空气管路连接处必须均匀涂上一层密封胶，锥管接头要涂在螺纹上，管路连接胶管要涂在管箍接触面上，管路不得变形或歪斜。

1.1.3 装配中的连接

装配要把各种零部件、合件或总成组合起来，其主要的方法就是连接，装配中的连接可以分为以下几类：

(1)可拆式活动连接

两件或两件以上零件自身或借助其他零件连接后，零件之间能相对运动，可拆卸后再连接，不损坏其中任何一个零件。例如：铰接、圆柱销连接。

(2)不可拆式活动连接

两件或两件以上零件自身或借助其他零件连接后，零件之间能相对运动，但不能再拆开，或者拆开后必定损坏其中一件或几件零件，不加修复或更换不能重新连接，如轴承。

(3)可拆式固定连接

- 两件或两件以上零件自身或借助其他零件连接后之间不能相对活动，可以拆开且可以重新连接而不损坏其中任何零件。这种连接在汽车生产中最为常见，如螺纹连接、借助螺钉或螺栓螺母的连接、键连接等。
- 螺纹连接的类型及作用：螺纹连接在汽车装配中较为普遍，大部分螺纹其固定作用，要求保证连接的强度(有的还要求密封性，如气管、油管的管接头的螺纹连接)，起固定作用的螺纹称为连接螺纹;还有部分起传动作用,要求保证传动的精度、效率和磨损寿命,起传动作用的螺纹称为传动螺纹。

• 螺纹连接的预紧及防松:绝大部分的螺纹连接在装配时都必须拧紧,打扭力,并涂色标,使连接在承受工作载荷之前,预先受到力的作用,预紧的目的在于增强连接的可靠性和紧密性。

• 连接螺纹能满足自锁条件,再加上螺母与螺栓头部等支承面的摩擦力,在静载荷和温度变化不大时,螺纹连接不会自动松脱。但在冲击、振动或变载荷的作用下,螺旋副间的摩擦力可能减小或瞬时消失,多次重复就会脱松。因此螺纹连接必须防松。

(4) **不可拆式固定连接**

两件或两件以上零件相互连接后不能相对活动,而且不能拆开,一旦拆开必定损坏其中一个零件,非经修复或更换不能重新连接,如焊接、铆接、热压(过盈配合)等。

1.1.4　汽车装配工艺

汽车是一种复杂的机械产品,主要由发动机、底盘、车身(含驾驶室和车厢)和电器四大部分构成。底盘部分又由传动系统、行驶系统、转向系统、制动系统、操纵系统、燃料供给系统等组成。按组成汽车的大总成分,由发动机总成(带有变速箱、离合器)、前轴及钢板弹簧总成、后桥总成、车架、轮胎、驾驶室、车厢等。一辆中重型卡车装配的零部件、总成大约有500多种、2 000多件,因此汽车装配是一项相当复杂的工作。

汽车装配就是将车身、发动机、底盘、仪表板、车灯、车门等构成整辆车的各零件按规定的技术条件和质量要求连接组合成整车的生产过程。现代轿车装配作业中,借助计算机和机械手的帮助,但有些工序却难以让机械手操作,例如仪表板、内饰件装配等,耗费人工最多的地方就是内饰件装配。

(1) **汽车装配工艺规程的一般原则**

• 先车内后车外。例如:车内线束—发动机舱线束。

• 先上后下。例如:顶篷—地毯。

• 先分装后总装。例如:ABS、转向器、油箱、车门、仪表台板。

• 后工位能检查前工位,前工位能为后工位服务。例如:作业指导书中规定的互检项目:保险盒支架、卡线束保险盒保险杠支架、保险杠。

(2) **汽车装配车间介绍**

• 车间任务:各种总成及合件的分装、发送、车身内、外饰及底盘的装配和检测、补漆和返工等工作。

• 生产性质:车间属于大批量、流水线生产。

• 生产协作:车间装配用油漆车身通过悬挂式输送机从涂装车间输送过来,发动机由发动机厂用叉车运输过来,其他外协作件均由外协厂家提供。

• 设计原则:整车的装配以人工装配为主,辅以关键的夹、辅具,紧固的拧紧主要通过气动工具及电动工具来实现;以客户的订单作为组织生产的指导原则;工艺水平应能满足产品精度要求,并与相应的生产纲领相适应。关键设备(主要指检测线设备和生产线的加液设备)采用进口设备,确保产品的质量。

(3) **汽车装配线生产形式**

汽车装配线的一般生产形式,如图1.1所示。

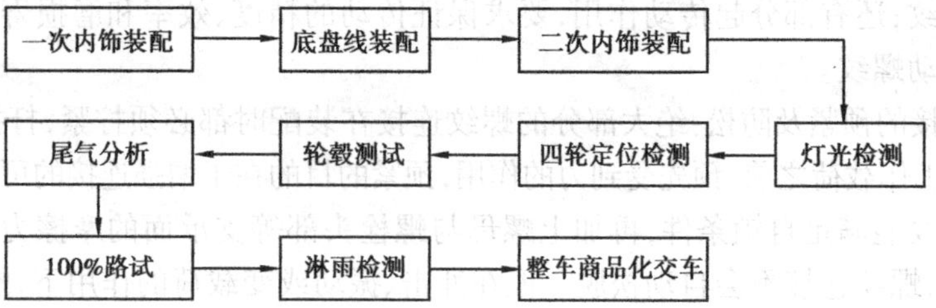

图 1.1　汽车装配线的一般生产形式

• 一次内饰:内饰装配均在推板滑撬上进行。主要包括:车门上附件,空调蒸发器,仪表板,前围隔热垫,地毯,顶棚,A、B 柱护板,整车车身线束,前、后风挡玻璃等部件的装配。

• 底盘装配:底盘装配均在推杆链上进行。主要包括:动力总成,后轴总成,排气管,制动油管,油箱及油管等装配。

• 二次内饰:二次内饰在推杆链和双边板式输送机上进行。主要包括:前、后保险杠,前大灯,四门护板,外后视镜,车轮,制动液、空调液、动力转向液、防冻液、清洗液的加注,四门二盖的调整,发动机预热调整,底盘件复查等。

• 整车性能检测。主要包括:整车的四轮定位,灯光检测,转毂试验,尾气排放,路试,淋雨密封性试验等。其中包括整车在静态和动态下所检查出的问题的返工。

• 动力总成合装线均采用自动跟踪功能的 AGV(Automatic guided vehicle)小车,前/后挡风玻璃涂胶采用机器人,有的车型生产线还在拆门与装门、仪表板、天窗及座椅等装配工位采用助力机械手辅助操作,在大大降低劳动强度同时,提高了装配质量。

• 装配线、检测线上的检测设备多采用世界先进水平的产品,例如德国 SCHENCK 公司的激光式四轮定位仪、转毂试验台德国 BOSCH 公司五气体分析仪。瑞典 Atlas—Copco、德国 BOSHG、美国 CLECO 等公司的气动、电动工具。

(4)汽车装配一般工艺流程

汽车装配的一般工艺流程,如图 1.2 所示。

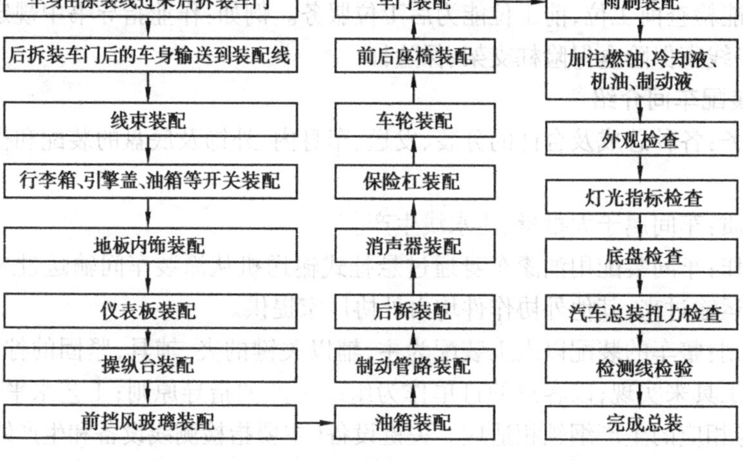

图 1.2　总装一般工艺流程

(5)**装配生产线布置**

汽车装配生产是属于劳动密集型、物料集中型的生产，零部件运输量大，品种繁多，因此装配生产线的布置对于提高汽车装配生产的效率至关重要。

- 提高汽车装配生产的效率不仅仅要采用高效的设备和工艺方法，准确、顺畅、便捷的物流系统和满足该系统要求的车间布置尤为重要。在工厂建成后的实际生产过程中，有效组织物流配送，优化物料运输的生产管理系统，从而达到提高物料运输效率的目的，则是物流现生产管理所需要解决的问题。
- 影响汽车装配生产效率的因素很多，设备能力、生产人员的素质、装配生产的管理水平、物流运输系统的协调一致、生产计划的细致到位、信息传送的及时准确，汽车装配生产效率往往是这些因素综合起作用的结果。
- 提高汽车装配生产效率、提高柔性化装配生产，并不是其中某一个因素达到最佳效果，汽车装配生产效率就提高了。一个新厂建设，受到多种内部、外部因素的相互影响，如何布置装配线，各区域的大小及位置并无绝对的模式，而是应该综合考虑各种因素，因时因地因厂的不同，采用不同的解决方案。如图1.3所示是一般的装配生产线布置形式。

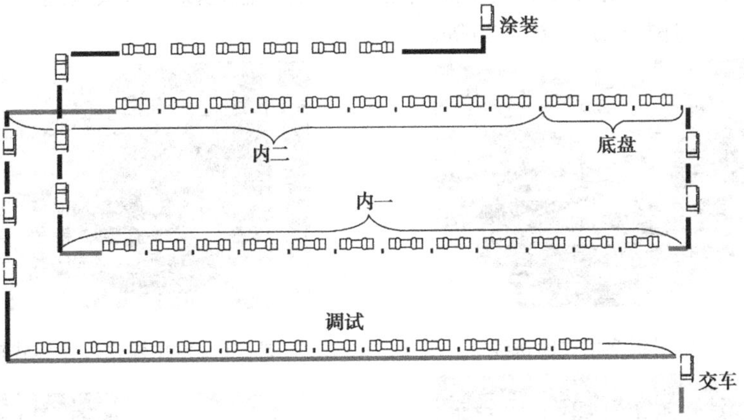

图1.3　装配生产线平面图

(6)**装配车间的组织结构**

一般装配车间的组织结构如图1.4所示。

- 班：设一条分割线将功能相同的作业集中在一起进行作业，由作业人员组成最小的组织单位"班"。每个班配置15名左右的作业者，并可以灵活增加或减少。组织结构中的班对生产的管理在很大程度上影响着整个生产线的顺利运作。班组长的日常工作任务主要有以下几点：每天将作业分配给相应的作业者；培养作业者的生产技能；根据生产任务调整作业者在工序间的工作任务转换。如果作业者的作业水平提高很快，班组长要努力培训其成为掌握多项技能的多能工，以更好地应对生产的转换。
- 各个层级的人员统一受上级领导，有效提高作业人员的积极性，提升生产的均衡性和生产效率。

(7)**总装生产线设备**

汽车装配线设备主要包括：汽车装配线所用输送设备，发动机和前后桥等各大总成上线设备，各种油液加注设备，出厂检测设备及各种专用汽车装配线设备。

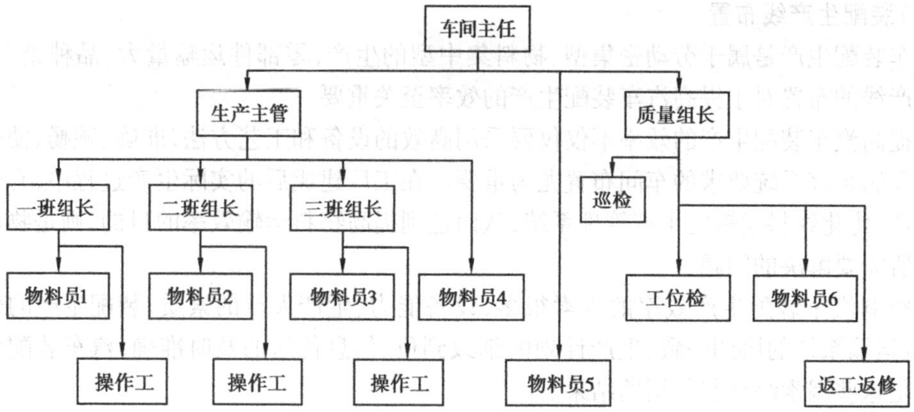

图 1.4　装配组织结构图

• 输送设备：用于汽车总装配线，各总成分装线以及大总成上线的输送，汽车装配输送设备的类型有：摩擦式台车输送机、滑橇输送线、窄滑板摩擦式输送线（图 1.5）、板撬式输送机、窄滑板摩擦式输送线、电动升降滑板摩擦式输送机、空中输送段摩擦式输送机（图 1.6）、轮胎辊道输送（图 1.7）、座椅输送（图 1.8）等。

图 1.5　窄滑板摩擦式输送线

图 1.6　空中输送段摩擦式输送机

图 1.7　轮胎辊道输送

图 1.8　座椅输送

图 1.9　真空加注

• 各种油液加注设备：包括燃油，润滑油，清洁剂，冷却液，制动液，制冷剂等各汽车装配线加注设备。如图 1.9 所示，真空加注机用于汽车总装生产线的刹车油，防冻液，助力转向液，冷媒和离合器油的快速加注，100 秒到 180 秒之间完成整个加注循环过程，除装配和拆卸加注枪采用人工方式外，其他所有加注过程都是自动完成。该设备快速地从管路系统中抽出空气，检测泄漏，为整个容器管路系统加注液体，如果检测出系统中有泄漏存在,它将自动报警,并在加注液体前退出工作循环。根据加注油类,车型不同,每种真空加注机原理设计均有不同。

- 出厂检测设备:四轮定位仪(图1.10),侧滑试验台(图1.11),转向试验台,前照灯检测仪,制动试验台(图1.12),车速表试验台,废气分析仪。

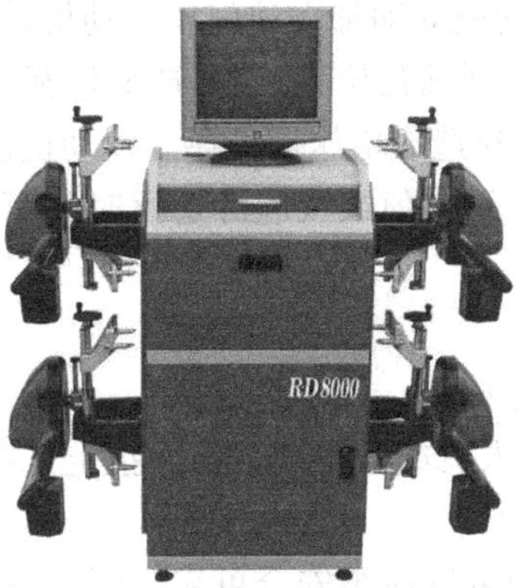

图1.10　四轮定位仪

图1.11　侧滑试验台

- 专用汽车装配线设备:车号打号机(图1.12),螺纹紧固设备,车轮装配专用设备,自动涂胶机(图1.13),液压桥装小车。

图1.12　车号打号机

图1.13　机器人涂胶

1.1.5　汽车调试工艺规程

不管产品车的型号如何,调试司机在接车调试前应遵守"一看二查三启动"的原则。

(1)**看**

就是围绕汽车转一圈,主要看汽车的外表和环境为主,看看车前车后有没有障碍物,停车位置的地面有没有可疑的油渍或水渍,前后灯具总成是否有损坏,轮胎气压是否够气。

(2)**查**

就是了解发动机的机油、冷却水是否够量,前后照明灯、信号灯和仪表是否工作正常,主要以检查汽车内部的技术状态为主。掀起驾驶室前面罩,抽出油尺查看机油高度位置是否正常,拧开膨胀箱盖查看冷却液是否正常,因为机油和冷却水是发动机的"生命保护盾",它们出问题发动机就很容易出问题,经常检查油和水的状况是十分必要的。同时也不要忘记查看一下离合器制动液,这些液体的储液罐大多呈透明状,一目了然。然后将点火锁匙转到开的位置(并不是启动发动机),查看仪表板各个仪表和指示灯是否显示正常。依次开启关闭小灯、大灯、会车灯、雾灯、转向灯，故障灯、倒挡灯和刹车灯等，尤其要重视转向灯和刹车灯，不管白天黑夜，这两种信号灯是最关系到行车安全的，任何时候都要保持良好的状态。

(3)启动

就是在前两项都正常的情况下转动点火锁匙启动发动机，每次启动时间不要超过十来秒，这里要注意冷启动时，踩油门要轻缓渐进，切忌一启动就立即加大油门使发动机转速急剧提升，因为冷启动时曲轴转速瞬间急升，机油来不及输送到轴瓦位置，容易造成轴瓦损伤，另外对带增压中冷进气的发动机，由于增压器润滑不足，容易造成增压器损坏。发动机启动后，密切注意油压、水温等仪表或仪表灯的变化，待仪表符合正常值或仪表灯熄灭时就可以上挡开动汽车了。

注意

■ 调试人员应遵守交通规则，服从有关管理人员的指挥。

■ 车辆调试时，必须由正式驾驶员驾驶。实习、学习人员或虽持证但为非指定人员，不准私自驾车进行调试。

■ 驾驶的车辆必须先行检查，如发现故障，各部件和装置应很安全可靠，必须先行排除，方能驾驶。

■ 道路试车时，必须悬挂试车牌照。要注意周围环境情况，并在规定的试车区域内进行，在试刹车和其他项目时，应按照试车规程采取相应的安全措施，严防事故发生。车辆临时停放或进行修理操作时，应停靠在安全地点，不得影响交通或影响其他工作的进行。

■ 运用的各类工具要经常注意检查其是否安全可靠，各种扳手、套筒要合理使用，以免打滑受伤。

■ 千斤顶损坏、失效应立即停止使用，凳子必须牢固，待修复，调换后再用。千斤顶顶起汽车后，必须先搁好支撑凳子，安放位置要正确，然后进去车身下进行工作。

■ 调试人员在使用各种油料时，妥善保管，应严格遵守防火制度，严禁明火靠近。

学习活动 1.1

请你讲述汽车装配的技术要点、总装生产线设备、调试工艺规程。

1.2 生产作业指导书识读

(1)生产作业指导书的作用

作业指导书的作用就是按其标准工作时，不论哪个作业者都能稳定地做出质量好的产品，不论谁都能安全，愉快地工作。重要的是，为了制造出质量好的产品，对“奇怪的”“难以使用”的地方不断地进行改善。作业指导书必须满足以下要求：

- 反映最佳的生产作业现状。
- 指导班组成员进行标准化的操作。

单位: 总装车间	工序:制动总泵带真空助力器总成装配	型号:	顾客需求速率:	周期时间:	编号:	日期:	版次:

符号	在制品	安全/人体工学	防呆装置	品质检查	快速转换	目视化工厂	环保	其他	作业顺序图

物流要求事项	若有以下情形请即告知小组长,小组长须告知物料人员予以处理:1)线上库存超出了库存量的上下限;2)库存用完,但料还未送达;3)来错料或来料放错位置

步骤	作业序号	作业内容	时间观测				符号	注意事项	建议措施
			手动	手动	机器	走路			
作业前准备		开线前穿好劳保用品,检查风扳机是否正常							检查上一工位是否有错漏装
作业中	1	至车体旁查看配置表, 确认车型							
	2	制动总泵带真空助力器总成1件, 制动踏板总成1件,六角法兰面螺栓1件,六角头螺栓弹簧垫圈平垫组合件1件,销子1件,弹性卡							制动踏板装配完后检查制动踏板开关上的触点与踏板臂的间距是否为 2 mm, 若不是需要调整制动等 2 开关上的螺栓以保证间距
	3	先将制动总泵带真空助力器总成从车体穿出,然后再将制动踏板固定,再将销子和弹性卡固定好,扭力要求25±5 N·m,黄色标							扭力校验
作业后		下班后将工具放回定置区域, 进行7 s检查							
		合计:							

作业指导书号码:	第　1　页 共　1　页

安全装备	安全锁	安全眼镜	安全鞋	手套	耳塞	安全帽	口罩	前褂	袖套	其他
			短鞋	棉纱						

作业员	组长	段长	主任	安全卫生	环保	设备维护	管理技术员	质量	技术组长	技术处长

图1.14　生产作业指导书

单位:	工序:	工序号:	产品代号:	作业指导书号:	日期:	版次:

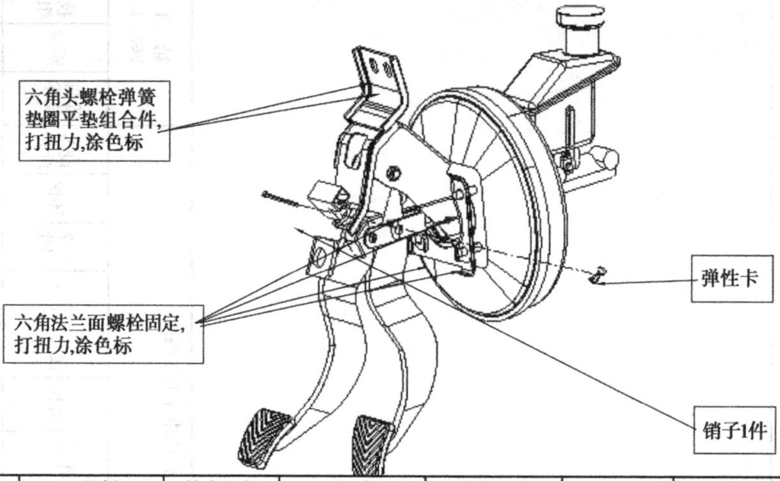

作业人员	工程师	技术组长	主 任	技术处长	质 量	总工程师	第 页
							共 页

图1.15 生产作业指导书附页

- 指导小组成员按最佳作业状态进行生产作业。
- 班组的培训教材和工具指导新进人员的学习和实际工作。
- 有价值的目视化管理工具。

(2)作业指导书的基本组成

如图1.14、图1.15所示,作业指导书一般由以下内容组成:

- 作业内容:此工序所需要做的事。(每一位作业员要知道自己做什么,需要做好什么)。
- 作业简图:用图示的方式表达作业内容(一看就能明白这是什么工序需要做什么)。
- 物料内容:此工序所用到的物料(找到自己这一道工序所需要的用到的物料)。
- 使用工具:本工序所用到的工具(要用到什么工具)。
- 注意事项:在操作时所遇到的问题与必须注意的地方(产品不定因素确认)。
- 作业工时:完成此工序所需要的时间。
- 具有特定含义的各种符号。
- 品名、工序、编号、日期(文件管理的需要)。

✚——安全法规/人体工学标识,作业员按作业指导书上的动作步骤进行作业时,通过在动作步骤后加注该标识,提醒作业员要注意的安全事项或国家法规中规定在特定场合中需要满足的安全生产条件(由安全部门提供相关资料或对车间进行指导,进行安全辩识,并填充相关内容)。

▽C——特性标识,该标识表示质量、技术要求中各工序关重的特性要求或技术参数(参考资料:控制计划、工艺特性清单等)。

◇——品质检查标识,该标识反映工艺资料上应有的工艺要求(参考资料:工艺相关资料)。

——在制品标识，该标识表示作业内容是对来料进行再一次加工，形成装配上车体的组装部分的动作步骤。

QCO——快速转换标识，通过改善或优化动作实现了工作步骤的精简需注以该标识。

——可视化工厂标识，作业指导书若附有可视化教具且与作业者操作有关，需加注该标识提醒作业者查看可视化教具。

CTPM——设备维护标识，若班组作业内容中涉及设备检查等内容的需加注该标识。

——防呆措施标识，改良改善的措施在实施过程中涉及与作业者操作内容有关的需加注该标识。

——环保标识，作业完后产生的废物，作业员按车间要求放入指定地点。若作业后有此项工作内容需加注该标识说明。

学习活动 1.2

请你讲述汽车生产作业指导书应包括哪些内容。

1.3　班组管理知识

班组是企业组织生产经营活动的最小单位，是企业最基层的生产管理组织，而企业的所有生产活动都不得不在班组中进行，所以班组工作的好坏直接关系着企业经营的成败，只有班组充满了勃勃生机，企业才会有旺盛的活力，才能在激烈的市场竞争中长久地立于不败之地。

1.3.1　班组长的职责

- 认证执行安全生产的各项规定，对本班组员工安全生产负责。
- 班组长在计划、布置、检查班组成员生产工作的同时、应协助其计划、布置、检查安全生产。
- 定期组织班组员工学习安全技术操作规程和安全生产规章制度，并对执行情况进行检查考核。
- 坚持安全生产日查和周查规定，对违章人员和不安全因素应及时处理和报告。
- 负责对新进班组的员工进行岗位安全生产教育，并做好记录和指定专人负责其劳动安全。
- 发生工伤事故应立即报告，并按“三不放过”原则进行认真分析，吸取教训，落实事故防范措施。
- 组织员工积极参加和投入各项安全生产活动，并对安全生产的好人好事及时表扬。

1.3.2　班前会

班前会是指在正式工作之前以班组为单位在生产现场进行的集体会议。班前会的内容及意义：

- 迅速进入工作状态。
- 传达上级目标精神，进行重要工作动员。
- 提升员工精神面貌，改善内部关系。
- 及时掌握员工的思想状态，对消极情绪进行有效的开导。
- 有利于团队精神的建设。
- 能产生良好的精神面貌。
- 培养全员的文明礼貌水准。
- 提高管理人员自身水平（表达能力、沟通能力）。
- 提高工作布置效率。
- 养成遵守规定的习惯。

1.3.3　安全与着装要求

（1）**安全培训**

- 让员工了解自己从事的工作有多危险。
- 如何控制危险点。
- 让员工熟知自己工作的安全操作方法。
- 让员工学会保护自己。
- 必须学会各种紧急事故的处理方法，当紧急事故发生时要保持冷静清醒的头脑。
- 要了解工厂车间各个时期的安全工作动态。
- 引用案例进行安全教育会事半功倍。

（2）**安全检查**

- 班组所管辖区域的安全状况。
- 班组所使用的设备安全状态。
- 所使用的工具等是否符合安全要求。
- 员工是否正确穿戴劳动防护用品。
- 安全设施及装置是否完好、有效。

（3）**安全预防**

- 应该学会发现问题及安全隐患。
- 小题大做。
- 要会联想。
- 要有方法。

（4）**安全事故分析**

1）四不放过原则

- 事故责任人未落实不放过。
- 事故原因未分析清楚不放过。
- 员工未受到教育不放过。
- 防范措施未落实不放过。

2)人员安排及管理

- 年龄结构、文化程度、性格脾气、兴趣爱好、家庭状况、血型等。
- 关心他的出勤率、观察他的精神面貌、了解他的工作表现、掌握他的思想动态。

学习活动1.3

请你讲述班前会的主要内容及重要性。

1.4　装配质量管理与控制

1.4.1　职责划分

①车间主任领导监督本程序的实施与考核。

②车间技术组、各工段及班组负责本程序的具体实施。

③质量部检查处、汽技处、质检处等单位配合本程序的实施。

1.4.2　质量管理与控制程序

(1)装配车间内部质量控制流程

装配车间内部质量控制流程,如图1.16所示。

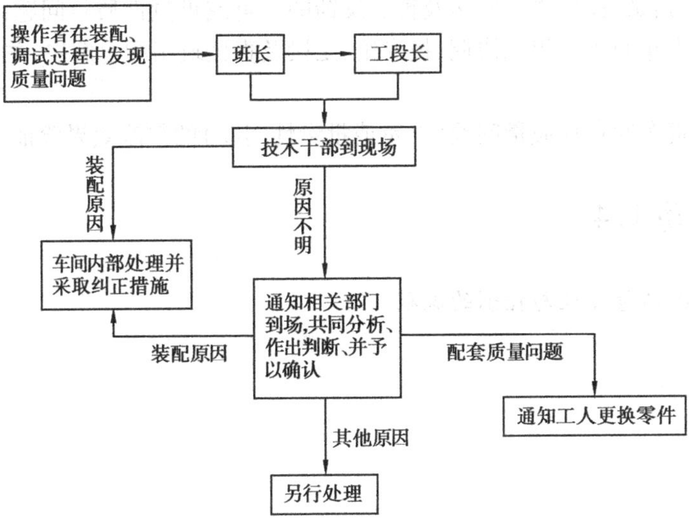

图1.16　总装车间内部质量控制流程图

(2)车间料废问题的控制

- 车间划定区域,做好标识:待处理区和料废区。
- 在生产过程发现有质量问题的零部件,由班组长填写《零部件待处理单》,并挂在零部件上,送到待处理区。
- 严重或连续发现5件以上的批量性零部件问题,班组长应立即报车间技术人员,由车间技术人员及时通知工厂质检处及质量部检查处解决，并同时报车间领导。

• 每天特定时间，由质量部检查处完成对待处理区内的配套问题零部件的料废判定。

(3) **车间工废问题的控制**

• 车间划定区域，做好标识：待处理区和工废区。

• 对车间生产过程出现的工废零件，由班组长填写《零部件待处理单》，且注明原因，并挂在零部件上，送到待处理区。

• 工段长对工废零件签字确认后，由车间技术人员对待处理区内的工废零件进行判定。

• 车间技术组、工对工废情况进行月度分析。

(4) **车间质量问题的控制**

• 对生产过程中发现的焊接、涂装质量问题，班组长应立即报车间技术人员，由车间技术人员及时报工厂质检处组织解决。

• 质检处组织解决不了的，技术组应及时报车间领导，由车间领导协调解决，并在流转卡片上作记录。

(5) **车间责任质量问题的控制**

• 对生产过程中发现的上工序质量问题，发现班组应及时通知责任班级进行整改，并同时报车间技术组备案。

• 对工厂一次内饰、底盘装配、二次内饰等发现的质量问题，由技术组分解到各责任班组，由责任班组及时进行整改。

• 对检测线、路试、民生物流库房及售后反馈的总装质量问题，由车间技术组组织、工段及责任班组配合整改(需返库的严重或批量性质量问题除外)，并同时报车间领导。

• 对检测线、路试、民生物流库房及售后反馈的严重或批量性质量问题，经确认是总装责任，且需返库的，由车间领导组织协调，技术组、工段及责任班组配合解决，并填写《返库单》返质量部检查处。

• 技术组负责车间责任质量问题(严重或批量性问题)的整改效果验证，并作分析报告。

学习活动 1.4

请你讲述装配质量管理与控制的流程。

第 2 章

常用工具的认识及使用

能力培养

➢ 汽车装配与调试过程中常用工具的名称和型号认识能力
➢ 汽车装配与调试过程中常用工具的正确选用能力
➢ 汽车装配与调试过程中常用工具的正确使用能力

职场安全

➢ 国家和行业职场健康安全法律法规
➢ 适当的劳保服装及鞋帽、防护眼镜等
➢ 各种工具、设备安全使用规程等

2.1 扳手类工具的认识及使用

任务准备

➢ 汽车实训室、开口扳手、套筒扳手、梅花扳手、棘轮扳手、扭力扳手、内六角扳手、管子扳手及活动扳手等扳手类工具

任务实施

2.1.1　开口扳手的认识及使用

(1)开口扳手的认识

开口扳手又称呆扳手,是最常见的一种扳手,其开口的中心平面和本体中心平面成15°角,有单头和双头呆扳手,这样既能适应人手的操作方向,又可降低对操作空间的要求(图2.1)。其规格是以两端开口的宽度S(mm)来表示的,如8～10、12～14等,通常是成套装备,有8件一套、10件一套等。

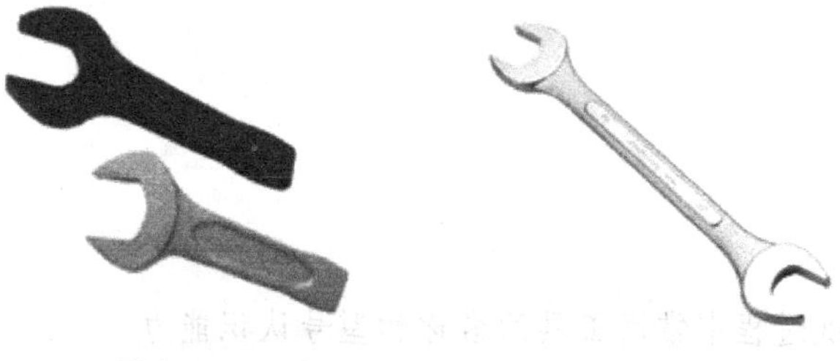

(a)单头开口扳手　　(b)双头开口扳手

图2.1　开口扳手

(2)使用方法

- 用在不能用成套套筒扳手或梅花扳手拆除或更换螺栓/螺母的位置。
- 选用合适的呆扳手上下或者直接插入,大拇指抵住扳头,另四指握紧扳手柄部往身边拉扳。
- 扳手钳口以一定角度与手柄相连。这意味着通过转动开口扳手,可在有限空间中进一步旋转。
- 为防止相对的零件也转动,如在拧松一根燃油管时,用两个开口扳手去拧松一个螺母。

注意

■ 扳手不能提供较大扭矩,由此不能用于最终拧紧。

■ 不能在扳手手柄上接套管。这会造成超大扭矩,损坏螺栓或开口扳手(图2.2)。

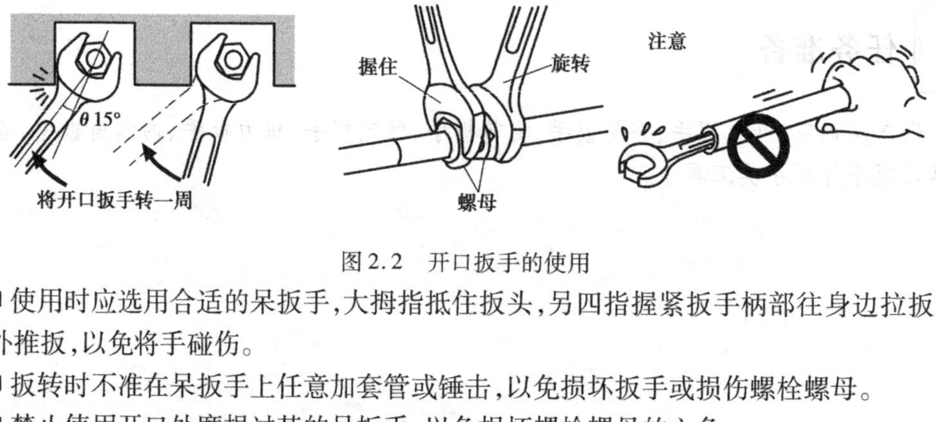

图2.2　开口扳手的使用

■ 使用时应选用合适的呆扳手,大拇指抵住扳头,另四指握紧扳手柄部往身边拉扳,切不可向外推扳,以免将手碰伤。

■ 扳转时不准在呆扳手上任意加套管或锤击,以免损坏扳手或损伤螺栓螺母。

■ 禁止使用开口处磨损过甚的呆扳手,以免损坏螺栓螺母的六角。

■ 不能将呆扳手当撬棒使用。

■ 禁止用水或酸、碱液清洗扳手，应用煤油或柴油清洗后再涂上一层薄润滑脂保管。

2.1.2　梅花扳手的认识及使用

(1)梅花扳手的认识

梅花扳手两端是环状的，环的内孔由两个正六边形互相同心错转30°而成(图2.3)。使用时，扳动30°后，即可换位再套，因而适用于狭窄场合下操作，与开口扳手相比，梅花扳手强度高，使用时不易滑脱，但套上、取下不方便。其规格是以闭口尺寸S(mm)来表示，如8~10、12~14等，通常是成套装备，有8件一套、10件一套等。

图2.3　梅花扳手

(2)使用方法

- 根据合适的螺母大小选择合适的扳手大小，套住螺母扳转可使六角受力均匀。
- 花扳手适应性强，扳转力大，适用于拆装所处空间狭小的螺栓螺母(图2.4)。
- 对标准规格的螺栓螺母均可使用花扳手拆装，特别是螺栓螺母需用较大力矩拆装时，应使用花扳手。

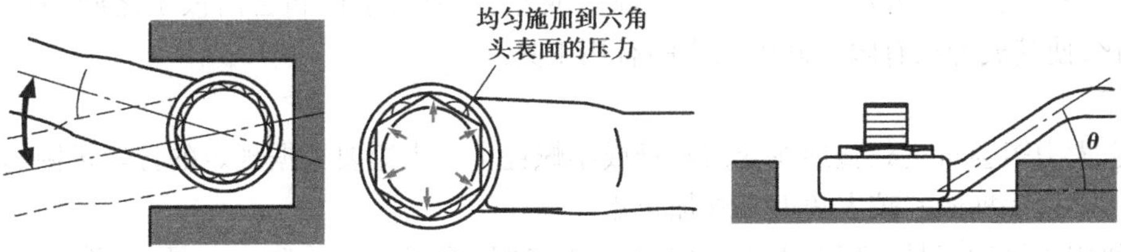

图2.4　梅花扳手的使用

注意

■ 使用时，应选用合适的梅花扳手，轻力扳转时，手势与呆扳手相同；重力扳转时四指与拇指应上下握紧扳手手柄，往身边扳转。

■ 扳转时，不准在花扳手上任意加套管或锤击。

■ 禁止使用内孔磨损过甚的花扳手。

■ 不能将花扳手当撬棒使用。

2.1.3　套筒扳手的认识及使用

(1)套筒扳手的认识

套筒扳手的材料、环孔形状与梅花扳手相同，适用于拆装位置狭窄或需要一定扭矩的螺栓或螺母。套筒扳手主要由套筒头、手柄、棘轮手柄、快速摇柄、接头和接杆等组成，各种手柄适用于各种不同的场合，以操作方便或提高效率为原则，常用套筒扳手的规格10~32 mm。在汽车装配中还采用了许多专用套筒扳手，如火花塞套筒、轮毂套筒、轮胎螺母套筒等。

- 套筒尺寸：有大和小两种尺寸。大的一种可以获得比小的一种更大的扭矩。

- 套筒深度：有标准的和深的两种类型，后者比标准的深2至3倍。较深的套筒可用于螺栓突出的螺帽，而不适于用标准型套筒。
- 钳口：有双六角形和六角形两种类型。六角部分与螺栓/螺母的表面有很大的接触面，这样就不容易损坏螺栓/螺母的表面（图2.5）。

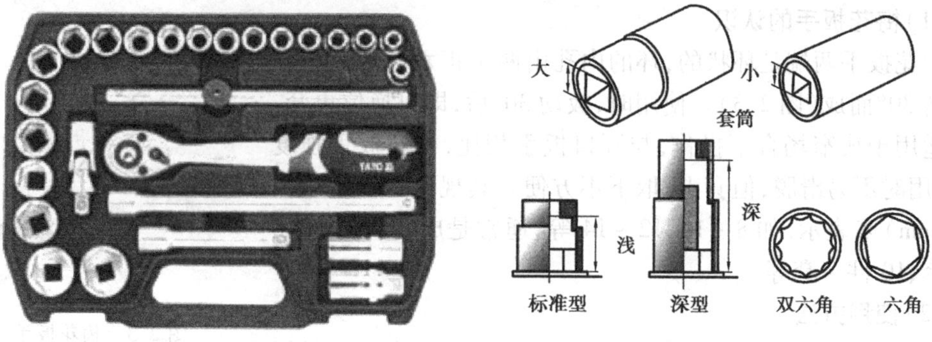

(a)套筒扳手　　(b)套筒的类型

图2.5　套筒扳手

(2)使用方法

- 套筒接合器：用作一个改变套筒方形套头尺寸的连接器。
- 万向节：套筒的方形套头部分可以前后或左右移动，手柄和套筒扳手之间的角度可以自由变化，使其成为在有限空间内工作的有用工具。

注意

■ 超大力矩会将负载施加在套筒本身或小螺栓上。力矩要根据规定的拧紧极限施加。

■ 不要使手柄倾斜较大角度来施加扭矩。

■ 勿用于风动工具。球节由于不能吸收旋转摆动而脱开，并造成工具、零件或车辆损坏（图2.6）。

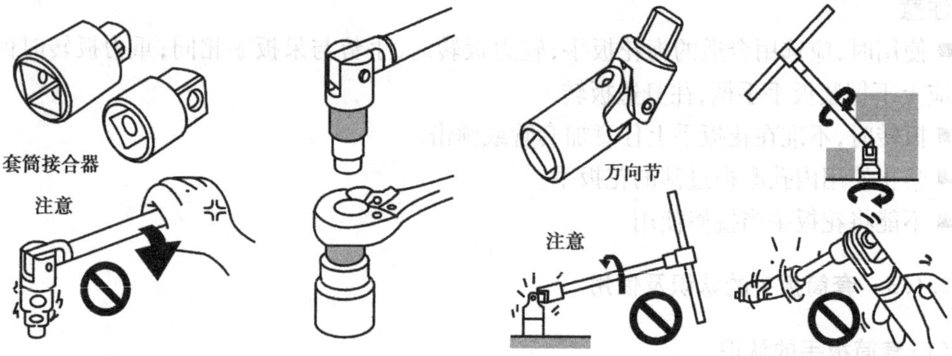

图2.6　套筒接合器与万向节的使用

- 加长杆：可用拆下和更换装得太深不易接触的螺栓/螺母，也用于将工具抬离平面一定高度，便于使用。
- 旋转手柄：此手柄用于拆下和更换要求用大力矩的螺栓/螺母。套筒扳手头部可作铰式移动，这样可以调整手柄的角度使与套筒扳手相配合；手柄滑动，允许改变手柄长度（图2.7）。

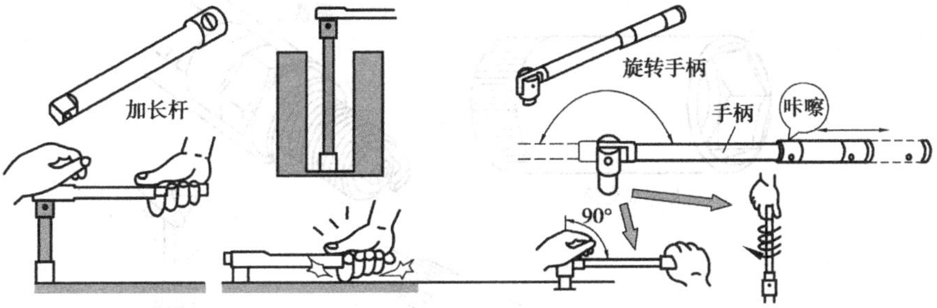

图 2.7　加长杆与旋转手柄的使用

注意

■ 滑移手柄直到其碰到使用前的锁紧位置。如果不在锁紧位置上，手柄在工作时可以滑进滑出。这样会改变技术员的工作姿势并造成人身伤害。

■ 滑动手柄：通过滑动套筒的套头部分，手柄可以有两种使用用法（图 2.8）。

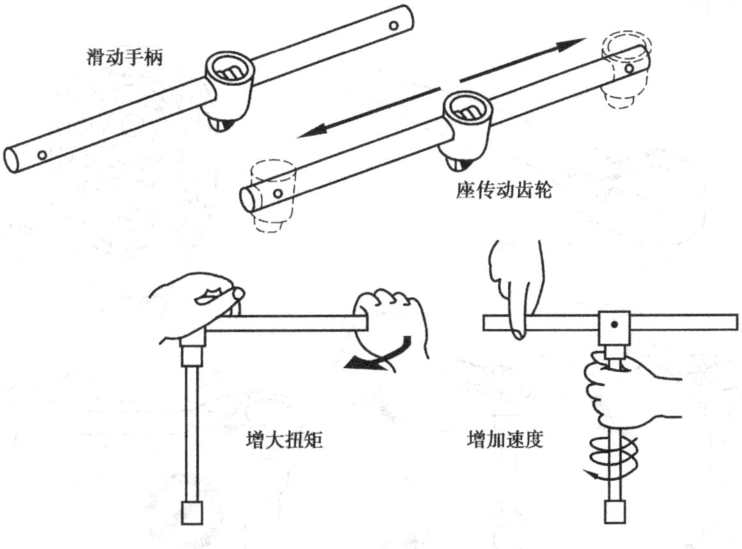

图 2.8　滑动手柄的使用

• 火花塞扳手：此工具专用于拆卸及更换火花塞，有大小两种尺寸，要配合火花塞尺寸，扳手内装有一块磁铁，用以保持住火花塞（图 2.9）。

注意

■ 磁性可保护火花塞，但仍要小心不要使其坠落。

■ 为确保火花塞正确地插入，首先要用手仔细地旋入，再用火花塞套筒打扭矩（参考：规定的转矩 180 ~ 200 kgcm）。

■ 使用时，根据火花塞的装配位置和火花塞六角的尺寸应选用不同高度和径向尺寸的火花塞套筒。

■ 拆装火花塞时，应套正火花塞套筒再扳转，以免套筒滑脱。

■ 扳转火花塞套筒时，不准随意加长手柄，以免损坏套筒。

■ 棘轮扳手：施加将成手柄往右转可以拧紧螺栓/螺母，往右转可以松开它们；螺栓/螺帽

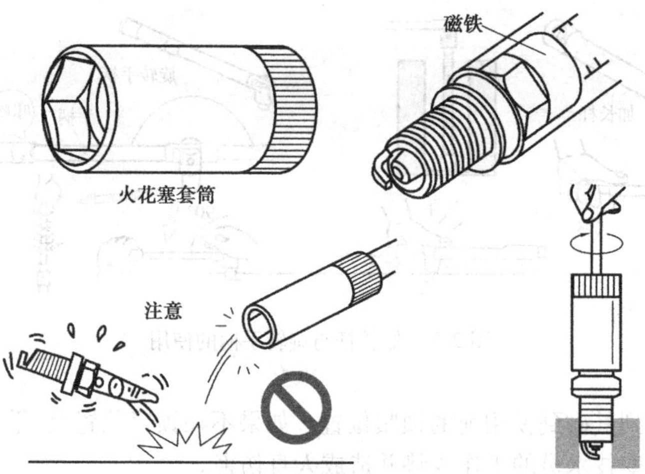

图 2.9　火花塞扳手使用

可以不需要使用套筒扳手而单方向转动；套筒扳手可以以小的回转角锁住，可以在有限的空间中工作（图 2.10）。

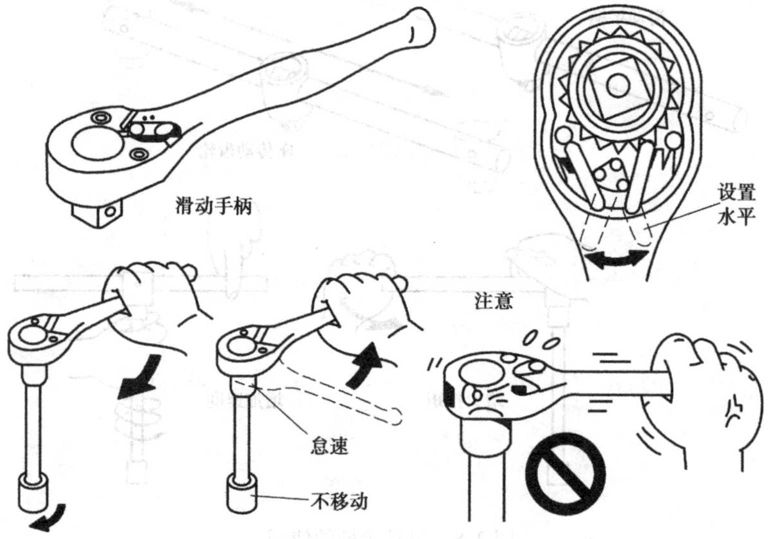

图 2.10　棘轮扳手的使用

注意

■ 不要施加过大扭矩。这可能损坏棘爪的结构。

■ 使用时根据螺栓螺母的尺寸选好套筒，套在快速摇柄的方形端头上（视需要与长接杆或短接杆配合使用），再将套筒套住螺栓螺母，转动快速摇柄进行拆装。

■ 用棘轮手柄扳转时，不准拆装过紧的螺栓螺母，以免损坏棘轮手柄。

■ 拆装时，握快速摇柄的手切勿摇晃，以免套筒滑出或损坏螺栓螺母的六角。

■ 禁止用锤子将套筒击入变形的螺栓螺母的六角进行拆装，以免损坏套筒。

■ 禁止使用内孔磨损过甚的套筒。

■ 工具用毕，应清洗油污，妥善放置。

2.1.4　活动扳手的认识及使用

(1)活动扳手的认识

其开口尺寸能在一定的范围内任意调整,使用场合与开口扳手相同,但活动扳手操作起来不太灵活(图 2.11)。其规格是以最大开口宽度(mm)来表示的,常用有 150 mm、300 mm等。

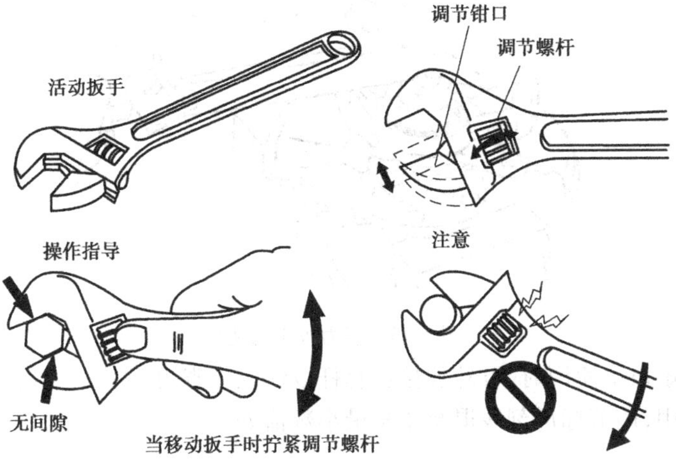

图 2.11　活动扳手的使用

(2)使用方法

- 调节开口落幕或者螺杆大小适合的开度,使用推力扳动。

注意

■ 使用活扳手时,应根据螺栓螺母的尺寸先调好活扳手的开口,使之与螺栓螺母的六角一致。

■ 用力要均匀,以免损坏扳手或螺栓、螺母的菱角变形,造成打滑而发生事故。

■ 扳转时,应使固定部分承受拉力,以免损坏活动部分。

■ 扳转时,不准在活扳手的手柄上随意加套管或锤击。

■ 禁止将活扳手当锤子使用。

■ 使用完毕时将扳手擦干净。

2.1.5　扭力扳手的认识及使用

(1)扭力扳手的认识

它是一种可读出所施扭矩大小的专用工具(图 2.12),其规格是以最大可测扭矩来划分的,常用的有 294 N · m、490 N · m 两种;扭力扳手除用来控制螺纹件旋紧力矩外,还可以用来测量旋转件的启动转矩,以检查配合、装配情况。

图 2.12　扭力扳手

(2)使用方法

- 根据工件所需扭矩值要求,确定预设扭矩值。
- 预设扭矩值时,将扳手手柄上的锁定环下拉,同时转动手柄，调节标尺主刻度线和微分刻度线数值至所需扭矩值。调节好后，松开锁定环，手柄自动锁定。

• 在扳手方榫上装上相应规格套筒，并套住紧固件，再在手柄上缓慢用力。施加外力时必须按标明的箭头方向。当拧紧到发出信号“咔嗒”的一声（已达到预设扭矩值），停止加力。一次作业完毕，如图 2.13 所示。

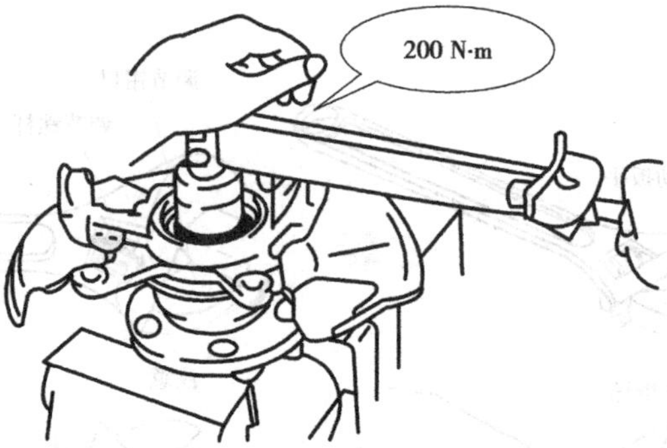

图 2.13　扭力扳手的使用

• 大规格扭矩扳手使用时，可外加接长套杆以便操作省力。

• 如长期不用，调节标尺刻线退至扭矩最小数值处。

注意

■ 拆装时用左手把住套筒，右手握紧扭力扳手手柄往身边扳转。

■ 禁止往外推，以免滑脱而损伤身体。

■ 对要求拧紧力矩较大，且工件较大、螺栓数较多的螺栓螺母时，应分次按一定顺序拧紧。

■ 拧紧螺栓螺母时，不能用力过猛，以免损坏螺纹。

■ 禁止使用无刻度盘或刻度线不清的扭力扳手。

■ 装配时，禁止在扭力扳手的手柄上再加套管或用锤子锤击。

■ 扭力扳手使用后应擦净油污，妥善放置。

■ 预调式扭力扳手使用前应做好调校工作，用后应将预紧力矩调到零位。

■ 所有的扭力仪器在使用前都应交由仪校检定并记录入档案，贴允许使用的合格标签，一定时期后必须由校验组进行校准和维护。在使用过程中发现仪器失准应立即交仪验组进行确认，对于有问题的扭力扳手由仪验组或仪验组指定的机构和人员进行维修，任何人不得私自拆卸，所有用于生产和测量的仪器必须贴有合格证后方可使用。

2.1.6　内六角扳手的认识及使用

（1）内六角扳手的认识

是用来拆装内六角螺栓（螺塞）用的，规格以六角形对边尺寸 S 表示，有 3 ~ 27 mm 十三种，汽车装配作业中用有成套内六角扳手，可供拆装 M4 ~ M30 的内六角螺栓（图 2.14）。

（2）使用方法

• 根据内六角螺栓的大小选取合适的内六角，采用合适的力矩扭动扳手。

注意

■ 不得使用过大扭力转动内六角，否则会使内六角变形。

■ 转动的范围要合适否者碰磕手。

■ 使用完毕时把扳手擦干净放回工具盒保存。

图2.14　内六角扳手

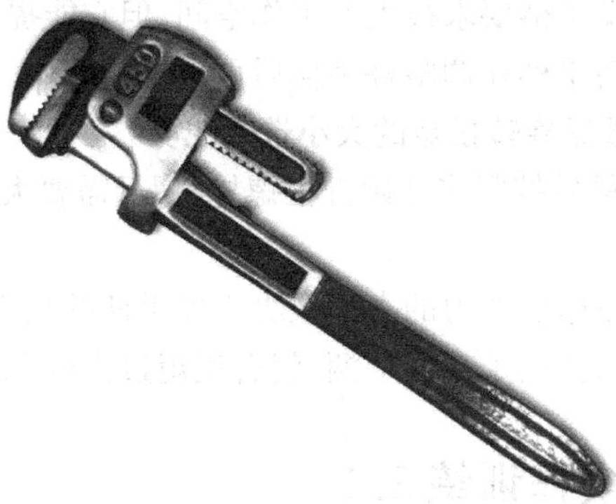

图2.15　管子扳手

2.1.7　管子扳手的认识及使用

(1)管子扳手的认识

管子扳手是一种专门用于扭转管子、圆棒以及用其他扳手难以夹持,扭转光滑的圆柱形工件的工具(图2.15)。规格:夹持管子最大外径时管子钳全长:150、200、250、300、350、450、600、900、1 200 mm,相应夹持管子外径:20、25、30、40、50、60、75、85、110 mm。

(2)使用方法

- 调节钳口适当间距以适应管子口径,保证钳口能卡住管子。
- 一般左手扶按在钳口头部,要稍作用力,右手尽量按在管钳柄的尾端,使用力矩长些。右手用力往下按,使管件拧紧(松)。

注意

■ 要选择合适的规格。

■ 钳头开口要等于工件的直径。

■ 钳头要卡紧工件后再用力扳。

■ 防止打滑伤人。

■ 用加力杆时,长度要适当。扳动手柄时,注意承载扭矩,不能用力过猛,防止过载损坏。

■ 管钳牙和调节环要保持清洁。

■ 一般管子钳不能作为锤头使用。

■ 不能夹持温度超过300 ℃的工件。

2.1.8　选择工具

(1)根据工作的类型选择工具

为拆下和更换螺栓/螺母或拆下零件。汽车修理中使用成套套筒扳手比较普遍。如果由于工作空间限制不能使用成套套筒扳手,可按其顺序选用梅花扳手或开口扳手。

(2)根据工作进行的速度选择工具

套筒扳手的用处在于它能旋转螺栓/螺母而不需要重新调整。这就可以迅速转动螺栓/螺母,套筒扳手可以根据所装的手柄以各种方式工作。

注意

■ 棘轮手柄适合在狭窄空间中使用。然而，由于棘轮的结构，它不可能获得很高的扭矩。

■ 滑动手柄要求极大的工作空间，但它能提供最快的工作速度。

■ 旋转手柄在调整好手柄后可以迅速工作。但此手柄很长，很难在狭窄空间使用。

(3)根据旋转扭矩的大小选用工具

如果最后拧紧或开始拧松螺栓/螺母需要大扭矩，那么使用允许施加大力的扳手。

注意

■ 可以施加的力的大小取决于扳手柄的长度。手柄越长，用较小的力得到的扭矩越大。

■ 如果使用了超长手柄，就有扭矩过大的危险，螺栓有可能折断。

实作训练 2.1

请你在教师的指导下，使用扳手类工具，进行扳手类工具的使用训练。

实作鉴定 2.1 扳手类工具的使用

鉴定内容	鉴定结果	
	合　格	不合格
各种扳手类工具的认识		
扳手类工具的选用		
扳手类工具的清洁		
扳手类工具的摆放		
扳手类工具的使用规范		
扳手类工具的安全使用注意事项		
学生：	教师：	日期：

2.2 螺钉旋具的认识与使用

任务准备

➢ 汽车实训室、一字起子、十字起子、花键旋具及多用途螺丝刀等螺钉旋具

任务实施

2.2.1　螺钉旋具的认识

(1)一字起子

又称一字形螺钉旋具、平口改锥,用于旋紧或松开头部开一字槽的螺钉,一般工作部分用碳素工具钢制成,并经淬火处理,一般由木柄、刀体和刃口组成,其规格以刀体部分的长度来表示,常用的有 100、150、200、300 和 400 mm 等几种。

(2)十字起子

又称十字槽螺钉旋具、十字改锥,用于旋紧或松开头部带十字沟槽的螺钉,材料和规格与一字形起子相同(图 2.16)。

(3)多用途螺丝刀

它是一种多用途的组合工具,手柄和头部是可以随意拆卸的。它采用塑料手柄,一般都带有试电笔的功能。此外,还有电动螺丝刀等(图 2.17)。

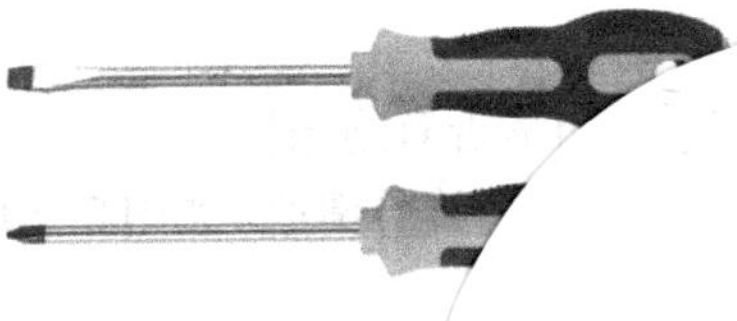

图 2.16　一字、十

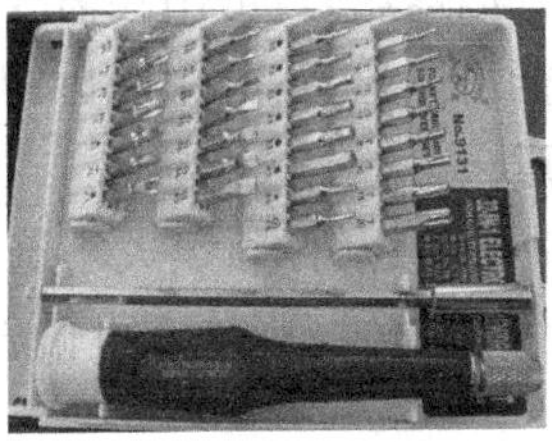

图 2.17　多用途螺丝刀

(4)花键头旋具

它是一种使用简便的旋具与较高扭力的套筒相结合的工具,适用于在空间受到限制的位置处拆装小螺母或螺钉(图 2.18)。

图 2.18　花键头旋具

2.2.2　螺钉旋具的使用方法

以右手握持旋具,手心抵住旋具柄端,让旋具口端与螺钉槽口处于垂直吻合状态。当开始拧松或拧紧时,应用力将旋具压紧后再用腕力按需要的力矩转旋具。待螺钉松动后,使用手心轻轻压住旋具柄,再用拇指、中指食指快速扭转。使用较长的螺钉旋具时,可用右手压紧和转动旋具柄,左手握在旋具柄中部,防止旋具滑脱,以保证安全工作。

按照用途选择螺丝刀:虽然普通螺丝刀使用最为频繁,但以下型号的螺丝刀也在不同用途下得以使用(图 2.19):

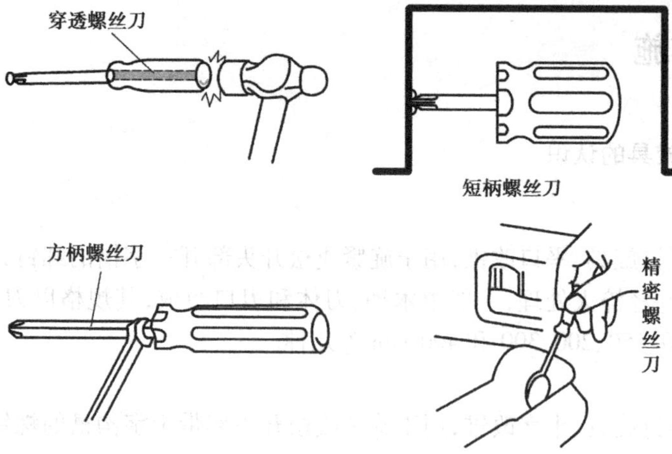

图 2.19　螺丝刀的具体应用

- 穿透螺丝刀:用于上紧固定螺丝。
- 短柄螺丝刀:可用在有限的空间内拆卸并更换螺丝。
- 方柄螺丝刀:可用在需要大扭矩的地方。
- 精密螺丝刀:可用以拆卸并更换小零件。

注意

■ 应根据螺钉形状、大小选用合适的螺钉旋具并且观察柄是否有绝缘性。

■ 使用时螺钉旋具不可偏斜,扭转的同时施加一定压力,以免旋具滑脱(如图 2.20)。

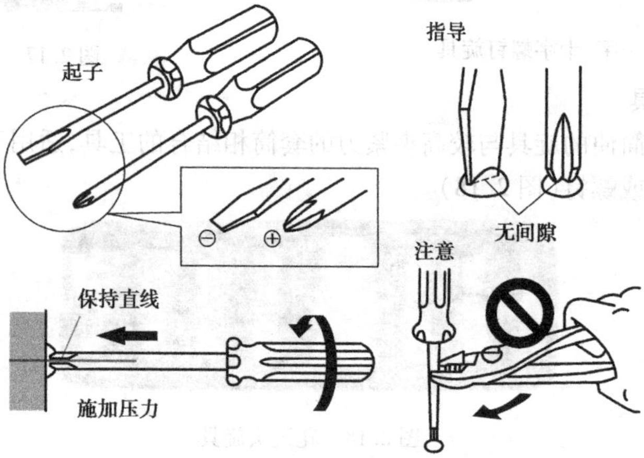

图 2.20　螺钉旋具的安全使用要求

■ 使用时,不允许将工件拿在手中,因为用旋具拆装螺栓,以免旋具从槽中滑出伤手。

■ 使用时手心应顶住柄端,并用手指旋转旋具手柄。如使用较长的螺钉旋具,左手应把住旋具的前端。

■ 不允许用扳手或钳子扳转旋具口的方法来增大扭力,以免使旋具发生弯曲或扭曲变形。

■ 螺钉旋具或工件上有油污时应擦净后再用。

■ 禁止将螺钉旋具当撬棒或錾子使用。

■ 切勿用锂鱼钳或其他工具过度施加扭矩。这可能刮削螺钉的凹槽或损坏螺丝刀尖头。

实作训练 2.2

请你在教师的指导下，使用螺钉旋具，进行螺钉旋具的使用训练。

实作鉴定 2.2　螺钉旋具的使用

鉴定内容	鉴定结果	
	合　格	不合格
各种螺钉旋具的认识		
螺钉旋具的选用		
螺钉旋具的清洁		
螺钉旋具的摆放		
螺钉旋具的使用规范		
螺钉旋具的安全使用注意事项		
学生：　　　　教师：　　　　日期：		

2.3　手锤的认识与使用

任务准备

➢ 汽车实训室、钳工锤及软面锤等手锤工具

任务实施

2.3.1　钳工锤的认识与使用

(1)钳工锤的认识

又称圆顶锤，其锤头一端平面略有弧形，是基本工作面，另一端是球面，用来敲击凹凸形状的工件。规格以锤头质量来表示，以0.5～0.75 kg的最为常用，锤头以45、50钢锻造，两端工作面热处理后硬度一般为50～57 HRC(图2.21)。

图 2.21　钳工锤

(2)使用方法

手要握住锤柄后端,握柄时的握持力要松紧适度,只有这样才能保证锤击时灵活自如。敲击时要靠手腕的运动,眼睛注视工件,锤头工作面和工件面平行,才能使锤头平整地打在工件上。

注意

■ 使用时,应握紧锤柄的有效部位,锤落线应与铜棒的轴线保持相切,否则易脱锤而影响安全。

■ 锤击时,眼睛应盯住铜棒的下端,以免击偏。

■ 禁止用锤子直接锤击机件,以免损坏机件。

■ 禁止使用锤柄断裂或锤头松动的锤子,以免锤头脱落伤人。

■ 为了在击打时有一定的弹性,把柄的中间靠顶部的地方要比末端稍狭窄。

■ 禁止不戴手套并且不戴防护眼镜时使用锤子。

■ 使用大锤时,必须注意前后、左右、上下,在大锤运动范围内严禁站人,不许用大锤与小锤互打。

■ 两人合作时不得站在同一边以防敲击失误伤着人。

■ 锤头不准淬火,不准有裂纹和毛刺,发现飞边卷刺应及时修整。

2.3.2　软面锤的认识与使用

(1)软面锤的认识

由非金属材料或者金属材料做成并且有一定的弹性的锤头的锤子分类:根据材料不同常用的有塑料、皮革、木质和黄铜软面锤(图 2.22)。

(2)使用方法

手要握住锤柄后端(自己经验的手柄长度),握柄时的握持力要松紧适度,只有这样才能保证锤击时灵活自如。敲击时要靠手腕的运动,眼睛注视工件,锤头工作面和工件面平行,才能使锤头平整地打在工件上。

图 2.22　软面锤

注意

■ 使用前检查锤柄是否松动,如有松动应重新装配,以免在使用过程中由于锤头脱落发生伤人事故。

■ 使用前应清洁锤头上面的油污,以免锤击时从工件表面脱落发生损坏工件或发生意外。

■ 不得用于敲击高温工件,以免损坏锤子。

■ 使用完毕,应将锤子擦拭干净。

实作训练 2.3

请你在教师的指导下,使用手锤,进行手锤的使用训练。

实作鉴定 2.3 手锤的使用

鉴定内容	鉴定结果	
	合 格	不合格
各种手锤的认识		
手锤的选用		
手锤的清洁		
手锤的摆放		
手锤的使用规范		
手锤的安全使用注意事项		
学生： 教师： 日期：		

2.4 钳子的认识与使用

任务准备

➢ 汽车实训室、钢丝钳、尖嘴钳、鲤鱼钳、剪钳、活塞环卡箍及卡簧钳等钳子工具

任务实施

2.4.1 钢丝钳的认识与使用

(1)钢丝钳的认识

是一种夹钳和剪切工具,其外形如图 2.23 所示。钢丝钳由钳头和钳柄组成。规格:按长度分为 150 mm、175 mm、200 mm 三种规格。

图 2.23 钢丝钳

(2)使用方法

- 手握住钳柄后端,使钳口开闭,钳口主要是用来夹持各种零件。
- 刀口可用来剖切导线的橡皮或塑料绝缘层,也可用来剪切导线、铁钢丝。
- 铡口可以用来切断导线、钢丝等较硬的金属线。
- 钳子的绝缘塑料管耐压 500 V 以上,有了它可以带电剪切导线。

注意

■ 使用前注意挑选钢丝钳的规格与工件的规格相适应,以免钳子小工件造成钳子受力过大而损坏。

■ 严禁用钳子代替扳手拧紧或拧松螺栓或螺母等带棱角的工件,以免损坏螺栓或螺母的棱角。

■ 使用时不得用钳子切割过硬的金属丝,以免损坏刃口。

■ 电工使用时必须先确定钳柄是否有漏电危险。

■ 当钳子将金属丝切割不断时不得使用锤子敲打钳子。

2.4.2 尖嘴钳的认识与使用

(1)尖嘴钳的认识

尖嘴钳是由尖头、刀口和钳柄组成(图 2.24)。规格:按长度分为 150 mm、160 mm、180 mm、200 mm 四种规格。

(2)使用方法

一般用右手操作,使用时握住尖嘴钳的两个手柄,开始夹持或剪切工作。

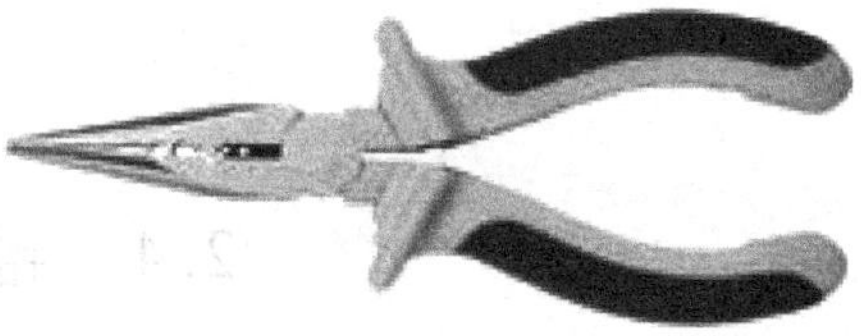

图 2.24 尖嘴钳

注意

■ 使用尖嘴钳首先检查钳柄是否损坏。

■ 不得用钳子切断带电导线。

■ 用钳子缠绕抱箍固定拉线时,钳子齿口夹住铁丝,以顺时针方向缠绕。

■ 禁止用钳子夹持高温机件。

■ 切勿对钳子头部施加过大的压力。它们可以成 U 字形打开,使其不能用以做精密工作(图 2.25)。

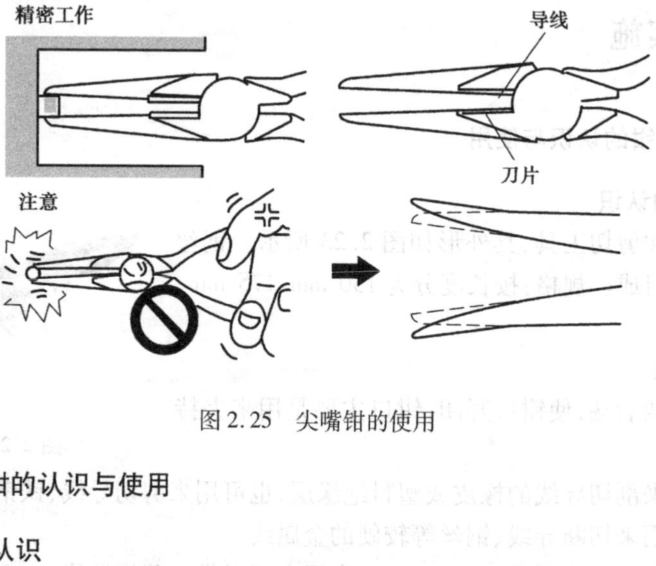

图 2.25 尖嘴钳的使用

2.4.3 鲤鱼钳的认识与使用

(1)鲤鱼钳的认识

鲤鱼钳的前部是平口细齿,适用于夹捏小零件,中部凹口粗长,用于夹持圆柱形零件,也可以代替扳手旋小螺栓、小螺母，钳口后部的刃口可剪切金属丝，由于一片钳体上有两个互相贯通的孔，又有一个特殊的销子，操作时钳口的张开度可很方便地变化，以适应夹持不同大小的零件，是汽车装配作业中使用最多的手钳(图 2.26)，规格以钳长来表示，一般有 165 和 200 mm 两种，用 50 钢制造。

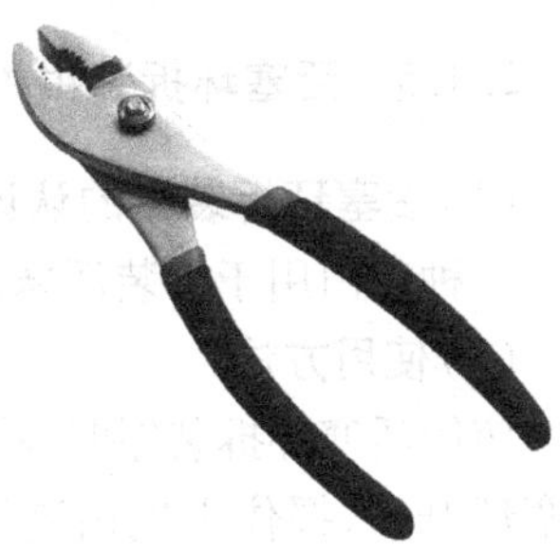
图 2.26　鲤鱼钳

(2)使用方法

- 改变支点上的孔的位置使钳口打开的程度可以调节。
- 可用钳口夹紧或拉动。
- 可在颈部切断细导线。

注意

■ 在用钳子夹紧前，须用防护布或其他防护罩遮盖易损坏件(图 2.27)。

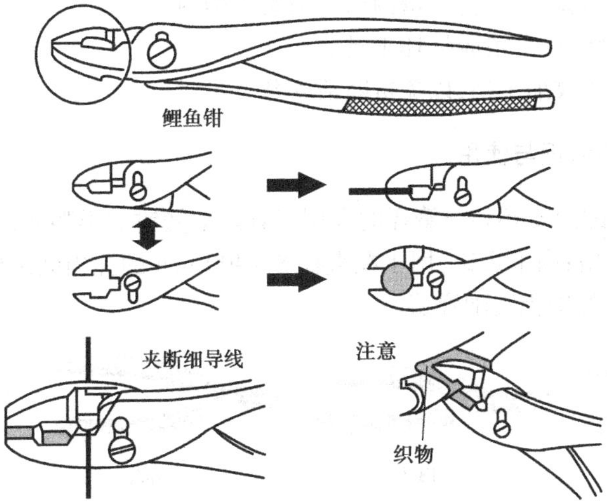

图 2.27　鲤鱼钳使用

2.4.4　剪钳的认识与使用

(1)剪钳的认识

剪钳用于切割细导线，由于刀片尖部为圆形，它可用以切割细线，或者只要选择所需的线从线束中切下。

(2)使用方法

一般用右手操作，使用时握住剪钳的两个手柄，开始夹持或剪切工作。

注意

■ 剪钳不能用以切割硬的或粗的线，这样做会损坏刀片(图 2.28)。

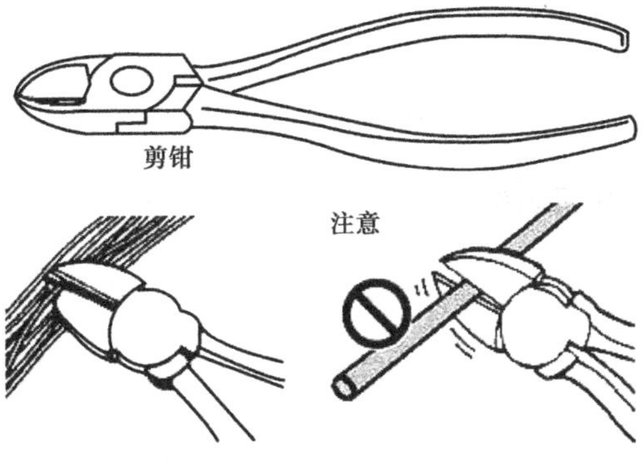

图 2.28　剪钳的使用

2.4.5 活塞环拆装钳的认识与使用

(1)活塞环拆装钳的认识

一种专门用于拆装活塞环的工具(图 2.29)。

(2)使用方法

使用活塞环拆装钳时,将拆装钳上的环卡卡住活塞环开口,握住手把稍稍均匀地用力,使得拆装钳手把慢慢地收缩,而环卡将活塞环徐徐地张开,使活塞环能从活塞环槽中取出或装入环槽内。

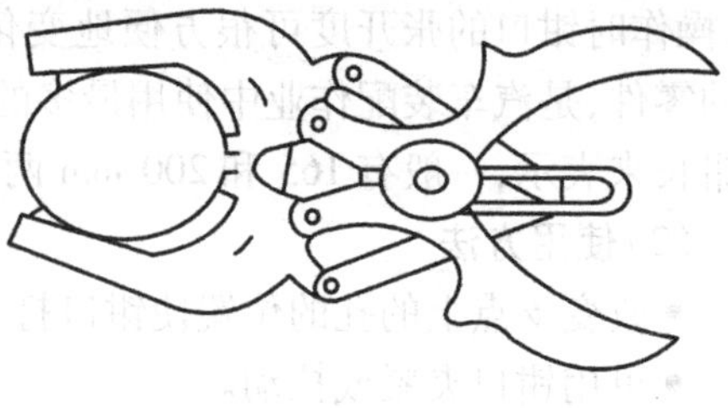

图 2.29 活塞环拆装钳

注意

■ 使用时,应将其卡入活塞环的端口,并使其与活塞环贴紧,然后握住手把,慢慢收缩,使活塞环张开,便可将活塞环从活塞环槽内取出或装入槽内。

- 操作时不得扳转,以免滑脱损坏工具。
- 操作时不得过快收缩手把,以免折断活塞环。

2.4.6 卡簧钳的认识与使用

它是一种用来装配内簧环和外簧环的专用工具。卡簧钳的类型有内直、外直、内弯、外弯(如图 2.30 所示),规格:内卡簧钳:用于在直径 8 ~400 mm 的孔内装配内弹簧,外卡簧钳:适合在直径 3 ~400 mm 的轴上装配弹簧。

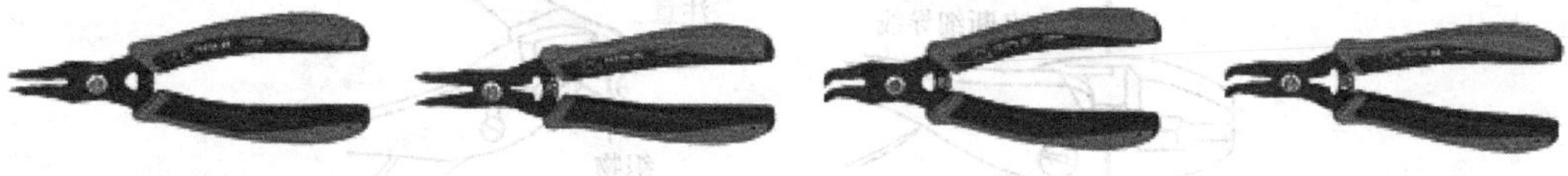

图 2.30 卡簧钳的类型

注意

■ 根据合适的工件规格选择合适的卡簧钳。

■ 选用卡簧钳时观察钳头是否损坏。

■ 不得用卡簧钳敲卡簧。

实作训练 2.4

请你在教师的指导下,使用钳子,进行钳子的使用训练。

实作鉴定 2.4　钳子的使用

鉴定内容	鉴定结果	
	合　格	不合格
各种钳子的认识		
钳子的选用		
钳子的清洁		
钳子的摆放		
钳子的使用规范		
钳子的安全使用注意事项		
学生：　　　　教师：　　　　日期：		

2.5　风动及电动工具的认识与使用

任务准备

➢ 汽车实训室、风扳机、气动铆枪、气钻及电钻等风动及电动工具

任务实施

2.5.1　风扳机的认识与使用

(1)风扳机的认识

风扳机主要是利用压缩空气带动气动马达而对外输出动能工作的一种拆装螺钉螺帽的高效率机械工具(图 2.31)。风扳机的型号主要以适用螺母范围来编制,例如 BE-16、BE-20、BE-30、BE-42。

图 2.31　风扳机

(2)风扳机的使用

- 用于要求较大扭矩的螺栓/螺母。
- 与专用的套筒扳手结合使用。专用的套筒扳手经过专门加工,其特点是能防止零件从传动装置上飞出。切勿使用专用套筒扳手以外的其他套筒扳手。
- 进入风扳机的压缩空气应清洁无污,并含有一定的润滑

油。气管内径应不小于规定尺寸,并不得过长,以免进入风扳机的气压过低,风扳机的正常工作气压为0.5 MPa,进入风扳机的气压不宜过高,否则易造成过载使机件使用寿命缩短。使用结束后用木塞堵上进气口,以免污物进入机内。

- 在操作时必须用两只手握住工具。因为按按钮释放大的扭矩,可能引起振动。
- 使用中如果发现冲击次数少,或有二次冲击等现象,应该立即停机检查。

注意

■ 如果用风动工具从螺丝上完全取下螺母,则旋转力可使螺母飞出(图2.32)。

■ 往往先用手将螺母对准螺钉。如果一开始就打开风动工具,则螺纹会被损坏。注意不要拧得过紧。使用较小的力拧紧。

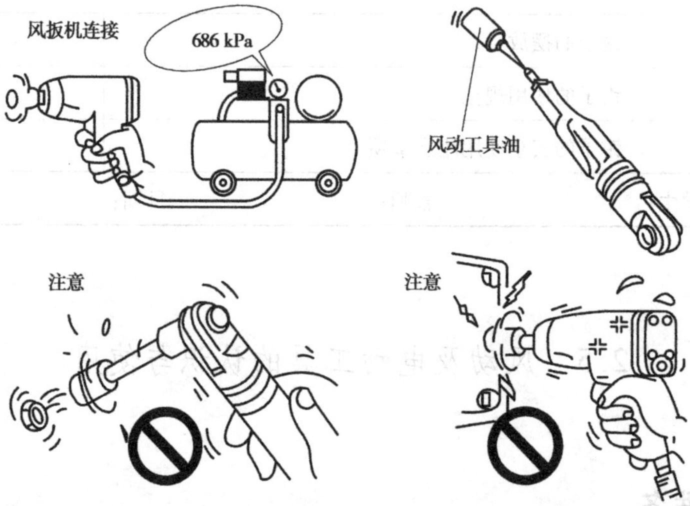

图2.32 风板机的使用

2.5.2 气动铆枪的认识与使用

(1)气动铆钉的认识

铆枪主要使用压缩空气和专门机构产生高频次的反复冲击力,使软材质铆钉变形,该设备主要用于金属结构手持铆接,适合在薄壁壳体和铝、镁等轻合金机体上铆接(图1.33)。气动手铆枪主要由手柄和枪筒两部分组成。具有结构简单,体积小,重量轻,维护方便,冲击能量大等优点。手柄上配有按钮开关,开关上有间隙式节流装置,操作时启动柔和,点击效果好。主要的配气气路集中在枪筒上,与活动阀,导气块组成配气机构,通入压缩空气后,配气机构使活塞高速往复运动,捶击冲头尾部,完成铆接工作。

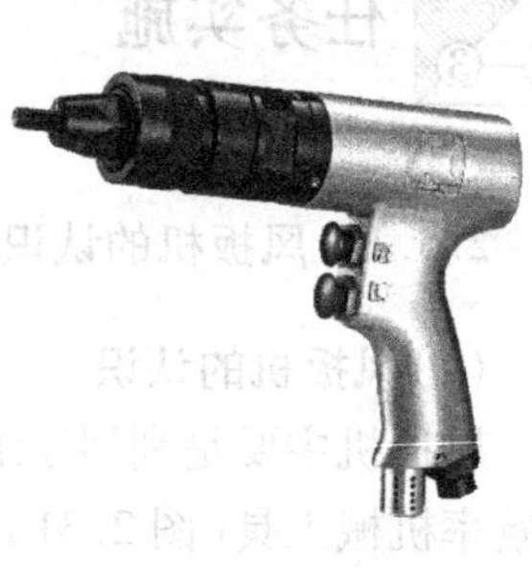

图2.33 气动铆枪

(2)气动铆钉的使用

- 铆枪使用的压缩空气应清洁、干燥并含有一定量的润滑油,在进气管路上应装配分水滤气器、油雾器、调压阀等装置以保证铆枪的使用寿命和性能。
- 每班工作前,应从手柄进气接嘴处注适量机械油,以润滑内部机件。

• 禁止不插入冲头而开机工作。

• 连续使用的铆枪每半年维修一次，长期存放的铆枪必须油封。

2.5.3　电钻的认识与使用

(1)电钻的认识

利用电做动力的钻孔机具。是电动工具中的常规产品(图 2.34)，钻类主要规格有 4、6、8、10、13、16、19、23、32、38、49 mm 等，数字指在抗拉强度为 390 N/mm^2 的钢材上钻孔的钻头最大直径。对有色金属、塑料等材料最大钻孔直径可比原规格大 30 ~ 50%。

(2)电钻的使用

图 2.34　电钻

• 面部朝上作业时，要戴上防护面罩。在生铁铸件上钻孔要戴好防护眼镜，以保护眼睛。

• 钻头夹持器应妥善装配。

• 作业时钻头处在灼热状态，应注意灼伤肌肤。

• 钻 ϕ12 mm 以上的手持电钻钻孔时应使用有侧柄手枪钻。

• 在金属材料上钻孔应首先用在被钻位置处冲打上洋冲眼。

• 在钻较大孔眼时，预先用小钻头钻穿，然后再使用大钻头钻孔。

• 如需长时间在金属上进行钻孔时可采取一定的冷却措施，以保持钻头的锋利。

• 钻孔时产生的钻屑严禁用手直接清理，应用专用工具清屑。

2.5.4　气钻的认识与使用

(1)气钻的认识

气钻是一种手持式气动工具，主要用于对金属构件的钻孔工作，尤其适用于薄壁壳体件和铝镁等轻合金构件上的钻孔工作(图 2.35)。具有工作效率高，钻孔精度高等特点，体积小，重量轻，噪声低，可根据作业程度自由控制转速，正反挡设计可以使钻孔作业时更加方便。

图 2.35　气钻

(2)气钻的使用

• 使用气压应保证表压力为 0.63 MPa(手柄进气口处)。

• 工具不得在高气压下长时间空运转，以防无谓磨损机件，降低使用寿命。

• 管路上应配置良好的油雾器和分水滤气器，以保证压缩空气干净和工作润滑。

• 每班工作前，从手柄进气嘴处注适量机械油，以润滑发动机等组件。本机应注意维修，维修期视具体使用程度而定。维修时对于已损伤零件应及时修复或更换。

• 维修后重新组装时应将所有零件清洗干净，发动机加注适量 20 号机械油，轴承、齿轮及减速机构加注 2 号润滑脂。

• 不得摔打工具，禁止超出技术性能规定的范围使用。

•使用完毕或入库保管时，应从进气嘴处注入适量20号机械油，并点动工具使机械油。进入发动机，以减轻机件锈蚀。

实作训练2.5

请你在教师的指导下，使用风动及电动工具，进行风动及电动工具的使用训练。

实作鉴定2.5　风动及电动工具的使用

鉴定内容	鉴定结果	
	合　格	不合格
各种风动和电动工具的认识		
风动和电动工具的选用		
风动和电动工具的清洁		
风动和电动工具的摆放		
风动和电动工具的使用规范		
风动和电动工具的安全使用注意事项		
风动和电动工具的保养		
学生：　　　教师：　　　日期：		

2.6　量具的认识及使用

任务准备

➤ 汽车实训室、胎压表、百分表、游标卡尺、螺旋测微器及塞尺等量具

任务实施

2.6.1　胎压表的认识与使用

(1)胎压表的认识

汽车轮胎气压表简称胎压计，主要用于给专用车轮胎充气、放气、测压等方面。是车辆轮胎安全性的重要识别工具。

(2)**胎压表的使用**

使用时将气嘴接头紧压到轮胎气门嘴上,使气门芯被压进,察看指示器的读数即为轮胎气压。在测量时,必须注意气压表与气门嘴对准,不要有漏气现象,否则测出的值不准。表上显示的数值为轮胎压力(图 2.36)。

图 2.36　气压表的使用

注意

■ 车辆需停放于平地,务必在冷车时测量轮胎压力。

■ 取下轮胎的气门嘴盖,将胎压计的测压嘴对准轮胎上的气门嘴垂直用力压入。压入的速度需要迅速,才不会导致轮胎内的空气泄漏。

■ 根据车门侧的胎压要求,并结合驾驶员的经验,确定胎压是否符合要求;如果胎压过高,该胎压计可用于放气;如果胎压过低,应立即用车载充气泵补气至安全胎压,并重新测量查核准确胎压。

■ 将气门嘴帽盖回。

■ 一个月至少检查一次轮胎的气压。在未熟练测胎压的操作前,可多测几次以确定读数正确。

■ 对于胎压计的使用,只要按部就班,按操作顺序来,一般能发现轮胎气压的正常或异常,提高轮胎使用的安全性系数。

2.6.2　百分表的认识与使用

(1)**百分表的认识**

悬挂式测量头的上下移动被转变为长短指针的转动。用于测量轴的偏差或弯曲以及法兰的表面振动等。悬挂式测量头的类型有以下几种(图 2.37):

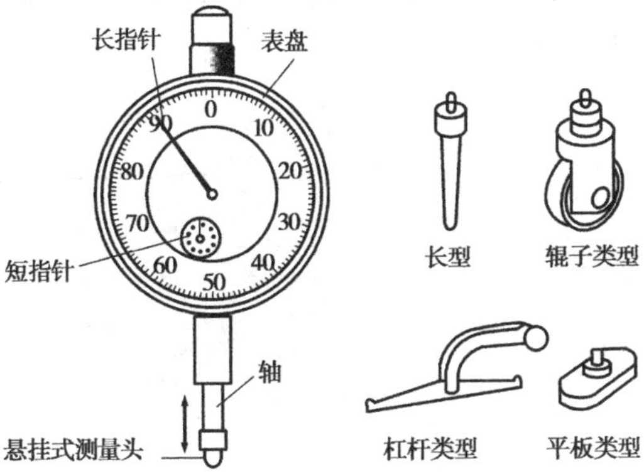

图 2.37　百分表的结构及类型

- 长型:适合在有限空间中使用。
- 辊子类型:用于轮胎的凸面/凹面图案。
- 杠杆类型:用于测量摆不能直接接触的部件(配套法兰的垂直偏离)。
- 平板类型:用于测量活塞突出部分等。
- 测量精度:0.01 mm。

(2)百分表的使用

• 将其固定在磁性支架上使用。调整百分表位置和被测物体,并设置指针,使其位于移动量程的中心位置(图2.38)。

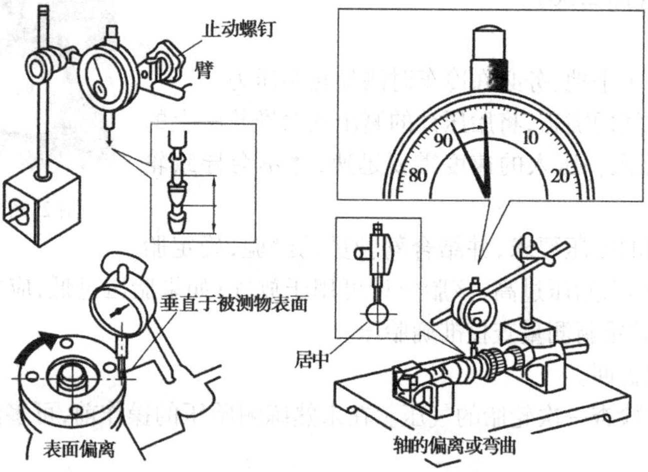

图2.38 百分表的使用

• 转动被测物并读出指针偏离值。表盘显示指针在表盘7个刻度内左、右移动,偏差范围:0.07 mm。

2.6.3 塞尺的认识与使用

(1)塞尺的认识

气门间隙、分电器触点间隙和制动鼓片间隙的测量等都要用到塞尺(图1.39),使用时常用的尺寸为0.05 ~1.2 mm。

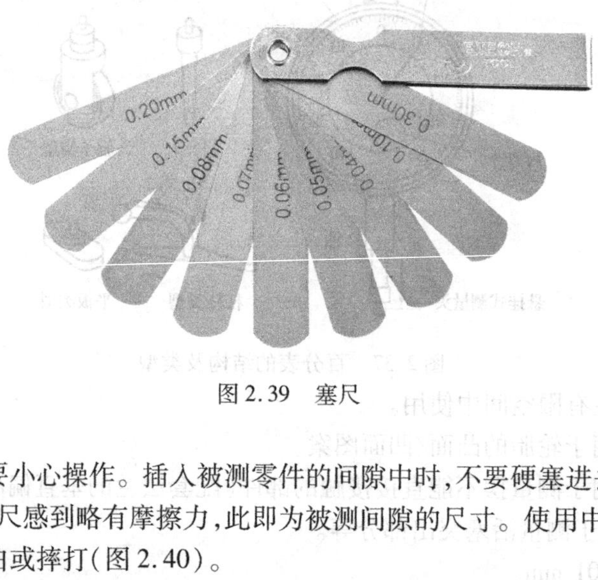

图2.39 塞尺

(2)塞尺的使用

• 使用塞尺时,要小心操作。插入被测零件的间隙中时,不要硬塞进去,应选择合适的测量片进行。若拉动塞尺感到略有摩擦力,此即为被测间隙的尺寸。使用中还应保持塞尺的清洁,而且不能随意弯曲或摔打(图2.40)。

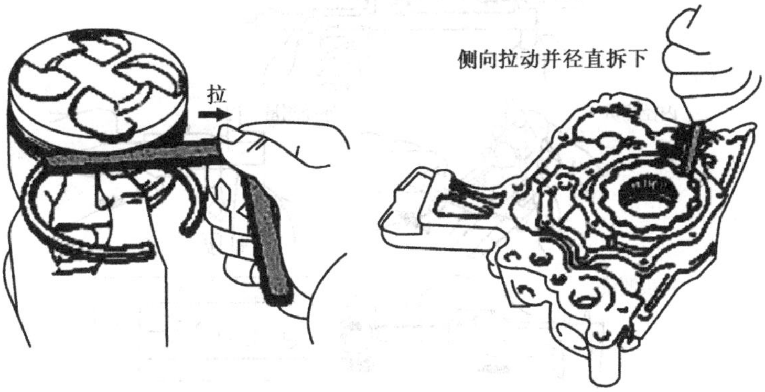

图 2.40　塞尺的使用

• 如果用一个量规不能测量间隙，则用 2 或 3 个量规的组合测量。将叶片折叠起来，以便尽可能使用最少量的叶片。

注意

■ 为了避免量规顶部弯曲或损坏，切勿强行将其推入待测部位。

■ 在把叶片放起来前，要清洁其表面并涂油防止它们生锈。

2.6.4　游标卡尺的认识与使用

(1) 游标卡尺的认识

游标卡尺可测量长度，外径，内径和深度。量程：0 ~ 150，200，300 mm，测量精度：0.05 mm（图 2.41）。

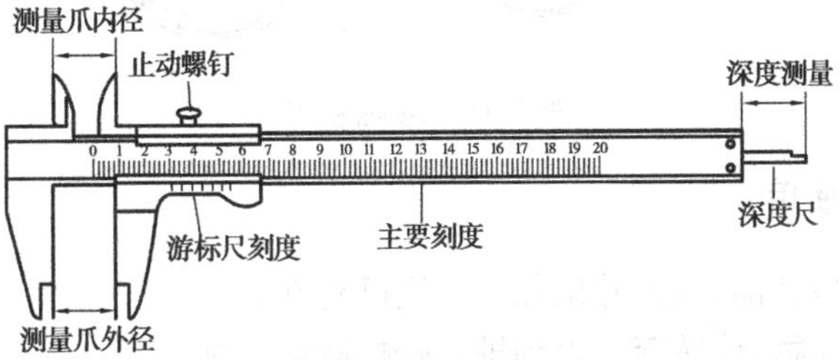

图 2.41　游标卡尺

(2) 游标卡尺的使用

• 在测量前完全合上量爪，并检查卡尺间是否有足够的间隙可看到光。

• 在测量时，轻轻地移动卡尺，使零件刚好放在量爪间。

• 一旦零件刚好放在量爪之间，用止动螺钉固定游标尺，以便更方便地读取测量值（图 2.42）。

2.6.5　螺旋测微器的认识与使用

(1) 螺旋测微器的认识

通过计算手柄方向上轴的均衡旋转来测量零件的外径/厚度。量程 0 ~ 25 mm、25 ~ 50 mm、50 ~ 75 mm、75 ~ 100 mm，测量精度：0.01 mm（图 2.43）。

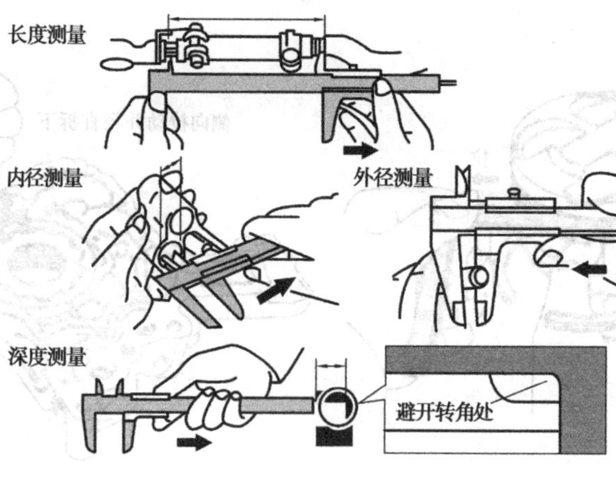

图 2.42　游标卡尺的使用

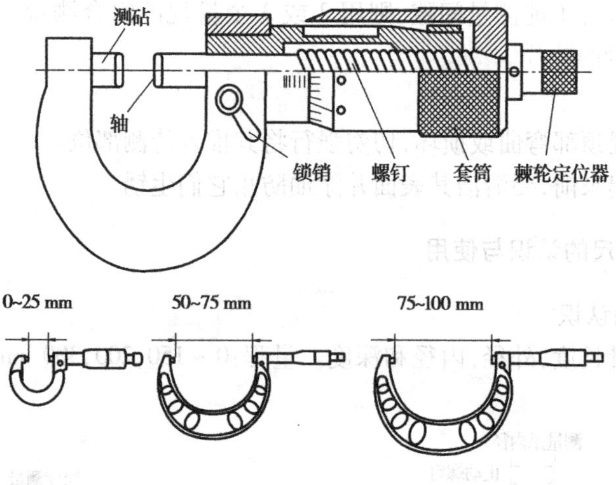

图 2.43　螺旋测微器

2)螺旋测微器的使用

- 零校准使用测微计前,检查并确保零刻度已对准。
- 将测砧抵住被测物,旋转套筒直到轴轻轻接触被测物。
- 一旦轴轻轻接触被测物,转动棘轮定位器几次并读出测量值。
- 棘轮止动器使轴施加的压力均匀,当此压力超过规定值时,它便空转。

注意

■ 在测量小零件时,应把测微计固定在支架上。

■ 通过移动测微计,寻找可测得正确直径的位置。

实作训练 2.6

请你在教师的指导下,使用量具,进行量具的使用训练。

实作鉴定2.6　量具的使用

鉴定内容	鉴定结果	
	合　格	不合格
各种量具的认识		
胎压表的使用		
百分表的使用		
塞尺的使用		
游标卡尺的使用		
螺旋测微器的使用		
量具的清洁		
量具的摆放		
量具的使用规范		
量具的安全使用注意事项		
量具的保养		
学生：　　　　教师：　　　　日期：		

2.7　其他工具的认识与使用

任务准备

➢ 汽车实训室、铜棒、钢丝刷、丝锥、板牙、锉刀、刮刀、手拉葫芦及千斤顶等工具

任务实施

2.7.1　铜棒的认识与使用

(1)铜棒的认识

用较软的金属制成用于敲打高精度大型工件的一种工具，避免锤子与机件直接接触，保护机件在拆装中不受损伤(图2.44)。

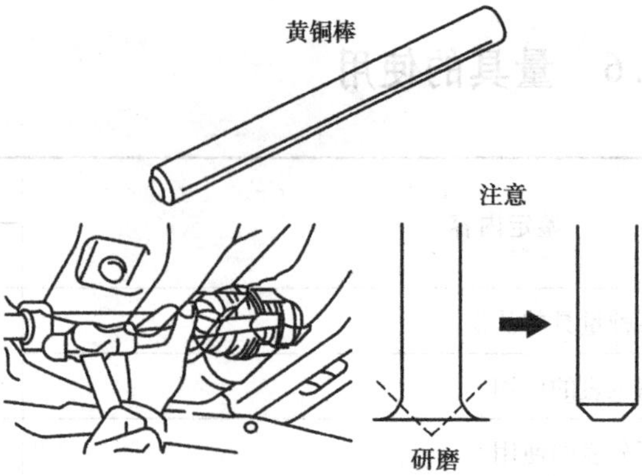

图 2.44　铜棒的使用

(2)铜棒的使用

- 不准将铜棒当撬棒使用,以免弯曲。
- 不准推磨铜棒,以免损坏。
- 禁止将铜棒加温后使用,以免改变其材料性质。
- 如果尖头变形,用磨床研磨(图 2.44)。

2.7.2　钢丝刷的认识与使用

钢丝刷可以用来清除零件表面外表的污迹,清除蓄电池柱头的氧化物及车身底盘的积垢,是必不可少的工具之一(图 2.45)。使用钢丝刷时,注意不要用它碰比较精密的配合面及汽车的装饰表面。

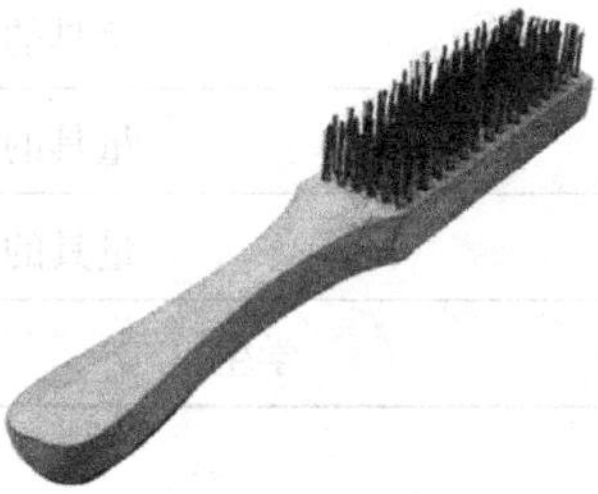

图 2.45　钢丝刷

2.7.3　丝锥的认识与使用

(1)丝锥的认识

丝锥(也称螺丝攻)是一种加工内螺纹的刀具,沿轴向开有沟槽。丝锥根据其形状分为直槽丝锥,螺旋槽丝锥和螺尖丝锥(图 2.46)。直槽丝锥加工容易,精度略低,产量较大。一般用于普通车床,钻床及攻丝机的螺纹加工用,切削速度较慢。螺旋槽丝锥多用于数控加工中心钻盲孔用,加工速度较快,精度高,排屑较好、对中性好。螺尖丝锥前部有容削槽,用于通孔的加工。现在的工具厂提供的丝锥大都是涂层丝锥,较未涂层丝锥的使用寿命和切削性能都有很大的提高。不等径设计的丝锥切削负荷分配合理,加工质量高,但制造成本也高。梯形螺纹丝锥常采用不等径设计。

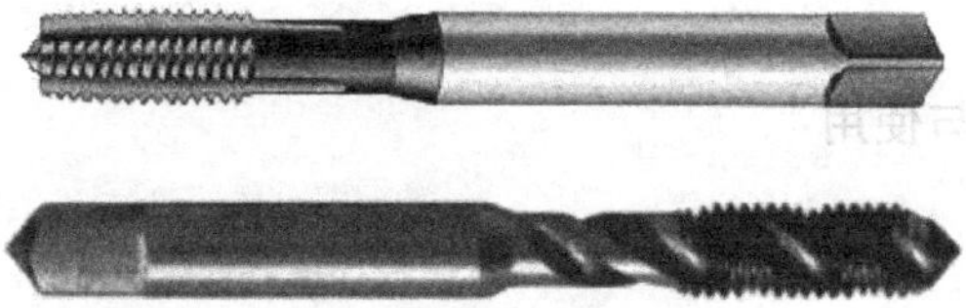

图 2.46　丝锥

(2)**丝锥的使用**

•工件上螺纹底孔的孔口要倒角,通孔螺纹两端都倒角。

•工件夹位置要正确,尽量使螺纹孔中心线置于水平或竖直位置,使攻丝容易判断丝锥轴线是否垂直于工件的平面。

•在攻丝开始时,要尽量把丝锥放正,然后对丝锥加压力并转动绞手,当切入1~2圈时,仔细检查和校正丝锥的位置。一般切入3~4圈螺纹时,丝锥位置应正确无误。以后,只需转动绞手,而不应再对丝锥加压力,否则螺纹牙形将被损坏。

•攻丝时,每扳转绞手1/2~1圈,就应倒转约1/2圈,使切屑碎断后容易排出,并可减少切削刃因粘屑而使丝锥轧住现象。

•攻不通的螺孔时,要经常退出丝锥,排除孔中的切屑。

•攻塑性材料的螺孔时,要加润滑冷却液。对于钢料,一般用机油或浓度较大的乳化液要求较高的可用菜油或二硫化钼等。对于不锈钢,可用30号机油或硫化油。

•攻丝过程中换用后一支丝锥时,要用手先旋入已攻出的螺纹中,至不能再旋进时,然后用绞手扳转。在末锥攻完退出时,也要避免快速转动绞手,最好用手旋出,以保证已攻好的螺纹质量不受影响。

注意

■机攻时,丝锥与螺孔要保持同轴性。

■机攻时,丝锥的校准部分不能全部出头,否则在反车退出丝锥时会产生乱牙。

2.7.4　板牙的认识与使用

(1)**板牙的认识**

板牙相当于一个具有很高硬度的螺母,螺孔周围制有几个排屑,用于加工外螺纹。板牙按外形和用途分为圆板牙、方板牙、六角板牙和管形板牙(图2.47)。其中以圆板牙应用最广,规格范围为M0.25 ~M68 mm。

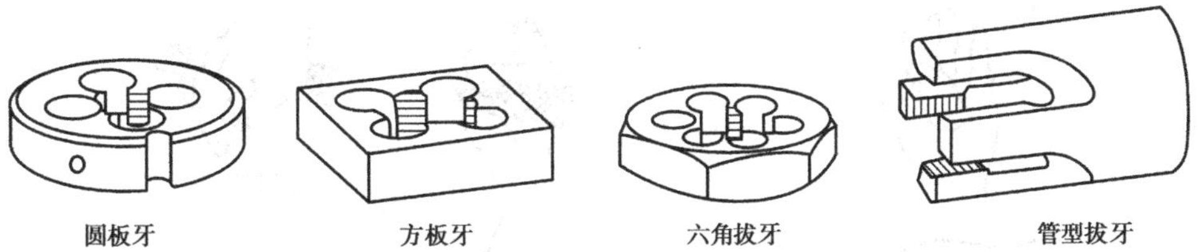

图2.47　板牙

(2)**板牙的使用**

•先在螺栓坯料的端部加工出45°的倒角,以防止在板牙的导向刃上产生突然加载现象。同时要确保圆板牙或六角板牙垂直地切入螺栓坯料。

•尽可能减小螺栓坯料的直径,即确保与螺栓大径有关的公差靠近下限,这样可把攻丝时产生的切削力降至最低。

•使用带刃倾角部分的板牙,这样可确保把切屑导出切削加工区域。

•采用正确的冷却液,并把足量的冷却液对准切削加工区域。

•在调节开口板牙时,不得把板牙张开,张开的板牙在攻丝时会对工件产生刮擦而不是切削。均匀地转动调节螺钉，可把开口板牙闭合大约 0.15 mm。若压力只作用在板牙的一边，可能会使板牙损坏。

2.7.5 锉刀的认识与使用

(1)锉刀的认识

锉刀由锉刀和锉刀手柄组成，条形、多刃，主要用来对金属、木料、皮革等工件表面层作微量加工，锉削的最高精度可达 0.01 mm，表面粗糙度可达 1.6 ~ 0.8 μm，(图 2.48)。锉削加工范围包括：平面、台阶面、角度、曲面、沟槽和各种复杂的表面等，以及配键、只做样板和装配时对工件的修整等。

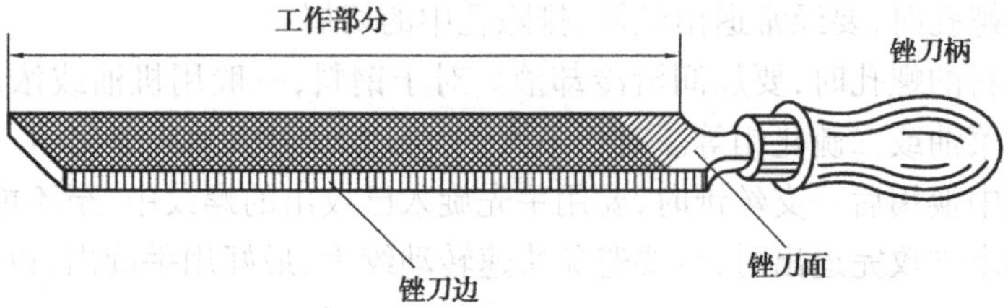

图 2.48　锉刀

(2)锉刀的使用

- 对于较大的锉刀(250 mm 以上，锉刀柄的圆头端顶在右手心，大拇指压在锉刀柄的上部位置，自然伸直，其余四指向手心弯曲紧握锉刀柄。
- 左手放在锉刀的另一端，当使用长锉刀，且锉削余量较大时，用左手压在锉刀的另一端，四指自然向下弯，用中指和无名指握住锉刀，协同右手引导锉刀，使锉刀平直运动，工件尽量夹持在台虎钳钳口宽度方向的中间(图 2.49)。
- 锉削面靠近钳口，以防止锉削时工件产生震动，特别是薄型工件。
- 装夹工件要稳定，但用力不可太大，以防止工件变形。

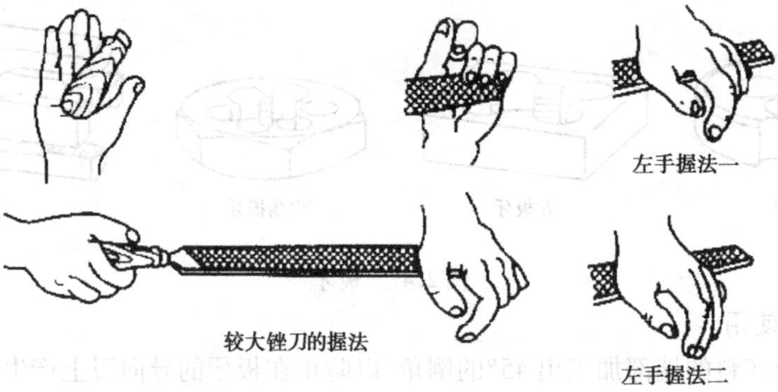

图 2.49　锉刀的使用

2.7.6 垫片刮刀的认识与使用

(1)垫片刮刀的认识

用于拆卸汽缸盖垫片，液态密封剂，胶粘物以及表面上的其他东西(图 2.50)。

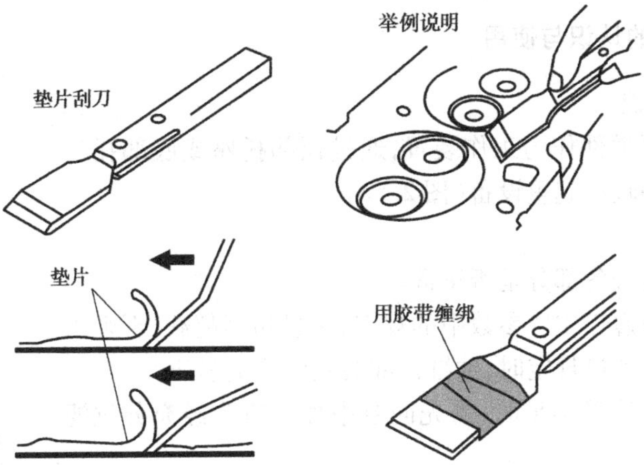

图 2.50　垫片刮刀使用

(2)垫片刮刀的使用

- 切勿把手放在刀片前。刀片可能会伤害你。
- 切勿在磨床上把刀片磨得太快。经常在油石上磨刀片。

2.7.7　销冲头的认识与使用

(1)销冲头的认识

用于拆卸和更换销子并调节销子(图 2.51)。

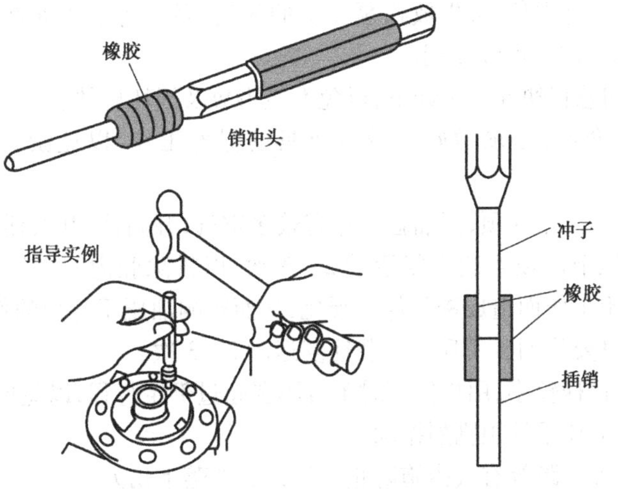

图 2.51　销冲头的使用

(2)销冲头的使用

- 冲头尖端已淬火硬化。
- 冲头尖端的两个尺寸与所有销配合。
- 装一个橡胶缓冲垫,确保在敲击时零件不会损坏。
- 对销子垂直用力。
- 也可以将橡胶缓冲垫覆盖在冲头和销上,并且边用力边固定销。

2.7.8 千斤顶的认识与使用

(1)千斤顶的认识

是一种用钢性顶举件作为工作装置,通过顶部托座或底部托爪在行程内顶升重物的轻小起重设备(图2.52)。

图2.52　千斤顶

(2)使用方法

- 使用前必须检查各部分是否正常。
- 使用时应严格遵守主要参数中的规定,切忌超高超载,否则当起重高度或起重吨位超过规定时,油缸顶部会发生严重漏油。
- 如手动泵体的油量不足时,需先向泵中加入应为经充分过滤后的液压油才能工作。
- 重物重心要选择适中,合理选择千斤顶的着力点,底面要垫平,同时要考虑到地面软硬条件,是否要衬垫坚韧的木材,放置是否平稳,以免负重下陷或倾斜。
- 使用摇臂匀速的给小活塞施加力,严禁使用猛力压压摇臂以免引起泄压工件落地伤人。
- 使用时支撑活塞不得超过四分之三。
- 泄压的时候必须保证工件能安全着地时才能泄压。

注意

■ 使用时如出现空打现象,可先放松泵体上的放油螺钉,将泵体垂直起来头向下空打几下,然后旋紧放油螺钉,即可继续使用。

■ 在有载荷时,切忌将快速接头卸下,以免发生事故及损坏机件。

■ 本机是用油为介质,必须做好油及本机具的保养工作,以免淤塞或漏油,影响使用效果。

■ 新的或久置的油压千斤顶,因油缸内存有较多空气,开始使用时,活塞杆可能出现微小的突跳现象,可将油压千斤顶空载往复运动2~3次,以排除腔内的空气。长期闲置的千斤顶,由于密封件长期不工作而造成密封件的硬化,从而影响油压千斤顶的使用寿命,所以油压千斤顶在不用时,每月要将油压千斤顶空载往复运动2~3次。

■ 因千斤顶起重行程较小,用户使用时千万不要超过额定行程,以免损坏千斤顶。

■ 使用过程中应避免千斤顶剧烈振动。

■ 支撑以后必须加马蹬等有效措施防止千斤顶突然落下伤人。

■ 泄压时不得快速拧松放油螺栓。

■ 不适宜在有酸碱、腐蚀性气体的工作场所使用。

■ 用户要根据使用情况定期检查和保养。

2.7.9 手拉葫芦的认识与使用

(1)手拉葫芦的认识

是一种使用简单、携带方便的手动起重机械,也称"环链葫芦"或"倒链"(图2.53)。规格:按吊装的质量分为0.5、1.0、5、10 t等。

图 2.53　手拉葫芦

(2)**使用方法**

- 严禁超载使用。
- 严禁用人力以外的其他动力操作。
- 在使用前须确认机件完好无损,传动部分及起重链条润滑良好,空转情况正常。
- 起吊前检查上下吊钩是否挂牢。严禁重物吊在尖端等错误操作。起重链条应垂直悬挂,不得有错扭的链环,双行链的下吊钩架不得翻转。
- 操作者应站在与手链轮同一平面内拽动手链条,使手链轮沿顺时针方向旋转,即可使重物上升反向拽动手链条,重物即可缓缓下降。
- 在起吊重物时,严禁人员在重物下做任何工作或行走,以免发生人身事故。
- 在起吊过程中,无论重物上升或下降,拽动手链条时,用力应均匀和缓,不要用力过猛,以免手链条跳动或卡环。
- 操作者如发现手拉力大于正常拉力时,应立即停止使用。防止手链条磨损。

注意

- ■ 当手拉葫芦的链条拉不动时应立刻停止工作,更不应该增加人员。
- ■ 手拉葫芦的链条弯曲时不得使用,手拉葫芦的链条扭结时不得使用。
- ■ 在手拉葫芦起作业时,严禁人员在起重范围内做任何工作或行走。
- ■ 禁止用两台及以上起重设备同时吊同一起重物品。
- ■ 手拉葫芦不应拉得过低或过高,影响其使用寿命。
- ■ 不要抛摔手拉葫芦,更不可横拉重物,这样极其损坏起重物品和手拉葫芦。
- ■ 手拉葫芦的两股链条不要扭曲,手拉葫芦的两股链条不能翻转。
- ■ 起重物品不得超过手拉葫芦所规定起重量。

实作训练 2.7

请你在教师的指导下,使用丝锥、板牙等工具,进行丝锥、板牙等工具的使用训练。

实作鉴定 2.7　丝锥、板牙等工具的使用

鉴定内容	鉴定结果	
	合　格	不合格
工具的认识		
丝锥的使用		
板牙的使用		
锉刀的使用		
刮刀的使用		
千斤顶的使用		
手拉葫芦的清洁		
销冲头的使用		
铜棒的使用		
钢丝刷的使用		
工具的摆放		
工具的使用规范		
工具的安全使用注意事项		
工具的保养		
学生：　　　教师：　　　日期：		

第3章 总成分装线

能力培养

➢ 分装线装配能力
➢ 装配质量自检、互检能力
➢ 获取资料信息能力
➢ 分装线管理能力

职场安全

➢ 国家和行业职场健康安全法律法规
➢ 适当的劳保服装及鞋帽、防护眼镜
➢ 车间工具、设备安全使用规程

3.1 发动机总成分装

任务准备

➢ 汽车实训室及发动机总成分装所需工具与设备
➢ 发动机总成分装作业指导书
➢ 发动机缸体、曲轴、活塞连杆组、配气机构、油底壳及机油泵等发动机总成分装所需零部件

任务实施

3.1.1 汽车发动机装配线简介

发动机装配线一般由 2 条主传输线(共分 A、B、C、D 四段),4 条支传输线及相关设备组成。主传输线用于输送发动机汽缸体,支传输线分别输送缸盖、变速器、活塞连杆、曲轴。各传输线上布置有装配、转位、试验等设备,沿传输线人工操作完成发动机有关部件及总成的装配、发动机装配线如图 3.1 所示。

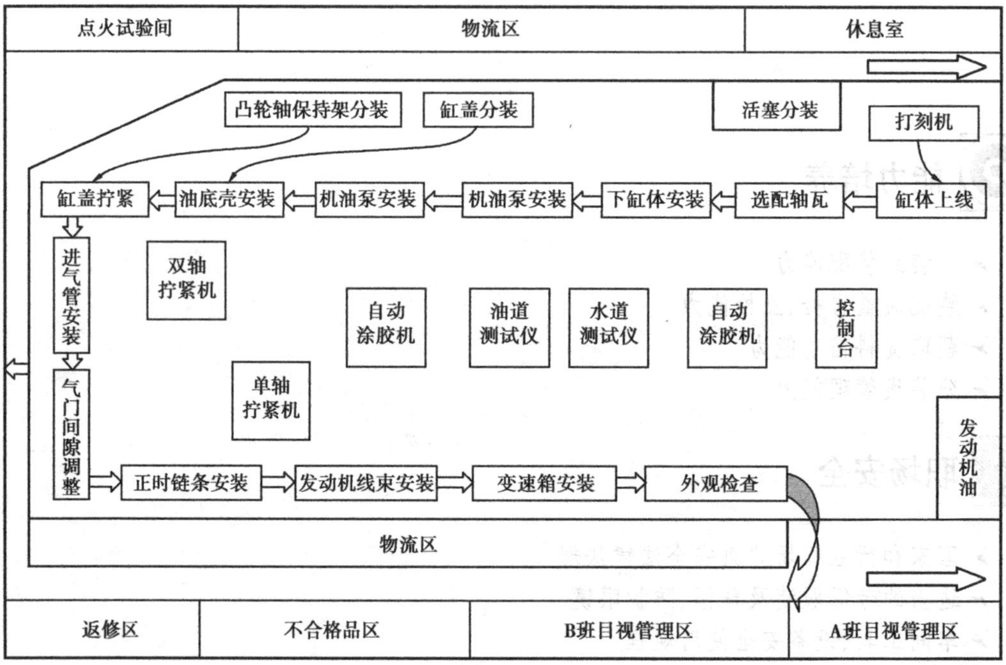

图 3.1 发动机装配线

3.1.2 汽车发动机装配线工艺流程阶段一

- 缸体底面朝下,缸体、曲轴、凸轮轴投料、清洗、吹风、发动机型号、标号打印(图 3.2)。
- 缸体翻转 180°后,打号确认。
- 缸体翻转后缸体底面朝上。

图 3.2 缸体打号

3.1.3 汽车发动机装配线工艺流程阶段二

- 松瓦盖、卸瓦盖、装配上下轴瓦片、插入凸轮轴打入键、装配凸轮轴止推片、吊放曲轴、打入键。
- 打入前端销、打入前端主油道堵塞、装配前端双头螺栓、装右端丝堵、装配主轴承盖及曲轴止推片并拧紧(图 3.3)。

图 3.3　曲轴装配

• 打入后端销,打入后端主油道碗型塞、装后油封座、装机油泵、装齿轮冷却喷嘴。

• 缸孔涂油、装入活塞、装连杆盖、拧紧连杆螺栓、内装件检查。

• 装配发动机前端板、装配凸轮轴齿轮、装配惰轮轴、惰轮、装配曲轴齿轮、装配前盖板(包括前盖板涂胶)。

• 装配机滤器总成、油底壳涂胶、装配油底壳并拧紧。

3.1.4　汽车发动机装配线工艺流程阶段三

• 内装件确认、装配油尺套管、装配减振器、装配挺柱。

• 装配后端板、打入曲轴后端衬套、装配飞轮、装配离合器片及压盘、装配机滤座及机滤、装配发电机支架(图 3.4)。

图 3.4　飞轮装配

• 装配水泵总成、装配真空泵总成、装配真空泵润滑油管。

• 吊装缸盖、拧紧缸盖螺栓。

• 装配摇臂总成、调整气门间隙、摇臂轴注油。

• 检测气门间隙、装配呼吸器、装配摇臂罩总成、装配喷油器总成、装配回油管总成。

3.1.5　汽车发动机装配线工艺流程阶段四

• 装配发电机总成、装配正时链条、装配排气管、装配排气管隔热罩、装配暖风水管接头(图 3.5)。

• 装配高压油管、拧紧节温器螺栓、拧紧、装配进气管。

• 装配排气丝对、装配排气管接管用丝对、装配回油软管、装配进油管、装配进水管、回水管、装配真空泵管、装配排气管接管、装配前侧挡板、后侧挡板、装配排气支承。

• 装 EGR 阀、装进气接管及防护罩、装呼吸器、装呼吸器软管、装配 EGR 管装油尺、装怠速提升装置、装配油压接头、水路试漏、外观检查。

图 3.5　正时链条装配

3.1.6　汽车发动机装配线工艺流程阶段五

• 油系试漏、加注机油。

• 外观检查：检查皮带、线束支架、防尘板、专用垫片、排气管支架。

• 点火试验：点火是否正常，机油盖处有无油喷溅，有无三漏现象，发动机运转时有无明显异音，振动等现象，怠速是否正常，油压是否正常，水温状况如何。

实作训练 3.1

请你在教师的指导下，进行发动机总成分装训练。

实作鉴定 3.1　发动机总成分装

鉴定内容	鉴定结果	
	合　格	不合格
各种工、量具的使用		
曲轴的装配		
油底壳的装配		
活塞连杆组的装配		
配气机构的装配及调整		
飞轮的装配		
正时链条的装配		
发动机各种附件的装配		
工量具的清洁		
工量具的摆放		
工量具的使用规范		
工量具的安全使用注意事项		
学生：　　　　教师：　　　　日期：		

3.2　车门总成分装

任务准备

➢ 本任务以左前门总成分装为例,完成车门总成分装任务

➢ 汽车实训室及车门总成分装所需工具与设备

➢ 车门分装作业指导书

➢ 车门窗升降器、门锁、后视镜、车门内饰板密封薄膜、车门内饰板及内开手柄等车门总成分装所需零部件

任务实施

3.2.1　后滑槽总成装配

● 取后滑槽总成1件,十字槽盘头螺钉2颗和风板机至装配点。

● 把左前门后滑槽总成放入车门装配位置内,滑槽两端装配孔与车门孔对准并用螺钉紧固到位(图3.6)。

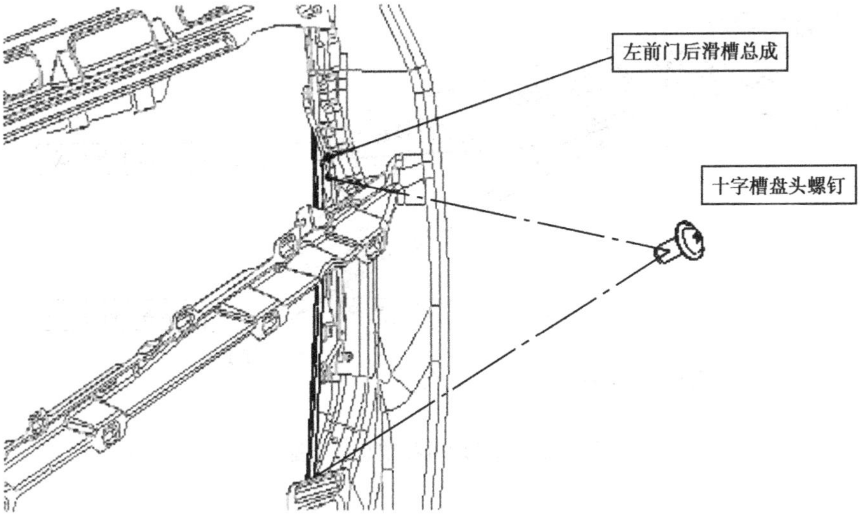

图3.6　后滑槽总成装配

注意

■ 检查后滑槽是否松动。

3.2.2　玻璃呢槽装配

● 先将呢槽两顶端卡接在车门滑槽里,再把两顶端之间的部分卡接到位(图3.7)。

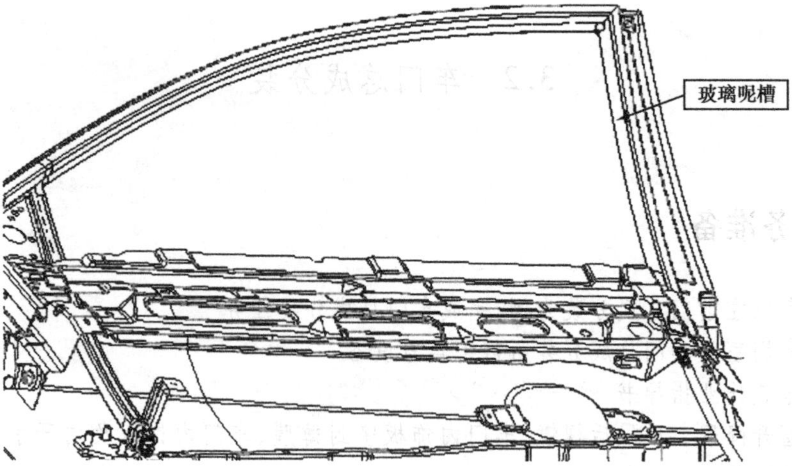

图 3.7　玻璃呢槽装配

注意

■ 检查呢槽是否卡接到位,开口位置必须朝上。

3.2.3　门玻璃带托架总成装配

• 先将玻璃带托架总成顺呢槽卡进车门体里,玻璃带托架总成下端两螺钉孔对准玻璃升降器装配孔,并用螺钉紧固(图 3.8)。

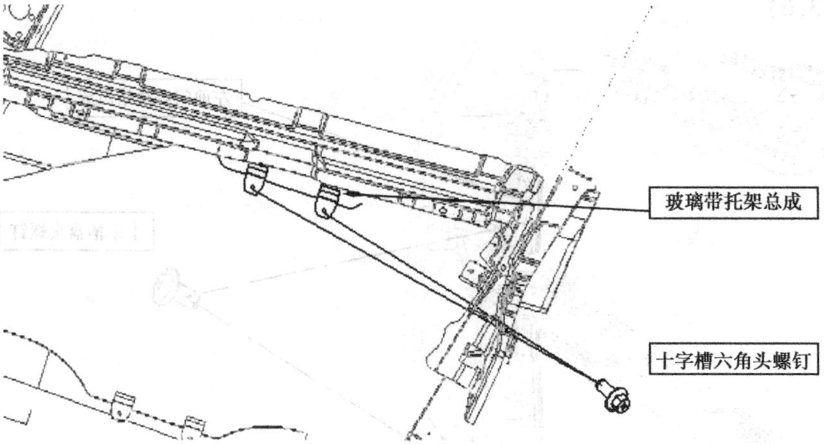

图 3.8　门玻璃带托架总成装配

注意

■ 通电检查门玻璃总成工作是否发卡。

3.2.4　门拉杆护板总成装配

• 先将护板总成装入拉杆下面,护板上端卡柱卡入车门装配孔内,护板一边的装配孔对准车门上的装配孔,最后用螺钉紧固(图 3.9)。

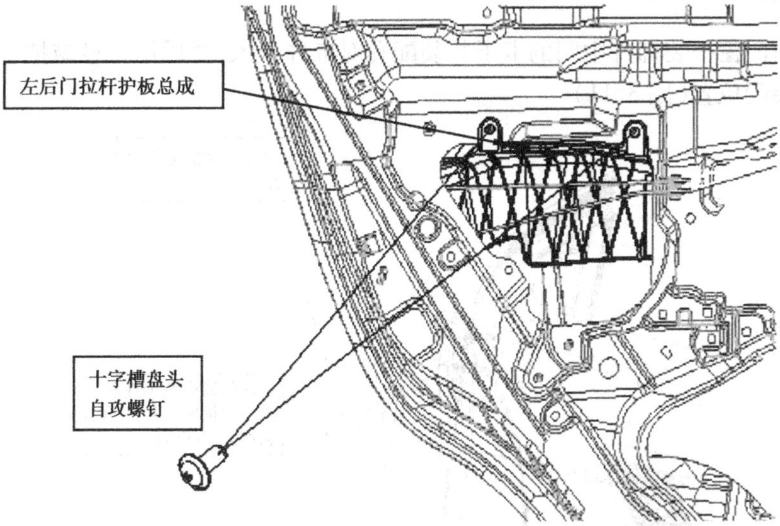

图3.9　门拉杆护板总成装配

注意

■ 检查护板是否装配到位。

3.2.5　门窗升降器总成装配

• 将玻璃升降器挂在车门内,先将玻璃升降器自带的螺钉打紧再用螺钉将其紧固到位。把玻璃升降器与车门线束插接后接头卡接在装配孔。卡接方向为由外向里(图3.10)。

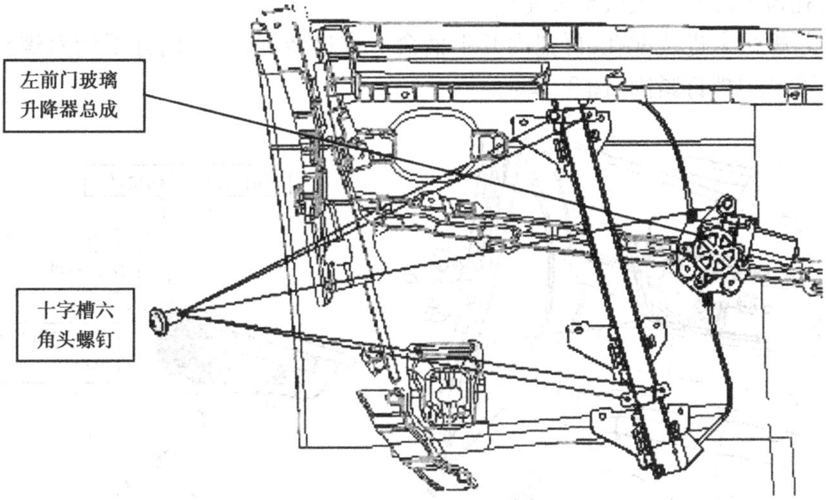

图3.10　门玻璃升降器总成装配

注意

■ 检查电机线束是否与玻璃升降器干涉。

3.2.6 前门窗框装饰件总成装配

• 把左前门窗框装饰件中间的卡子与装配孔对准并卡入，然后用力轻敲把整个装饰件完全卡入车门装配位置(图3.11)。

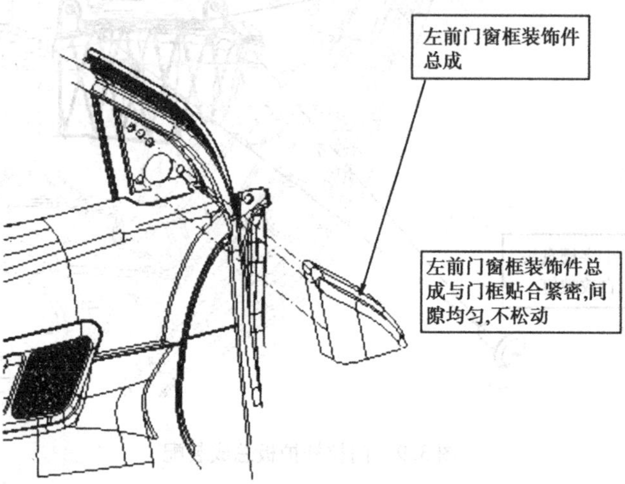

图3.11 左前门窗框装饰件总成装配

注意

■ 检查装饰件是否装配到位。

3.2.7 内开手柄盒装配

• 取内开手柄盒1件，A型通孔式嵌装塑料螺母1颗，十字槽盘头自攻螺钉1颗，左前门内开手柄盒孔盖1件和风板机至装配点。

• 把塑料螺母卡进装配孔，再把内开手柄盒卡推进装配位置，内开手柄盒螺钉装配孔与塑料螺母对准并用螺钉紧固(图3.12)。

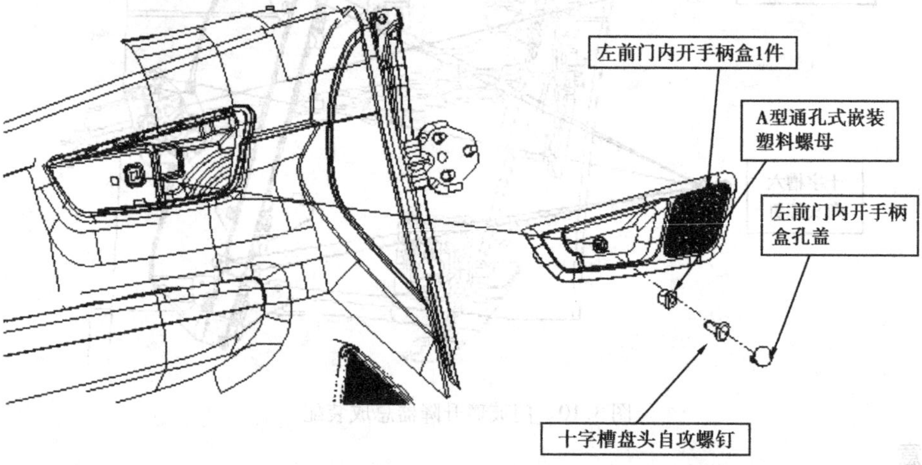

图3.12 内开手柄盒装配

注意

■ 检查内开手柄盒是否装配到位。

■ 内开手柄盒必须与内饰板紧密贴合，不得松动，无间隙。

3.2.8　内开手柄总成装配

• 先把塑料螺母卡在车门装配孔里，然后把内开手柄卡进车门后滑动至装配位置并用螺钉紧固。

注意

■ 检查手柄与车门是否贴合。

3.2.9　门内饰板密封薄膜装配

• 在将内饰板薄膜贴在车身钣金上后，应将薄膜开孔处的接插件或零部件从开孔处穿出，开孔部位有：内开受柄、迎宾灯接插件处、车窗开关三处。

注意

■ 检查薄膜有否露出内饰板装配界面外。

3.2.10　扬声器总成装配

• 先把喇叭接插件与线束接插件接好，反方向轻拉保证不脱落，然后把喇叭螺钉孔与车门螺钉孔对齐并用螺钉固定（图3.13）。

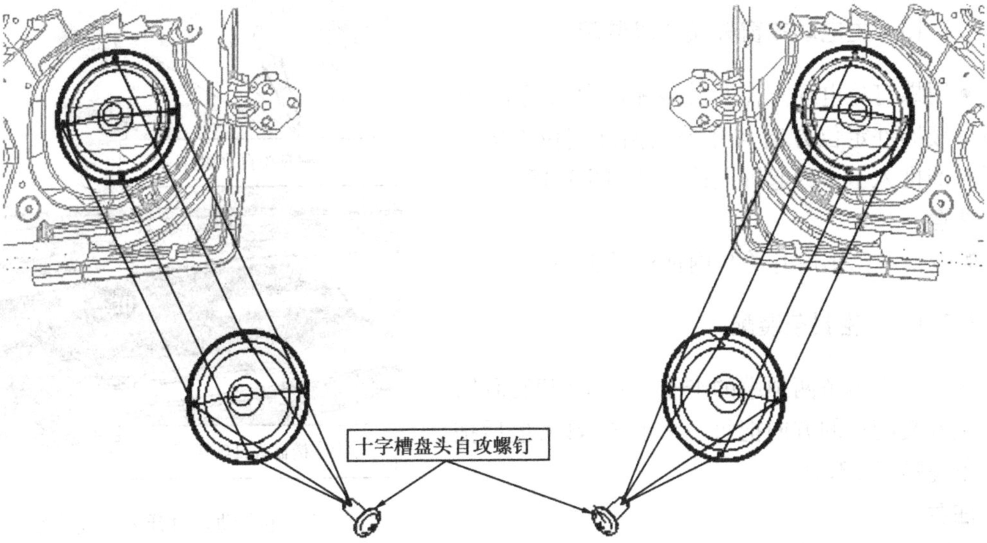

图3.13　扬声器总成装配

注意

■ 螺钉按对角方式装配、装配螺钉时手不能接触喇叭纸盆。

3.2.11　内夹条总成装配

• 先把内夹条从内饰板开口端嵌入、卡好。内夹条与内饰板两端对齐。最后把迎宾灯卡入内饰板的装配孔内（图3.14）。

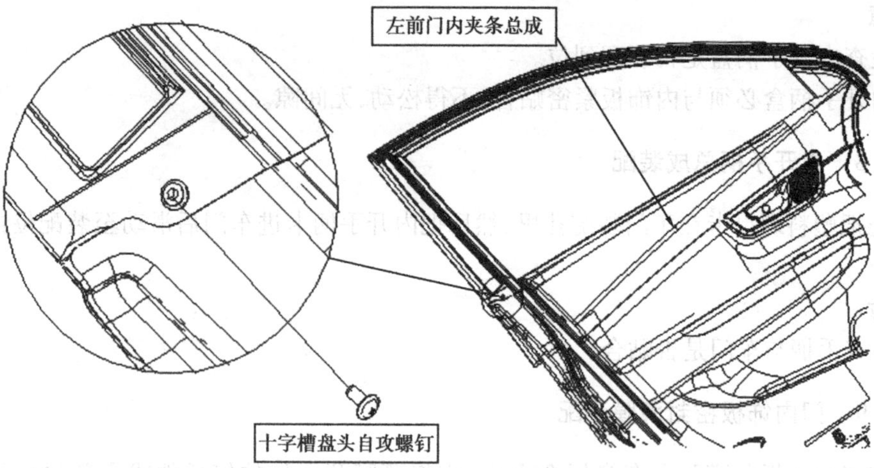

图 3.14　内夹条总成装配

3.2.12　外夹条总成装配

• 先把外夹条两端分别与车门两端的装配位置对齐，然后轻敲外夹条到装配位置，再把外夹条的螺钉装配孔与车门装配孔对齐并用螺钉紧固。

注意

■ 检查外夹条是否错装。

3.2.13　主电动车窗开关总成装配

• 用螺钉将电动车窗开关装配在内饰板上，确定线束接插件定位方向与开关接插件定位方向一致后对准推入卡子弹起即装配到位（图 3.15）。

注意

■ 检查电动车窗开关与内饰板是否贴合。

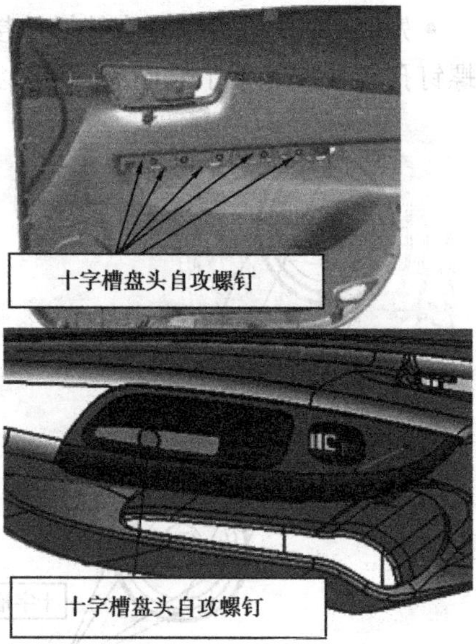

图 3.15　主电动车窗开关总成装配

3.2.14　密封条装配

• 先把密封条两顶端的卡子卡在车门两顶端，然后顺着装配孔的方向把每一个卡子卡好，最后把密封条理顺（图 3.16）。

注意

■ 检查密封条是否装配到位。

3.2.15　外后视镜总成装配

• 先把外后视镜的定位卡扣卡进装配孔内，并把外夹条压住，再用螺栓将其固定，最后接插好接插件（图 3.17）。

注意

■ 检查后视镜三角板与车门三角区，侧围的间隙。

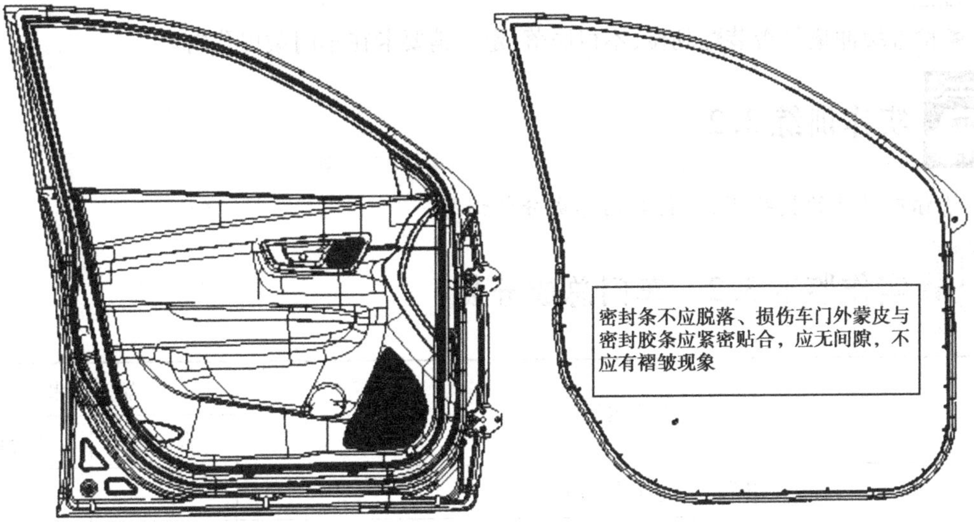

密封条不应脱落、损伤车门外蒙皮与密封胶条应紧密贴合，应无间隙，不应有褶皱现象

图 3.16　密封条装配

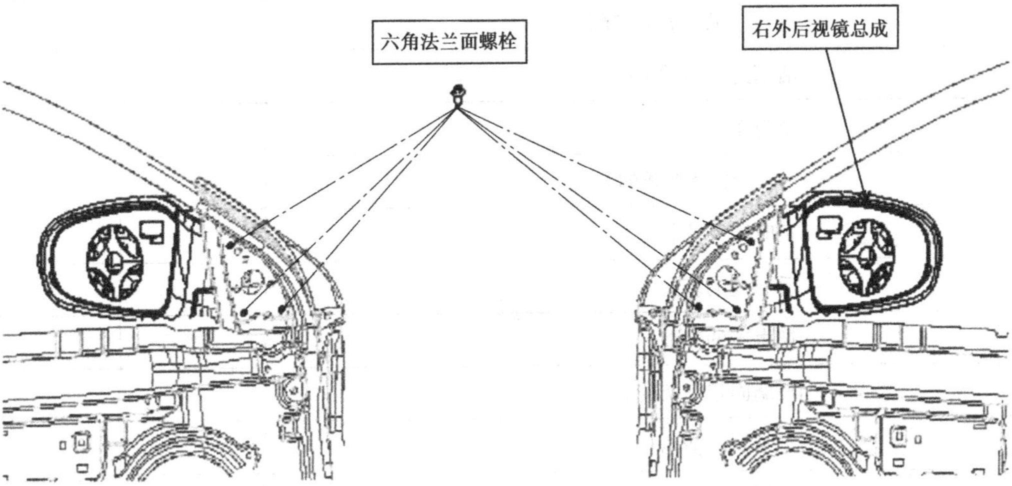

图 3.17　外后视镜总成装配

3.2.16　车门缓冲垫装配

- 把缓冲垫卡进车门装配孔内，拧紧（图 3.18）。

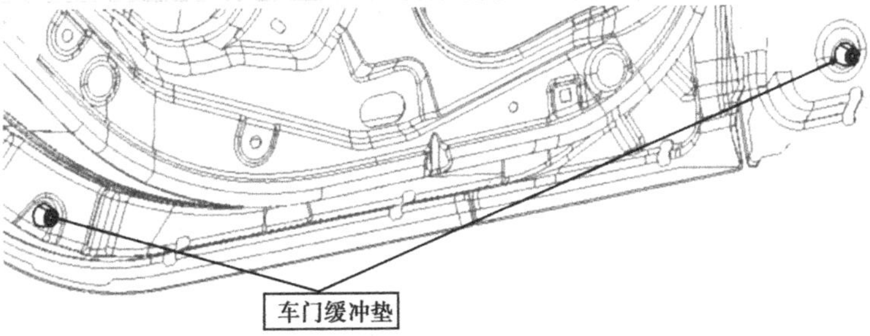

图 3.18　车门缓冲垫装配

注意

■ 检查缓冲垫是否装配到位,不得脱落,定位销要卡在车门蒙皮孔内。

实作训练 3.2

请你在教师的指导下,进行车门总成分装训练。

实作鉴定 3.2 车门总成分装

鉴定内容	鉴定结果	
	合 格	不合格
各种工、量具的使用		
门窗升降器的装配		
内开手柄总成的装配		
活塞连杆组的装配		
密封条的装配		
车门内、外夹条的装配		
正时链条的装配		
后视镜的装配		
扬声器的装配		
玻璃固定支架的装配		
工量具的清洁		
工量具的摆放		
工量具的使用规范		
工量具的安全使用注意事项		
学生: 教师: 日期:		

第 4 章
一次内饰装配线

能力培养

➤ 汽车一次内饰装配线装配能力
➤ 现场应急处理能力
➤ 装配质量自检、互检能力
➤ 获取资料信息能力
➤ 生产现场管理能力

职场安全

➤ 国家和行业职场健康安全法律法规
➤ 适当的劳保服装、鞋帽及防护眼镜等
➤ 车间工具、设备安全使用规程

4.1　车身线束装配

任务准备

➤ 汽车实训室、整车及车身线束装配所需工具与设备。

➤ 车身线束装配作业指导书。

➤ 顶篷线束总成、地板线束总成馈线总成、天线总成及后除霜搭铁线束总成等车身线束装配所需零部件。

任务实施

4.1.1 顶篷线束总成装配

- 顶篷线卡沿前顶灯处第一个卡孔行李箱铰链由右向左依次卡接到位(图 4.1)。
- 用十字槽六角头螺钉和弹垫组合件将搭铁线紧固到位 ,打扭力,图标色。
- 与仪表线束的接插件对接后,将接插件固定在车身预留位置。

注意

- 注意线束走向,插头本体上卡子不卡。
- 整条线束装配完成后不得扭曲、折死角,线束松紧度合适。

图 4.1　顶篷线束总成装配

4.1.2 地板线束装配

• 将线束理顺对应车体相应位置摆好,从线束第一个卡子(左前侧围处)依次往后卡接到对应卡孔,将油箱线束分支打结穿过后地板,将胶塞卡紧到位。

• 取十字槽六角头螺钉和弹垫平垫组合件 6 颗,依次将前地板处 6 个搭铁线紧固到位,打扭力,涂色标(图 4.2 ~ 图 4.9)。

注意

■ 确保四门门接触开关,从相应孔处穿出。

■ 线束插接头应紧固,卡接位置应紧固,所有胶套需保证卡接到位。不干胶贴合到位,线束走向到位。

■ 检查搭铁点涂装是否防护到位,搭铁要牢固。

4.1.3 馈线总成(车身段)装配

- 从馈线总成(车身段)与天线总成插接处开始,沿顶盖内侧依次往前卡接到车体上。
- 天线总成打扭力,涂色标,连接天线与馈线(图 4.10)。

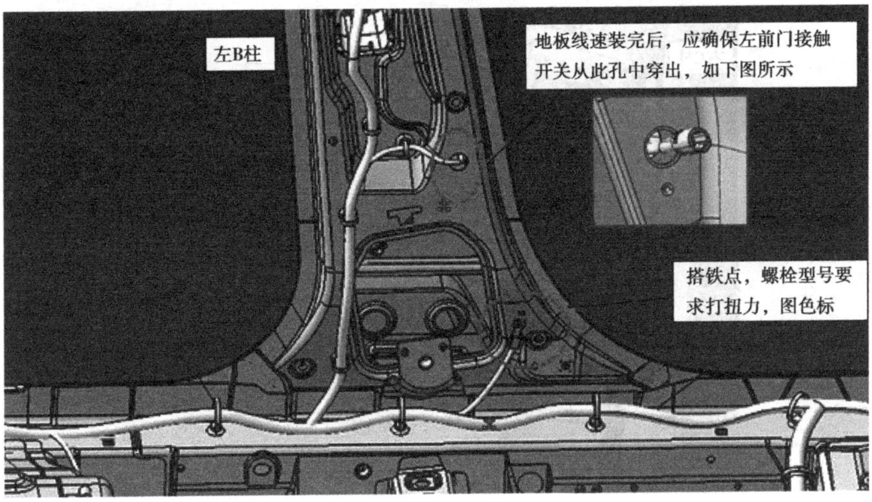
左B柱
地板线速装完后，应确保左前门接触开关从此孔中穿出，如下图所示
搭铁点，螺栓型号要求打扭力，图色标

图 4.2　左 B 柱线束装配

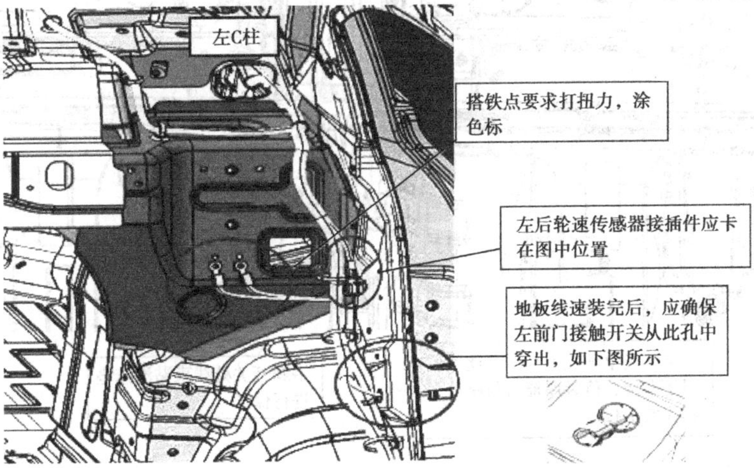
左C柱
搭铁点要求打扭力，涂色标
左后轮速传感器接插件应卡在图中位置
地板线速装完后，应确保左前门接触开关从此孔中穿出，如下图所示

图 4.3　左 C 柱线束装配

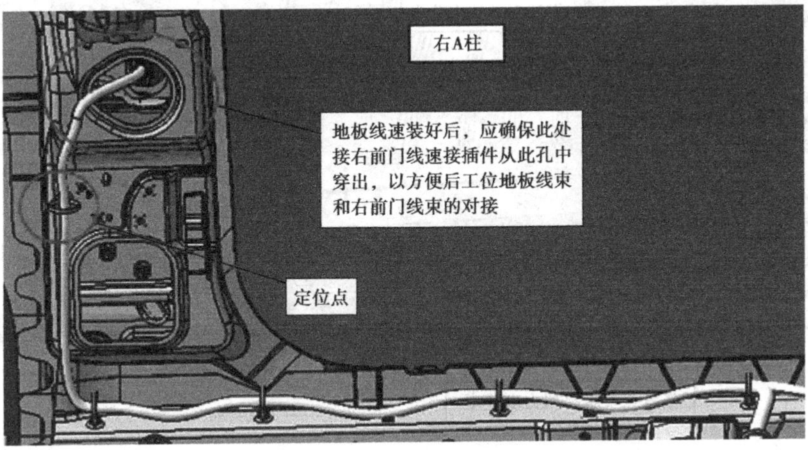
右A柱
地板线速装好后，应确保此处接右前门线速接插件从此孔中穿出，以方便后工位地板线束和右前门线束的对接
定位点

图 4.4　右 A 柱线束装配

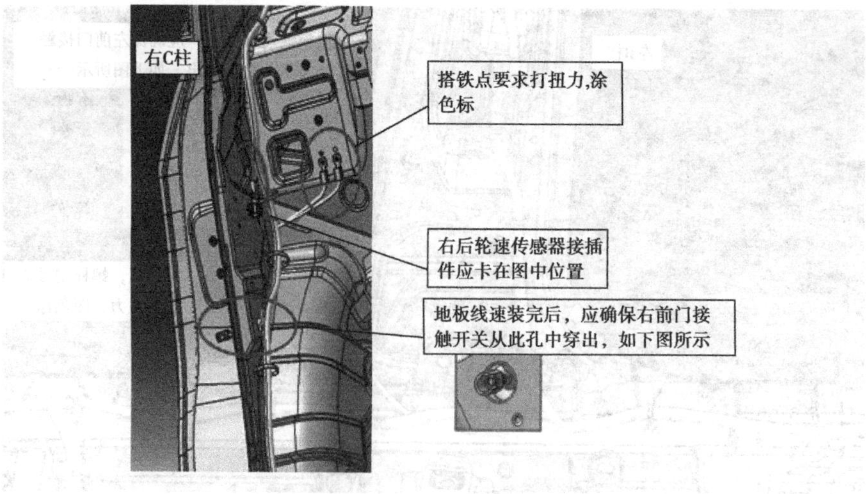

图 4.5　右 C 柱线束装配

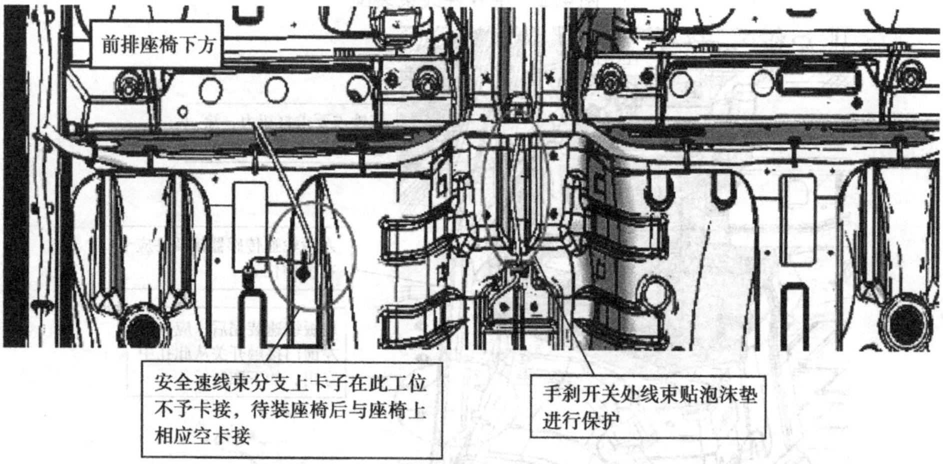

图 4.6　前排座椅下方线束装配

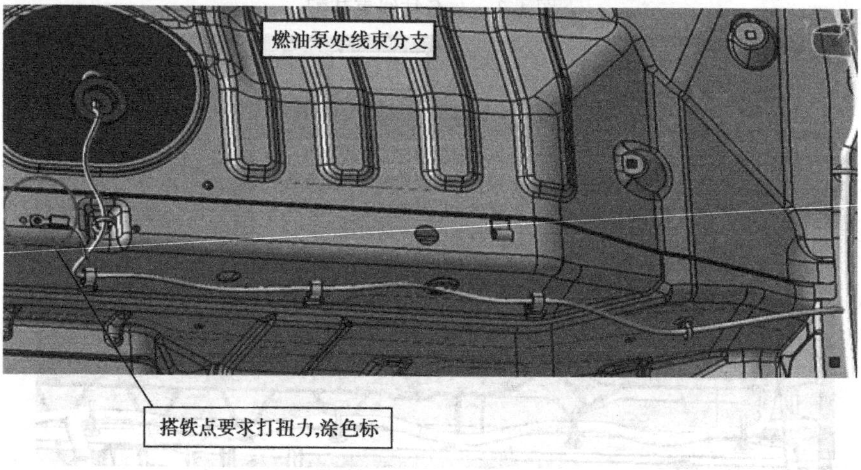

图 4.7　燃油泵处线束分支装配

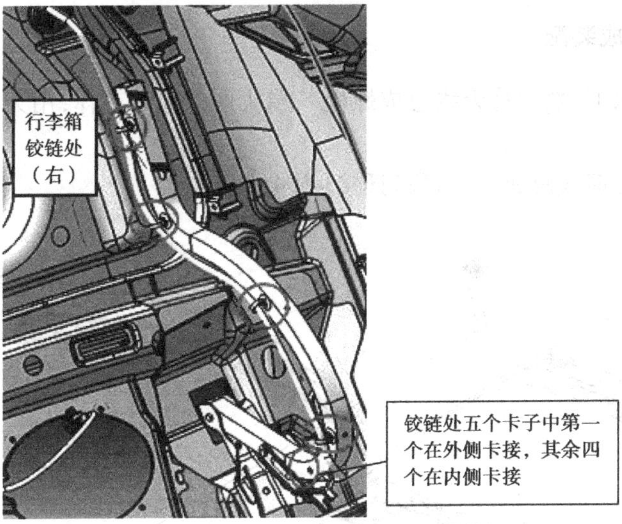

图 4.8　行李箱铰链处(右)线束装配

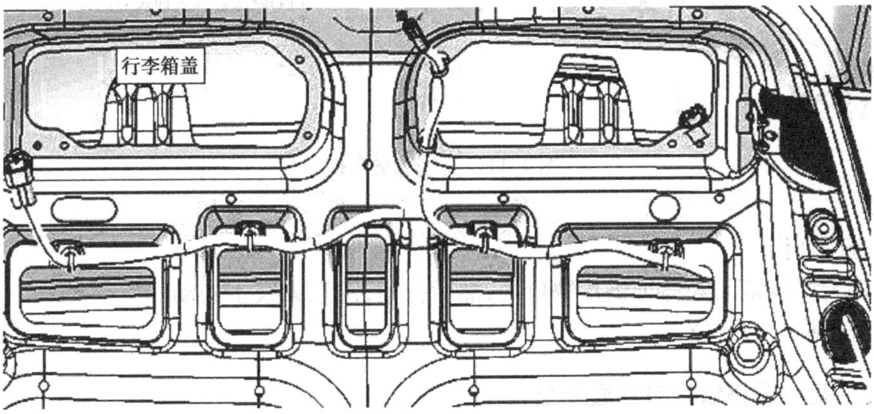

图 4.9　行李箱盖线束装配

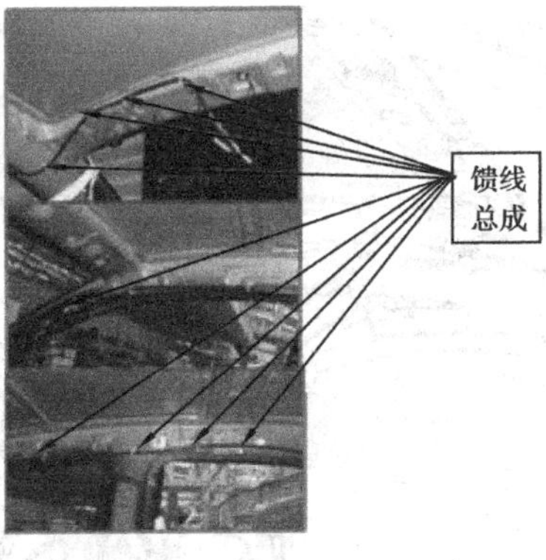

图 4.10　馈线总成(车身段)装配

注意

■ 线夹固定牢固,插头插接可靠。

4.1.4 天线总成装配

●将天线螺母取下，然后将天线总成螺栓一端从顶盖穿入车体，用天线螺母将其紧固到位，打扭力，涂色标。

●将天线总成与馈线总成（车身段）插接（图4.11）。

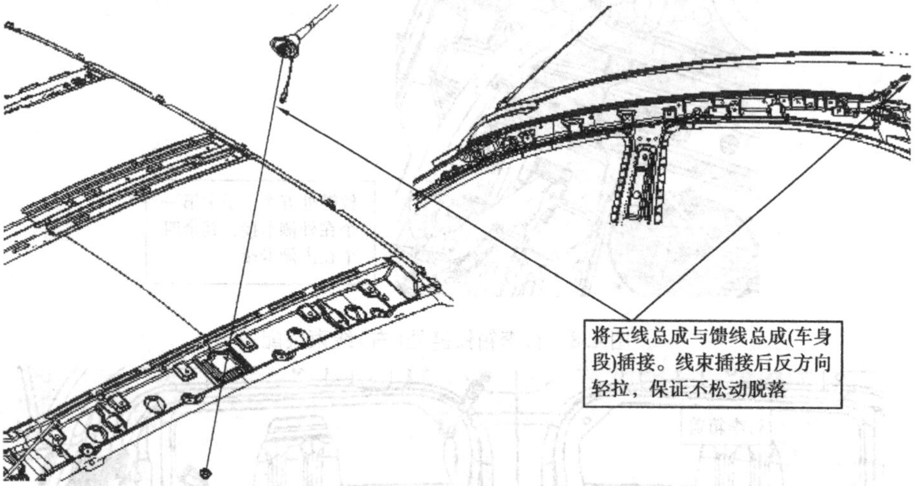

将天线总成与馈线总成(车身段)插接。线束插接后反方向轻拉，保证不松动脱落

图4.11 天线总成装配

注意

■ 检查碰划伤。

■ 应将天线线索压入螺母垫片缺口处，然后拧紧，注意天线不松动。

■ 检查插接是否到位。

4.1.5 后除霜搭铁线束总成装配

●用风扳机将搭铁螺栓固定在整车右后侧，搭铁螺栓打扭矩，涂色标（图4.12）。

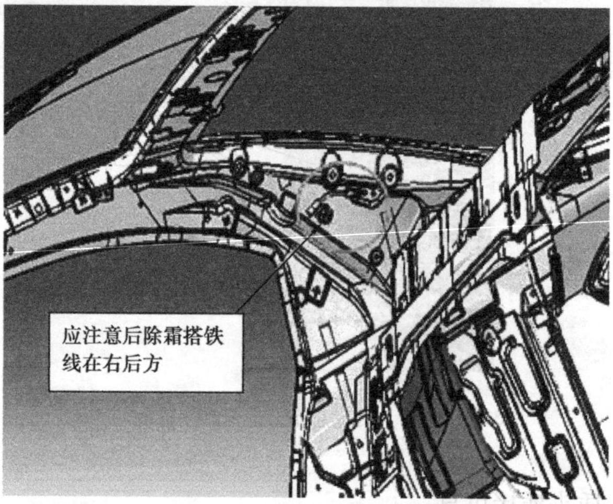

图4.12 后除霜搭铁线束总成装配

实作训练4.1

请你在教师的指导下,进行车身线束装配训练。

实作鉴定4.1　车身线束装配

鉴定内容	鉴定结果	
	合　格	不合格
各种工、量具的使用		
顶篷线束总成装配		
地板线束总成装配		
馈线总成(车身段)装配		
天线总成装配		
后除霜搭铁线束总成装配		
工、量具的清洁		
工、量具的摆放		
工、量具的使用规范		
工、量具的安全使用注意事项		
学生:　　教师:	日期:	

4.2　行李箱内饰装配

任务准备

➢ 汽车实训室、整车及行李箱内饰装配所需工具与设备。

➢ 行李箱内饰装配作业指导书。

➢ 行李箱铰链回位扭簧总成、行李箱锁体总成、邮箱拉索和行李箱拉索、行李箱侧地毯及行李箱地毯总成、备胎总成、行李箱指示灯及行李箱内衬总成等行李箱内饰装配所需零部件。

任务实施

4.2.1 行李箱铰链回位扭簧总成装配

● 将扭簧卡子和扭簧固定在装配点(图4.13)。

注意

■ 行李箱铰链有左右之分。

■ 行李箱开闭应灵活,无异响,行李箱的最大开启角度为90°。铰链应牢固,不应松动。

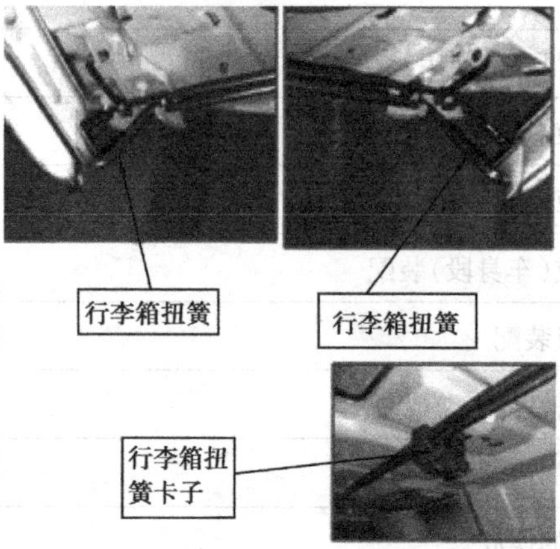

图4.13 行李箱铰链回位扭簧总成装配

4.2.2 行李箱锁体总成装配

● 将行李箱锁体在行李箱盖上安放到位,用六角头螺栓、弹簧垫圈和平垫圈组合件2颗将其紧固到位(图4.14)。

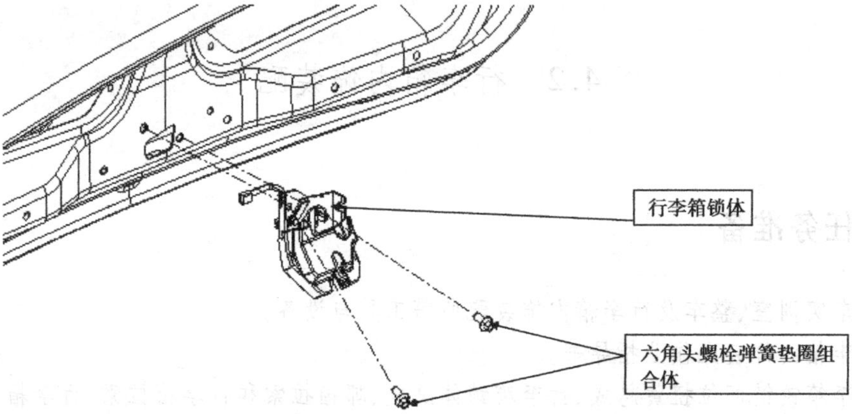

图4.14 行李箱锁体总成装配

注意

■ 行李箱锁装配应牢固,不应松动,锁止机构应可靠。

■ 线束插接后反方向轻拉保证不脱落。

4.2.3　邮箱拉索和行李箱拉索装配

• 先将油箱门开启1号拉索和行李箱开启2号拉索总成从车体左下侧孔穿出，再分别将油箱盖拉索卡1、3号卡子，行李箱拉索卡2、4、5号卡子。

注意

■ 检查拉索走向是否错误。

■ 检查卡子是否卡错位置。行李箱2号拉索后端第1个卡子在外侧，其余卡子在内侧。

4.2.4　行李箱锁销装配

• 将行李箱锁销安放到位，用十字槽沉头螺钉和锥形缩紧垫圈组合件2颗将行李箱锁销紧固到位（图4.15）。

注意

■ 检查锁销装配块是否与装配孔对准。

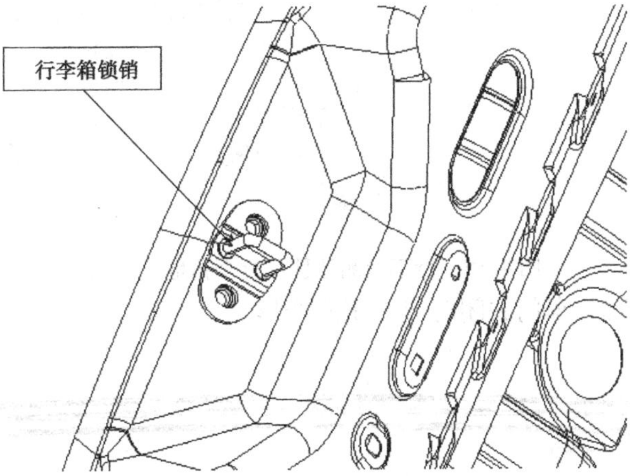

图4.15　行李箱锁销装配

4.2.5　行李箱侧地毯及行李箱地毯总成装配

• 将行李箱侧地毯总成左、右在行李箱两侧安放到位，先将塑料螺母固定在装配点；然后用卡扣（黑色）10颗将行李箱侧地毯总成卡到行李箱两侧，并将带圆形大头挂钩的螺钉分别固定到行李箱两侧；再用自攻螺钉将侧地毯固定。

• 将行李箱地毯固定在装配点，行李箱地毯前端的突出部分塞入后座椅后的空洞，以遮挡住车身后露出了的钣金。

注意

■ 装配到位，与车身贴合良好；不应有损伤、脏污、褶皱、松旷、脱落、翘起等异常现象（图4.16）。

4.2.6　行李箱密封条装配

• 将行李箱密封条用手卡接好（从背门槛正中部卡起），用榔头轻轻理顺，确保其平整性（图4.17）。

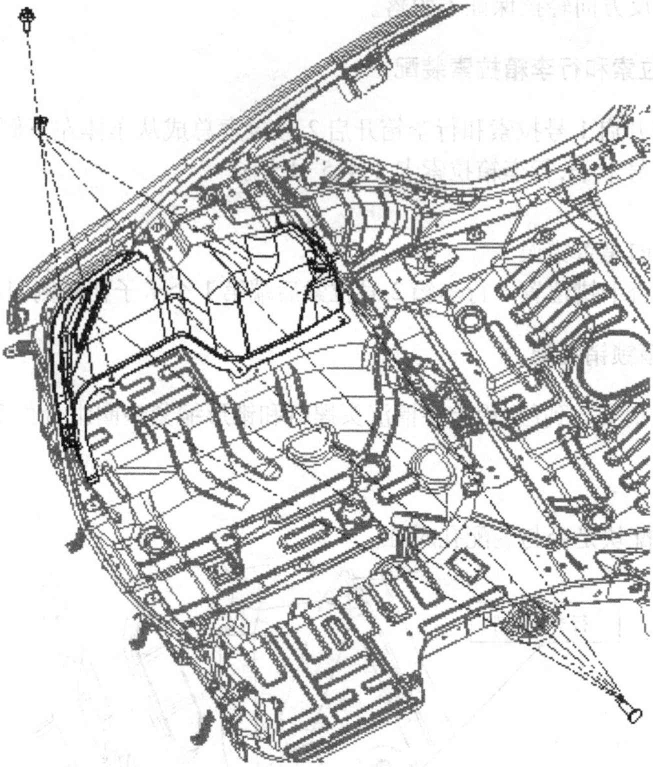

图 4.16　行李箱侧地毯及行李箱地毯总成

● 装配到位，无破损，车门关闭时应无扭曲变形。

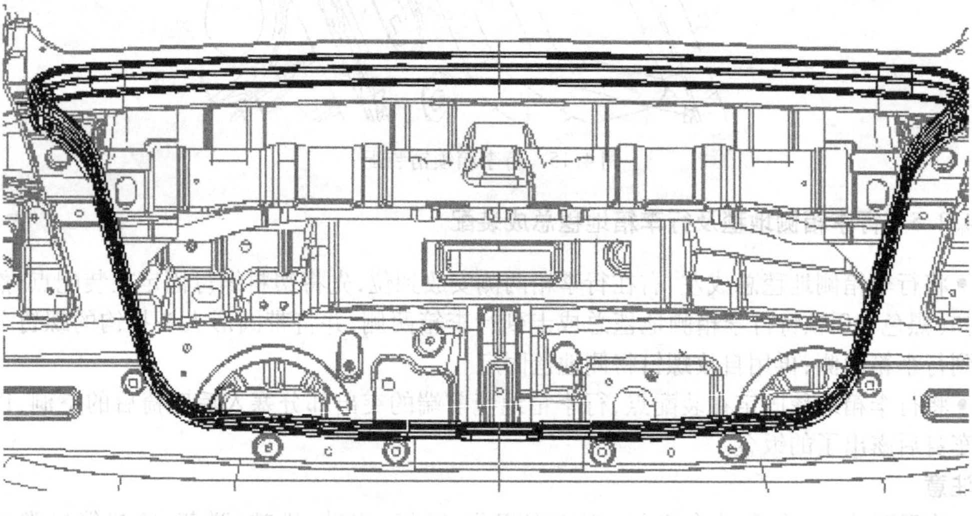

图 4.17　行李箱密封条装配

注意

■ 检查密封条是否平整无褶皱、密封条不应脱落、损伤。

■ 装配到位，无破损，车门关闭时应无扭曲变形。

4.2.7　备胎总成装配

• 先将钢车轮放在固定点，再备胎压板总成固定在装配点(图 4.18)。

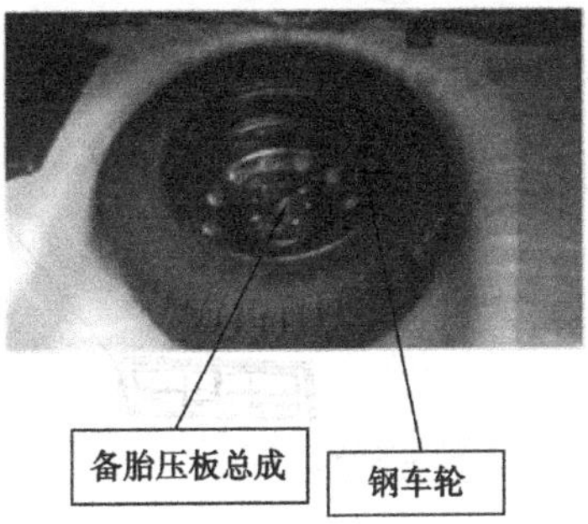

图 4.18　备胎总成装配

4.2.8　行李箱指示灯及行李箱内衬总成装配

• 将行李箱指示灯与底盘线束插接，再将其卡在行李箱方孔上；再用卡子依次将行李箱内衬总成固定至装配点(图 4.19)。

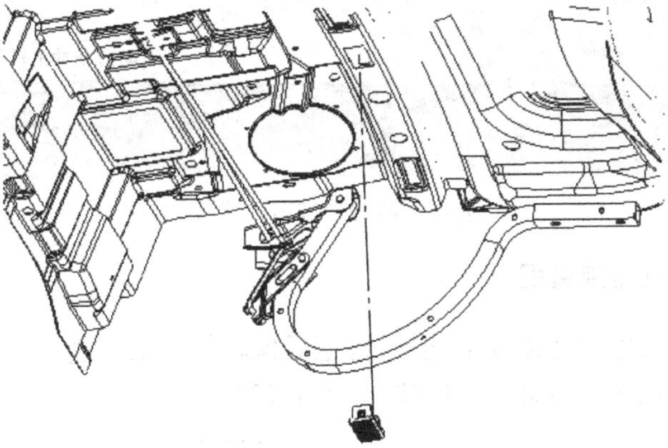

图 4.19　行李箱指示灯及行李箱内衬总成装配

注意

■ 接插行李箱指示灯线束后卡接；检查碰划伤，来料是否清洁。

■ 插头方向向左，注意与行李箱盖是否贴合。

4.2.9　通风口总成装配

• 将通风口总成固定在车体左右后侧围(图 4.20)。

注意

■ 注意贴合紧密，不准外翘，无缝隙。

4.2.10　防行李冲击横梁装配

• 用螺栓将防行李冲击横梁固定到车身后座椅靠背处(图 4.21)。

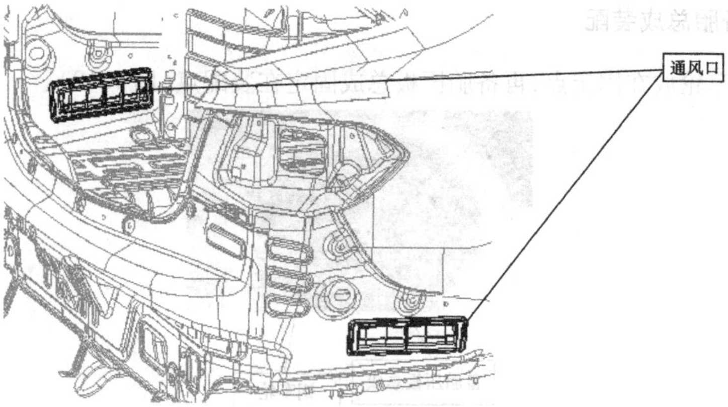

图 4.20 通风口装配

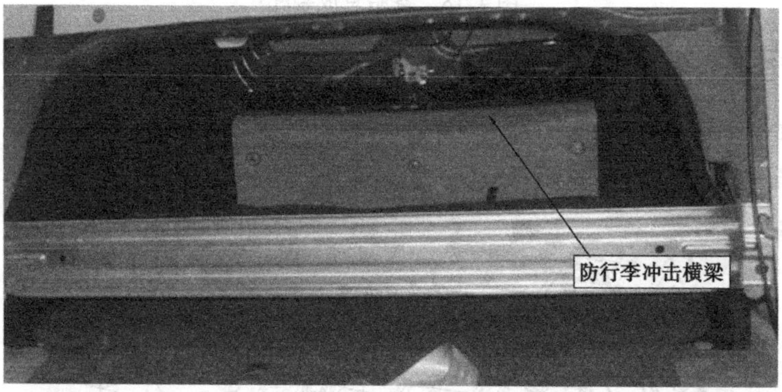

图 4.21 防行李冲击横梁装配

4.2.11 后保险杠线束装配

• 先把后保险杠线束与地板线束连接，再把后保险杠线束穿越钣金孔，橡胶套要卡入钣金孔，以确保密封；再依次将线束卡到螺柱上(图 4.22)。

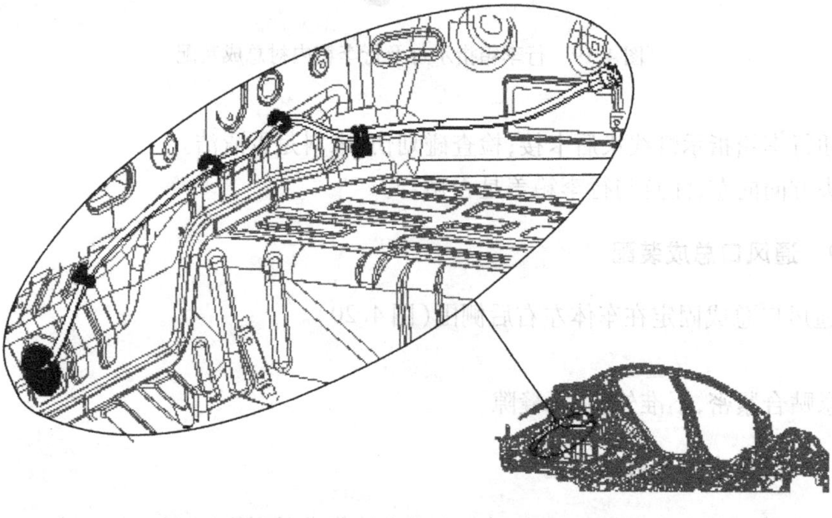

图 4.22 后保险杠线束装配

• 线束无破损，插头插接可靠。

• 检查后保险杠电线束和地板线束是否连接。

4.2.12　背门门槛装饰件总成装配

• 将塑料螺母卡接在车尾箱后壁内，用十字槽盘头自攻螺钉将背门槛装饰件紧固到位（图4.23）。

注意

■ 装配到位，与车身贴合良好；不应有损伤、脏污、褶皱、松旷、脱落、翘起等异常现象。

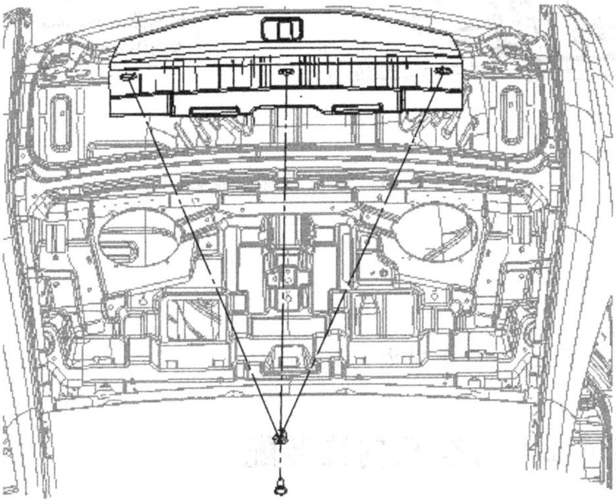

图4.23　背门门槛装饰件总成装配

4.2.13　尾饰灯总成装配

• 将尾饰灯安放到位，先插入定位销，再扭紧螺母，最后插接好插接，听到声响为插接到位（图4.24）。

注意

■ 尾饰灯与侧围间隙为0 ~ 2 mm，高差为0 ~ 2 mm。

■ 检查尾饰灯与车体间隙。

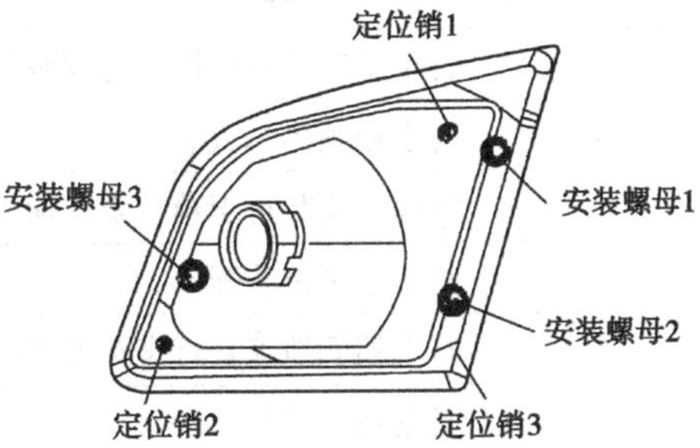

图4.24　尾饰灯总成装配

4.2.14　组合后灯总成装配

• 把线束穿过后组合灯装配盖板，并装配好橡胶件；将装配盖板卡到后灯装配支架上；用螺母把后组合大灯紧固；插接好接插件，并将接插件固定到线束支架上（图4.25）。

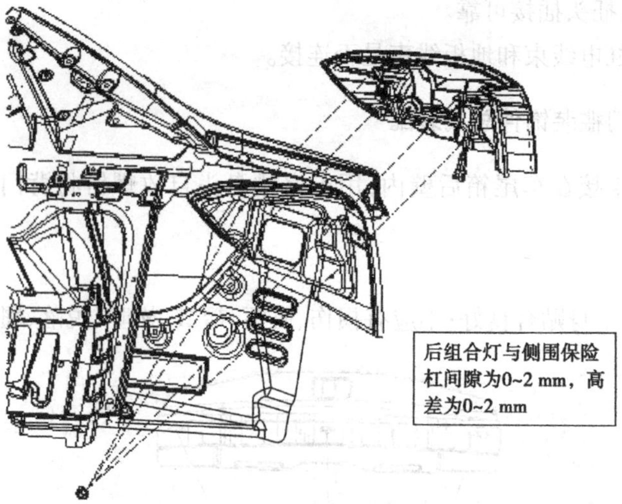

后组合灯与侧围保险杠间隙为0~2 mm，高差为0~2 mm

图 4.25　组合后灯总成装配

实作训练 4.2

请你在教师的指导下，进行行李箱内饰装配训练。

实作鉴定 4.2　行李箱内饰装配

鉴定内容	鉴定结果	
	合　格	不合格
各种工、量具的使用		
行李箱铰链回位扭簧总成装配		
行李箱锁体总成装配		
邮箱拉索和行李箱拉索装配		
行李箱锁销装配		
行李箱侧地毯及行李箱地毯总成装配		
行李箱密封条装配		
尾饰灯总成装配		
组合后灯总成装配		
工、量具的清洁		
工、量具的摆放		
工、量具的使用规范		
工、量具的安全使用注意事项		
学生：　　　　　　教师：　　　　　　日期：		

4.3　仪表板装配

任务准备

➢ 汽车实训室、整车及仪表板总成分装所需工具与设备。

➢ 仪表板分装作业指导书。

➢ 仪表台板线束、CD 机馈线、安全气囊线束、固定倒车雷达、车身控制器、乘员安全气囊、空调控制器、组合仪表及仪表罩等仪表板装配所需零部件。

任务实施

4.3.1　仪表加强件及保险盒支架总成装配

• 先将仪表加强件分别固定在仪表面板上。最后将保险盒支架固定在仪表面板上(图4.26)。

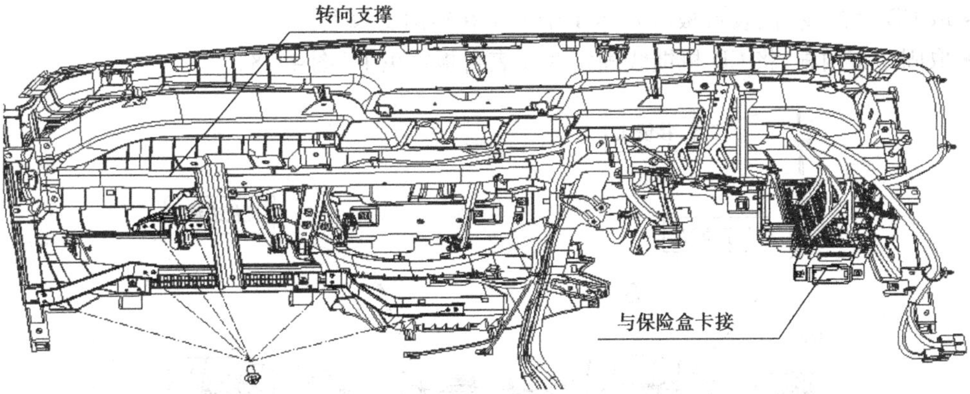

图4.26　仪表加强件及保险盒支架总成装配

4.3.2　仪表台板线束装配

• 整理线束,将仪表台板电线束各卡子依次卡接到转向支撑上。

• 装保险盒,并将线束插头固定在转向支撑上,整理线束。

• 将仪表台板电线束上的搭铁线装配到位,用螺栓5颗将其紧固,打扭力,涂色标(图4.27)。

注意

■ 线束卡子卡接正确到位。

■ 注意插接件有颜色区分,不同车型有所不同,如有的黑色插接件靠上,白色插接件靠下。

■ 确定线束走向正确。

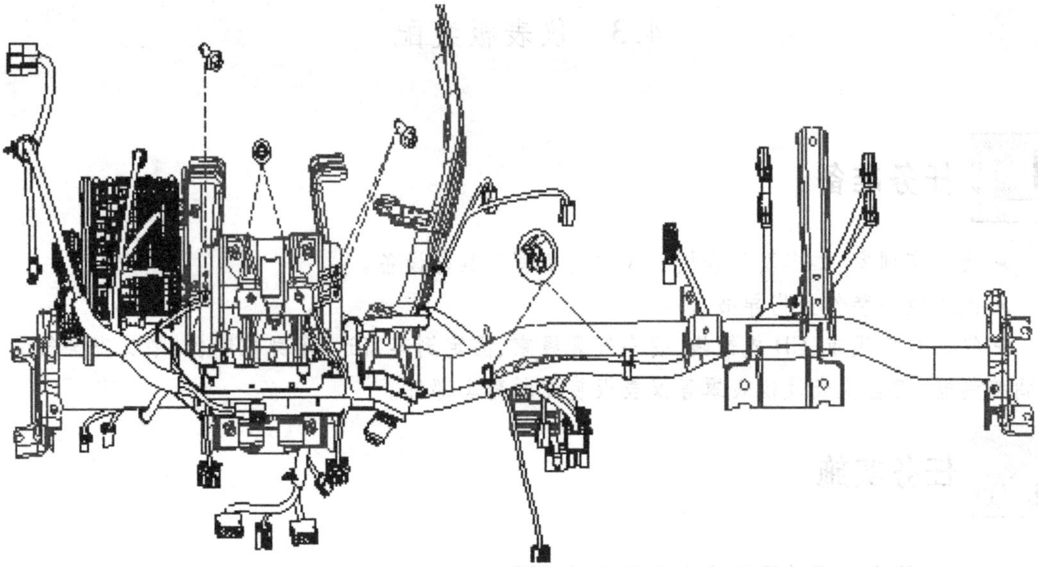

图 4.27　仪表台板线束装配

4.3.3　CD 机馈线装配

• 取 CD 机馈线(仪表台板段),卡 1 个卡子在转向支撑上。
• 取固定带两根,将 CD 机馈线固定在仪表台板线束上(图 4.28)。

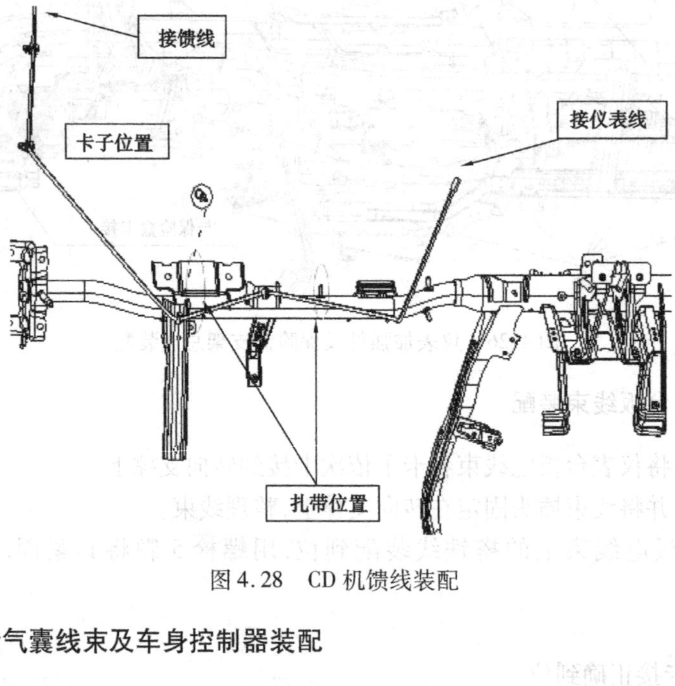

图 4.28　CD 机馈线装配

4.3.4　安全气囊线束及车身控制器装配

• 依次将安全气囊电线束卡在转向支撑上(图 4.29)。用风扳机打紧车身控制器(BCM)装配螺栓,接插件接插到位(图 4.30)。

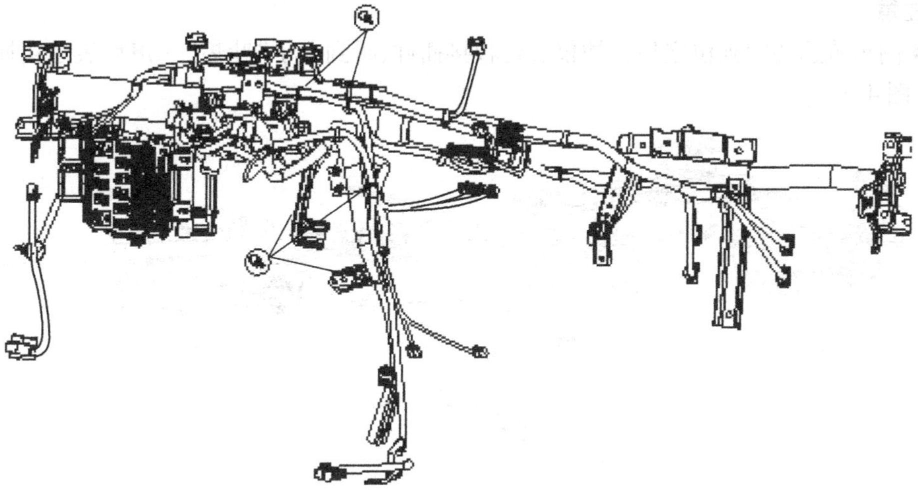

图4.29　安全气囊线束装配

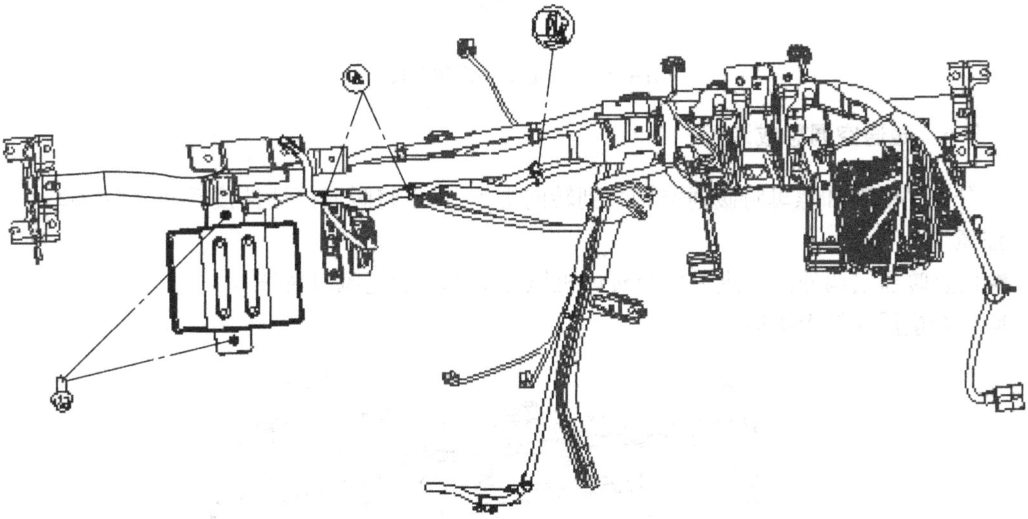

图4.30　BCM装配

• BCM装配时白色接插件靠左,绿色和蓝色接插件靠右;蓝色和绿色线束上的接插件都是带了锁止装置的,装配时一定保证锁止装置装配到位,一定要听到"咔"的声音(不同车型的颜色区分有所不同)。

注意

■ 每装一个气囊、控制器,必须将对应接插件可靠插接到位。

■ 总装线上,原则上不允许在接插件已经连接到位的情况下,再拔出接插件重新连接。

■ 不可踩压、拉扯安全气囊各零件的线束;如发现气囊和控制器的连接线束有破损的现象,必须更换线束。

4.3.5　固定倒车雷达装配

• 用风扳机将倒车雷达控制器固定转向支撑上。

注意

■ 倒车雷达装配到位之后接插仪表台板接插件,听到卡子"咔嚓"一声后表示接插件接插到位(图 4.31)。

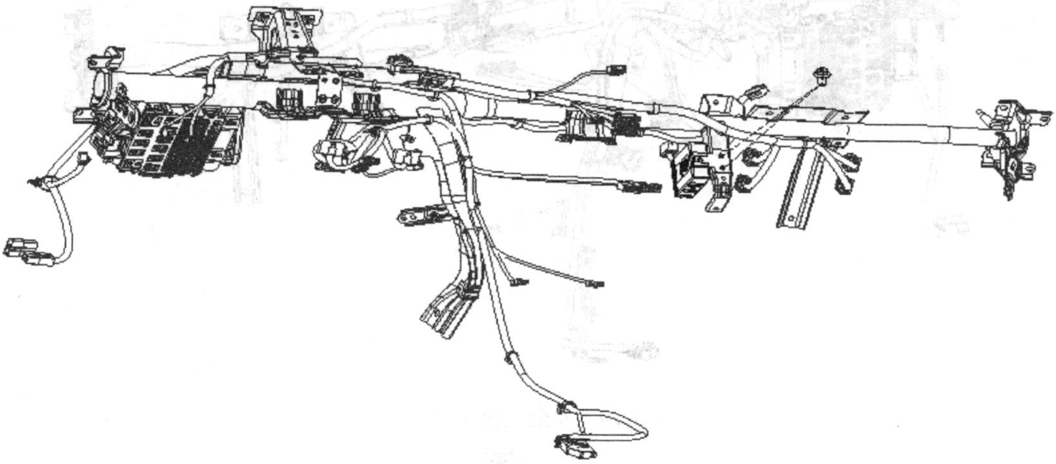

图 4.31　固定倒车雷达装配

4.3.6　暖通空调总成装配

• 分别用螺钉和螺母将暖通空调装到转向支撑上,再将暖通接插件接插好(图 4.32)。

注意

■ 检查暖通空调外循环进风口与暖风机压力室板上的进风口对齐。

■ 检查接插件是否接插好。

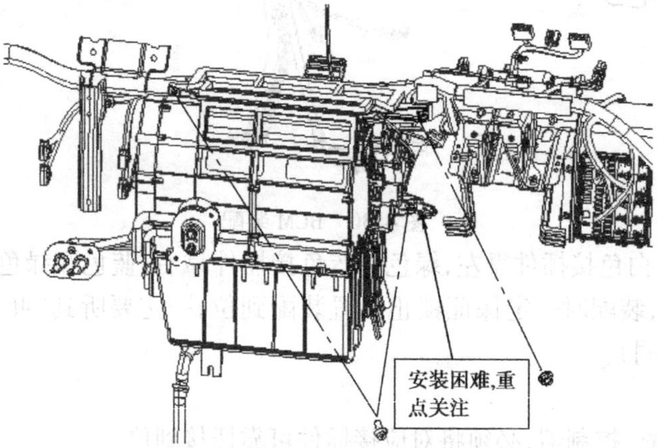

图 4.32　暖通空调总成装配

4.3.7　仪表板本体总成装配

• 用十字槽盘头螺钉固定仪表板中部定位,依次紧固其他装配孔(图 4.33)。

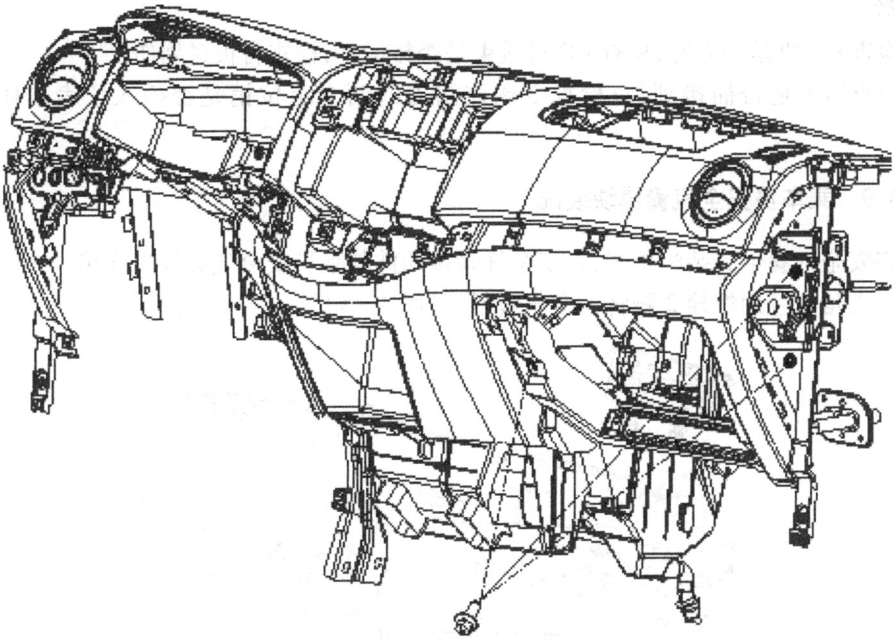

图 4.33　仪表板本体总成装配

4.3.8　CD 机总成及空调控制器总成装配

- 将螺母卡接到仪表板面板上，仪表台板线束与 CD 机总成插接并放置到位后，用十字槽盘头自攻螺钉将 CD 机总成紧固在仪表面板上。
- 再将螺母卡在仪表面板上，连接仪表台板线束与空调控制器总成接插件。用十字槽盘头自攻螺钉将空调控制器总成紧固在仪表面板上（图 4.34）。

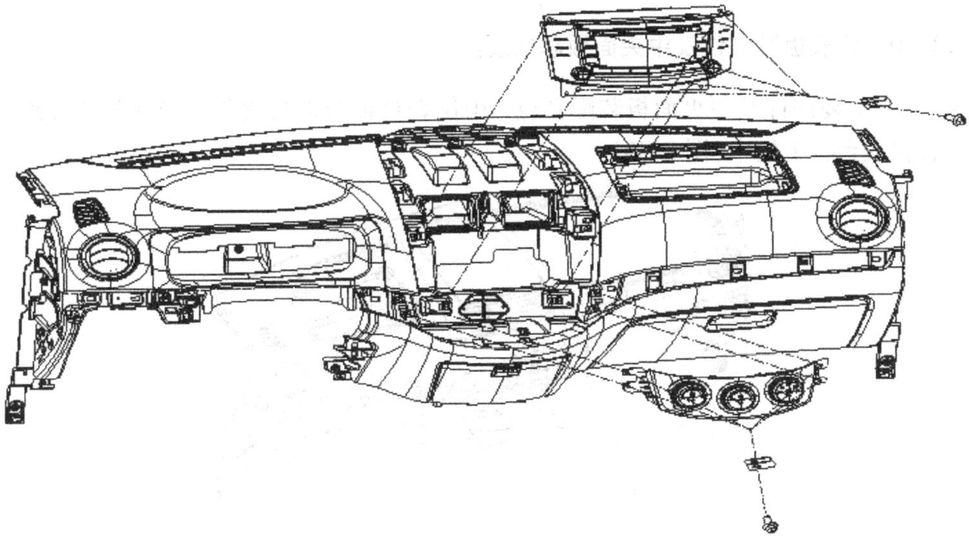

图 4.34　CD 机总成及空调控制器总成装配

注意

■ 检查 CD 机是否完好,检查 CD 机线束是否接插好;检查台板碰划伤。

■ 检查插头是否插接到位;检查空调控制器的两个定位销是否插入仪表本体上的定位孔。

4.3.9 乘车员安全气囊模块装配

• 将安全气囊卡到装配位置,将安全气囊接插件与乘员安全气囊线束连接。

• 用六角法兰面螺栓 2 颗将安全气囊紧固(图 4.35)。

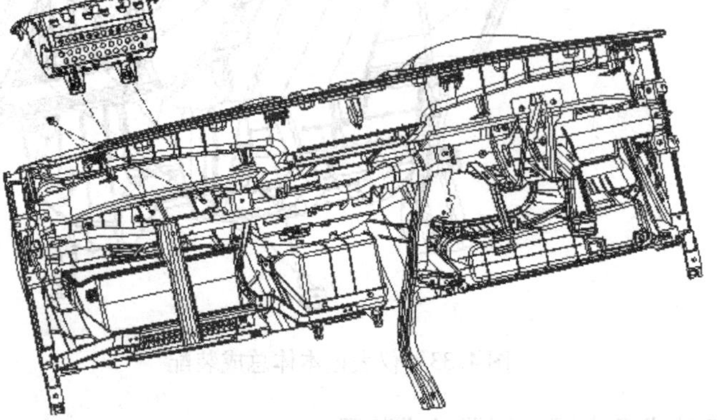

图 4.35 乘车员安全气囊模块装配

注意

■ 检查台板碰划伤。

■ 检查安全气囊是否卡到位;检查接插件是否接插到位。

■ 紧固时不要用力过大,防止把支架打断。

4.3.10 仪表板装饰件及中央面板总成装配

• 将右/中装饰件及中央面板装配到位,用仪表台板线束与紧急报警开关插接到位,然后再卡在仪表台板上槽中(图 4.36)。

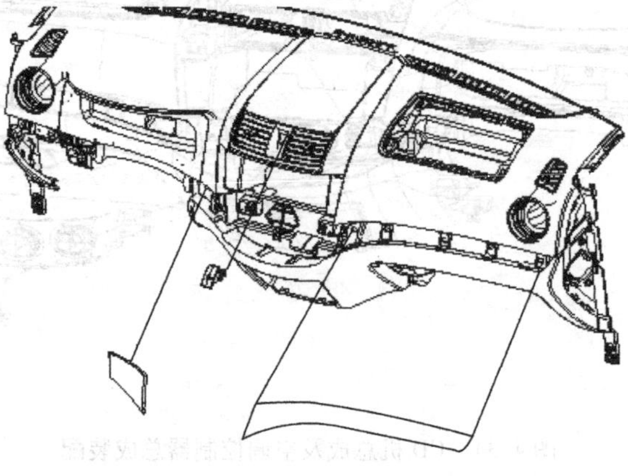

图 4.36 仪表板装饰件装配

• 装配要求:中央控制面板与仪表台板间隙0~1.5 mm。

4.3.11　组合仪表及组合仪表罩总成装配

• 将螺母卡接在仪表面板上,台板线束与组合仪表插接到位,然后将其安放到位,用十字槽盘头自攻螺钉将其紧固到位;再将组合仪表罩固定到仪表面板上(图4.37)。

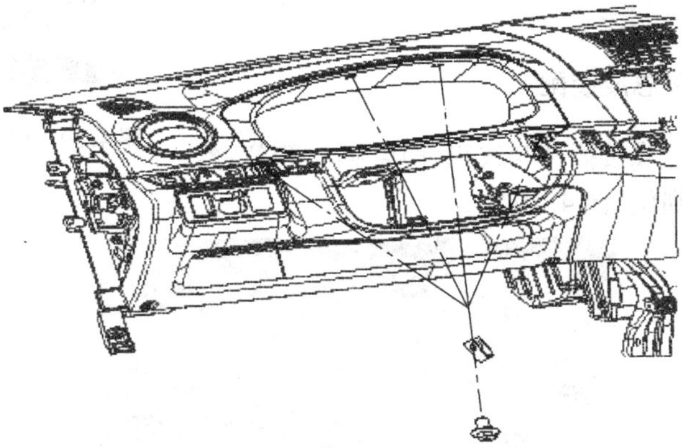

图4.37　组合仪表及组合仪表罩总成装配

注意

■ 检查仪表是否有划伤,接插是否到位。

■ 检查组合仪表罩卡脚是否卡到凹槽中,防止卡脚断裂。

4.3.12　手套箱及中央储物盒总成装配

• 将螺母卡接在仪表板面板上,用十字槽盘头自攻螺钉将手套箱紧固到位,再将手套箱锁孔卡在装配点,最后将中央储物盒固定在仪表面板上(图4.38)。

• 手套箱的螺钉固定时,用右手扶着手套箱的盖板,不能让手套箱盖板处于自由状态,更不能直接松脱,否则盖板下面的转臂有可能断裂或者脱焊。

• 立即装限位卡到手套箱内部。

注意

■ 储物盒的转动臂要对准仪表板的轴,采用强行压入的方式。

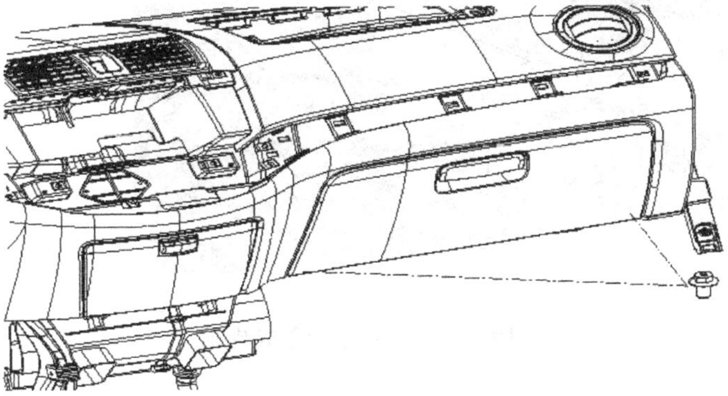

图4.38　手套箱及中央储物盒总成装配

4.3.13 仪表板护板总成装配

- 分别将仪表护板装在仪表面板下侧处(图 4.39)。
- 将仪表护板的卡槽卡接在凸台上面。
- 将仪表护板的卡脚轻轻拍击卡接到控制箱本体上面。

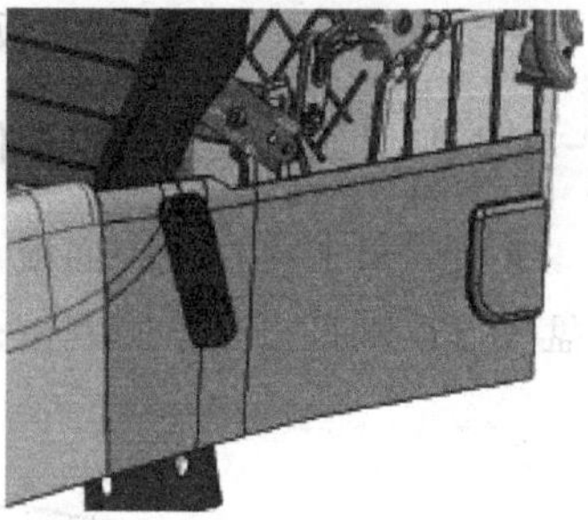

图 4.39 仪表板护板总成装配

4.3.14 按钮开关总成装配

- 先将组合开关总成接插件与线束连接,插接到位;然后将组合开关总成卡到位(图 4.40)。

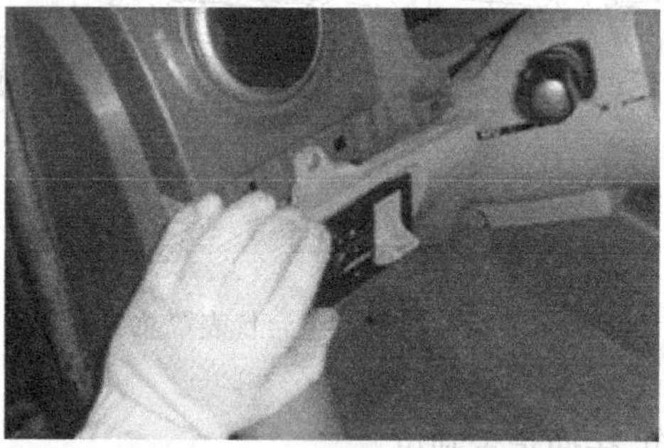

图 4.40 按钮开关总成装配

4.3.15 装饰盖板总成装配

- 将装饰盖板卡接在仪表板总成上,确保卡子卡接到位(图 4.41)。

注意

■ 5 个卡点一个一个的卡入到仪表板中,不能损坏。

■ 先装入限位点;再把定位柱装入仪表板中。

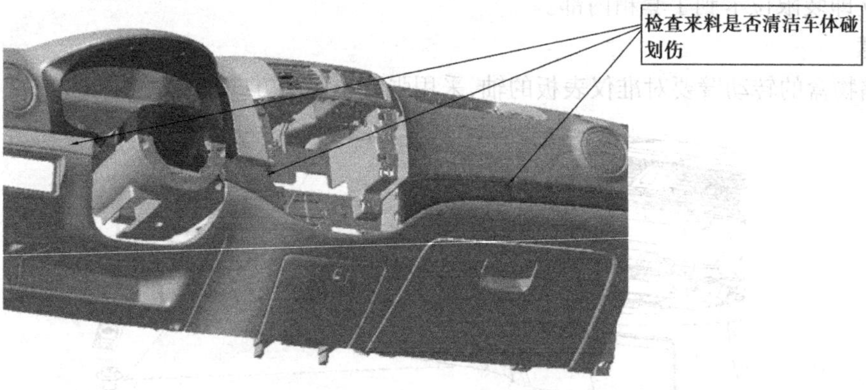

图 4.41 装饰盖板总成装配

实作训练 4.3

请你在教师的指导下，进行仪表板装配训练。

实作鉴定 4.3　仪表板装配

鉴定内容	鉴定结果	
	合　格	不合格
各种工、量具的使用		
仪表加强件及保险盒支架总成装配		
仪表台板线束装配		
安全气囊线束装配		
CD 机馈线装配		
固定倒车雷达装配		
暖通空调总成装配		
仪表板本体总成装配		
CD 机总成及空调控制器总成装配		
仪表板装饰件及中央面板总成装配		
组合仪表及组合仪表罩总成装配		
手套箱及中央储物盒总成装配		
按钮开关总成装配		
装饰盖板总成装配		
工、量具的清洁		
工、量具的摆放		
工、量具的使用规范		
工、量具的安全使用注意事项		
学生：　　　　教师：　　　　日期：		

4.4　乘员仓内饰装配

任务准备

➢ 汽车实训室、整车及乘员仓内饰装配所需工具与设备

➢ 乘员仓内饰装配作业指导书

➢ 安全气囊控制器、发动机罩锁解锁总成、顶棚饰板等乘员室、转向轴及转向盘、内饰板及地毯总成等乘员仓内饰装配所需零部件

任务实施

4.4.1　安全气囊控制器装配

• 用风扳机将安全气囊控制器紧固到车身上(图 4.42)。

注意

■ 安全气囊控制器必须轻拿轻放,不允许脚踩控制器. 装配前必须将装配位置沟槽中的线束完全粘贴在地板上,保证不会与控制器接触。

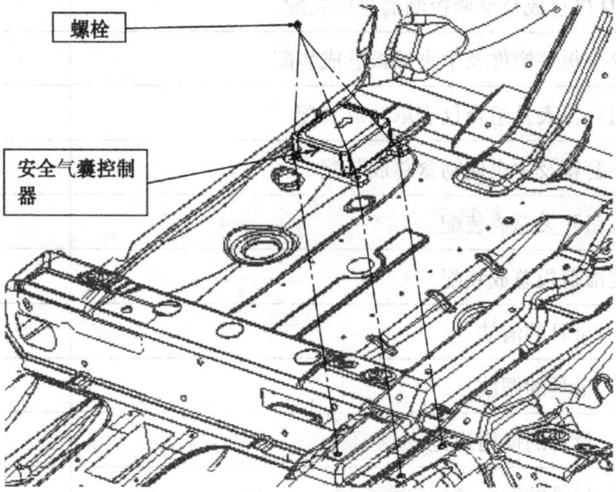

图 4.42　安全气囊控制器装配

4.4.2　发动机罩锁解锁拉索总成装配

• 将发动机罩锁解锁拉索总成从前壁板左侧孔内穿出,然后将胶套卡在前壁板左侧孔上。

• 从左前门下车,将卡子 5 颗依次卡到发动机罩锁解锁拉索上,然后将拉索在车体上放好(图 4.43)。

注意

■ 检查胶套是否卡接到位,胶套从外往里穿,保证密封。

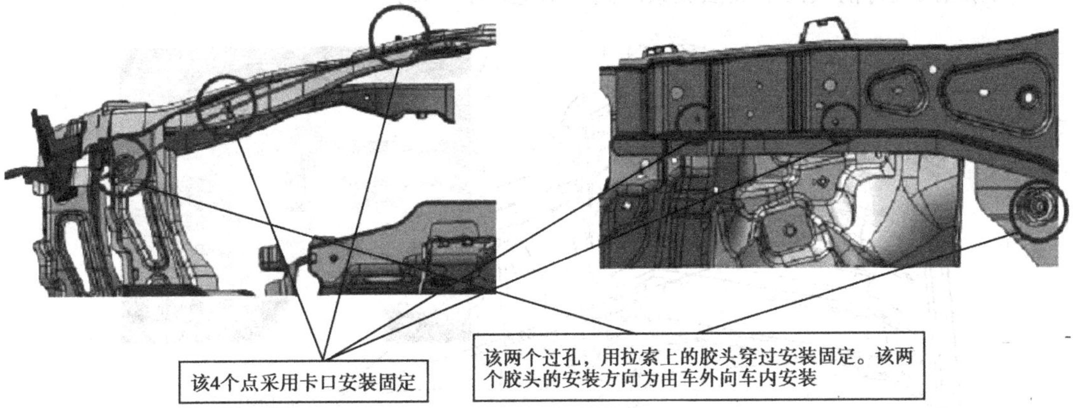
该4个点采用卡口安装固定
该两个过孔，用拉索上的胶头穿过安装固定。该两个胶头的安装方向为由车外向车内安装

图4.43　发动机罩锁解锁拉索总成装配

4.4.3　发动机罩解锁手柄总成装配

- 用螺栓将手柄支架固定在车身装配点。
- 先卡接拉索,再卡接手柄,将手柄装配到手柄支架上(图4.44)。

注意

■ 前罩锁、解锁手柄不应松动,闭锁、解锁功能正常,复位良好。

■ 将发动机罩抬高到距车身250 mm处,自由落下,应能紧锁,拉动释放杆,前罩锁解除,用手指按安全拉钩,前罩即可揭开。

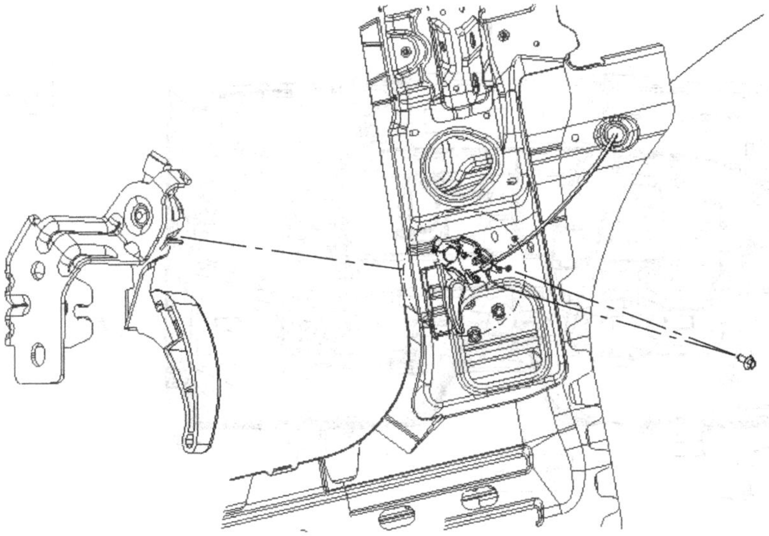

图4.44　发动机罩解锁手柄总成装配

4.4.4 前风窗下加强板装配

● 用风扳机将前风窗下加强板紧固到车身上(图4.45)。

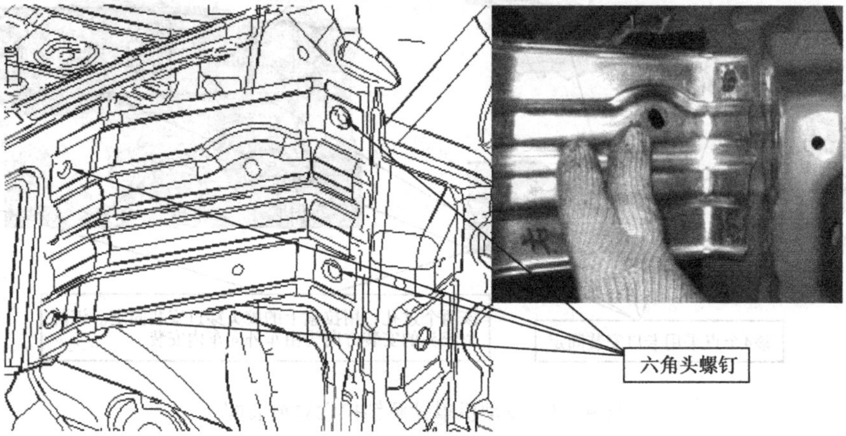

图4.45 前风窗下加强板装配

注意

■ 检查碰划伤。

■ 螺钉紧固,零件不松动。

4.4.5 前壁板隔音垫装配

● 将前壁板隔音垫安放到位,卡推力圆螺母7颗到对应的凸焊螺柱上将前壁板隔音垫紧固到位(图4.46)。

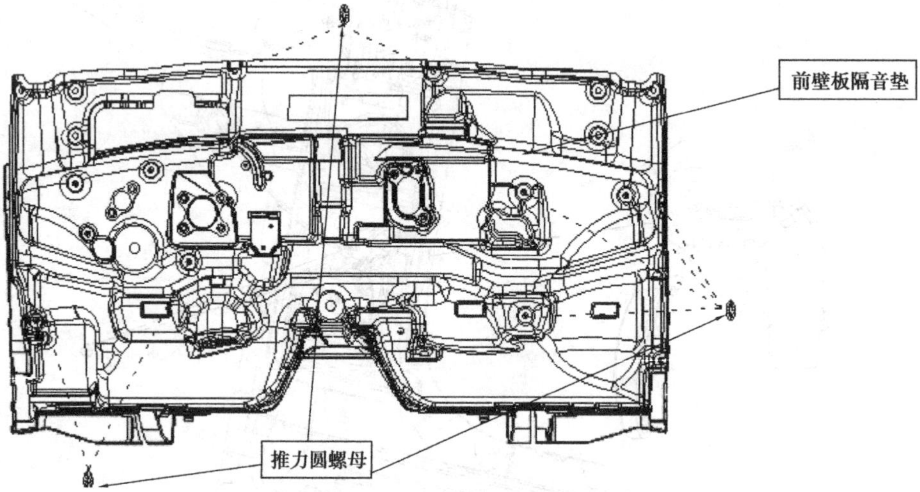

图4.46 装配前壁板隔音垫装配

注意

■ 检查推力圆螺母是否卡错位置。

4.4.6　塑料油箱盖固定盒总成装配

• 用螺钉将油箱盖固定到油箱口处，将油箱门开启机构从车身左后侧穿出并用平垫圈，螺母固定(图 4.47)。

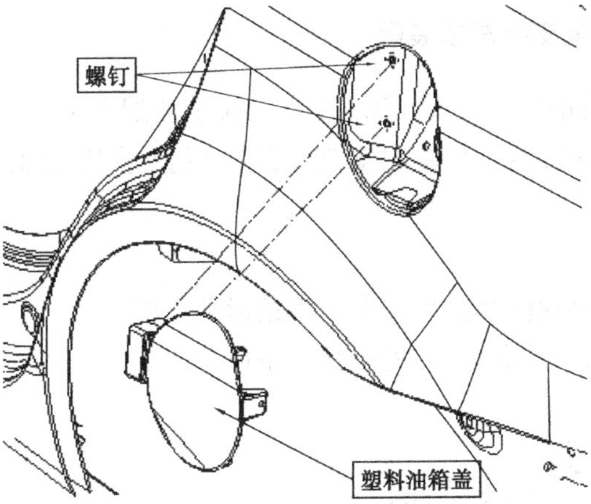

图 4.47　装配塑料油箱盖固定盒总成装配

注意

■ 检查来料有无划伤色差。

■ 螺钉紧固，保证油箱门开启机构不松动。

4.4.7　油箱门操纵机构总成装配

• 将 2 根拉索分别卡到油箱门操纵机构上，用螺钉将油箱门操纵机构固定在驾驶员座椅下方。

• 油箱门拉索和行李箱拉索分别穿到油箱门开启机构和行李箱开启机构处(图4.48)。

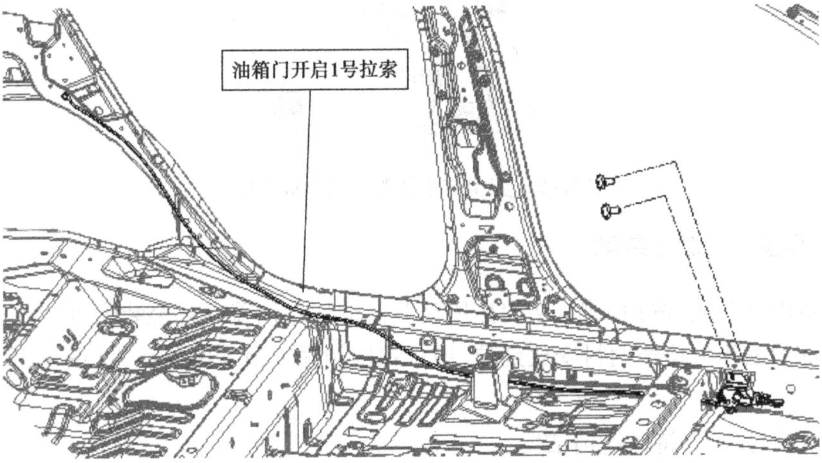

图 4.48　油箱门操纵机构总成装配

注意

■ 油箱门开启机构保证导柱斜面朝外。

■ 螺钉紧固,卡接到位。

■ 油箱盖检修盖板涂胶。

4.4.8 安全拉手装配支架总成装配

• 分别用四颗螺钉将前拉手装配支架(左)、后拉手装配支架、固定到顶盖上。

• 分别用四颗螺钉将前拉手装配支架(右)、后拉手装配支架(右)固定到顶盖上(图4.49)。

注意

■ 前安全拉手支架条形孔向后,后安全拉手条形孔向前。

■ 前安全拉手支架条形孔向后,后安全拉手条形孔向前。

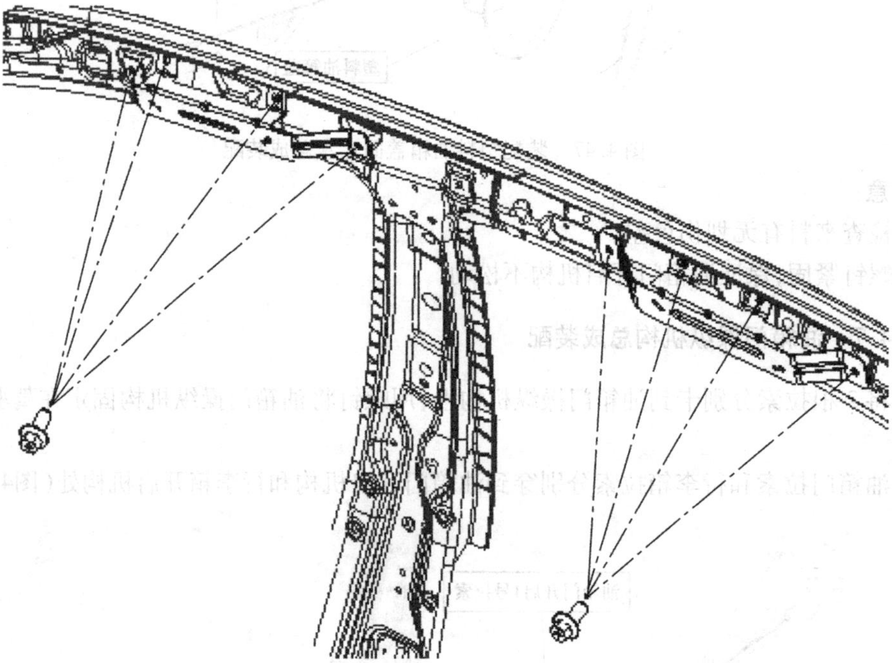

图4.49 安全拉手装配支架总成装配

4.4.9 顶盖内衬总成装配

• 取顶盖内衬总成,按扣4颗,从前挡风玻璃窗框处将顶盖内衬至装配点。

• 从左前门上车将顶盖内衬安放到位,用4颗按扣固定顶盖内衬后方(图4.50)。

注意

■ 防止顶棚起皱,保持顶篷清洁。

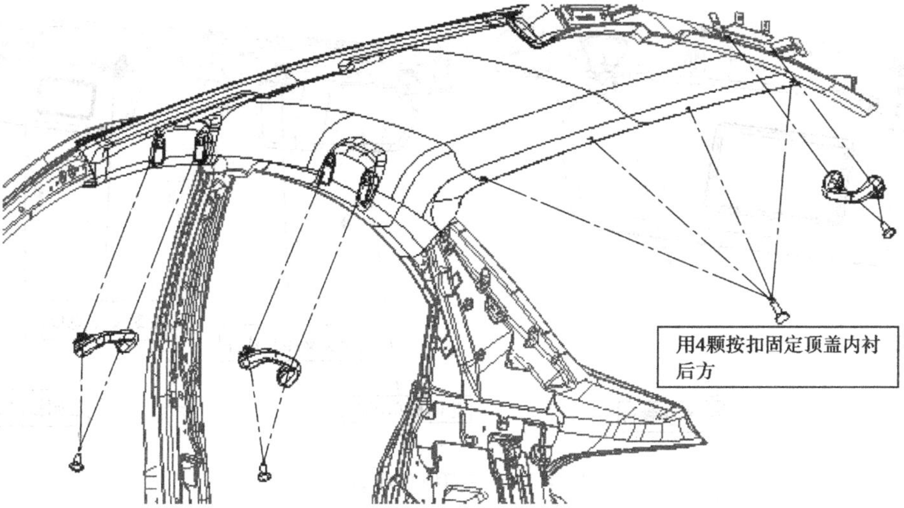

图 4.50　顶盖内衬总成装配

4.4.10　安全拉手总成装配

• 将安全拉手孔盖打开，在顶篷右前侧安放到位（定位销卡入车体），用十字槽大盘头螺钉 2 颗将安全拉手紧固到位，将孔盖盖上。

• 依次将安全拉手带衣帽钩总成（左，右）分别用十字槽大盘头螺钉固定到顶篷后部左右两侧相应位置，将孔盖盖上（图 4.51）。

注意

■ 注意区分安全拉手带衣帽钩总成左右。

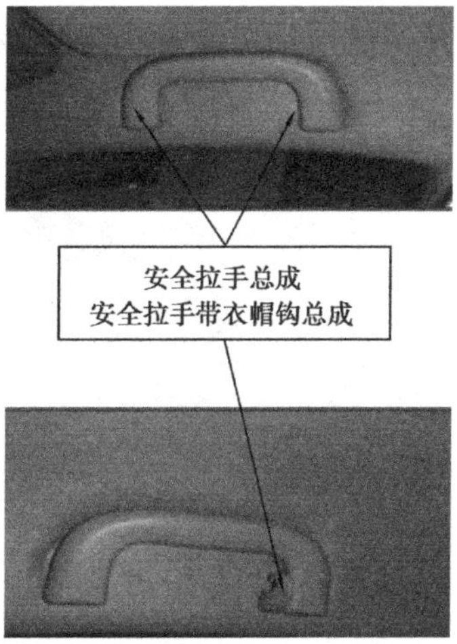

图 4.51　安全拉手总成装配

4.4.11　遮阳板总成装配

• 将装配支座卡接在顶盖上，将遮阳板（左）在顶盖左前端安放到位，用十字槽盘头螺钉 2 颗将遮阳板紧固在顶盖上，然后将遮阳板另一端卡接在装配支座上，确保卡接到位。

• 采用同样步骤将遮阳板（右）固定在顶盖右前端（图 4.52）。

注意

■ 装配到位后与顶衬表面紧贴；不应脏污、损伤，支架不应松动，转动时轻巧无异响，旋转在任意工作位置应能停下。

4.4.12　前排安全带总成装配

• 先将高度调节器固定在 B 立柱上，再取织带钩用十字槽盘头螺钉弹垫平垫组合件 2 颗将其紧固到立柱上，最后将卷收器螺钉打紧，打扭力，涂色标。

• 卷收器与车体连接螺栓拧紧后涂黄漆，B 柱上固定点螺栓拧紧后涂黄漆，B 柱下固定点螺栓拧紧后涂黄漆，拧紧力矩达到规定要求；锁扣直接和座椅一起装配，要求检查是否达到力

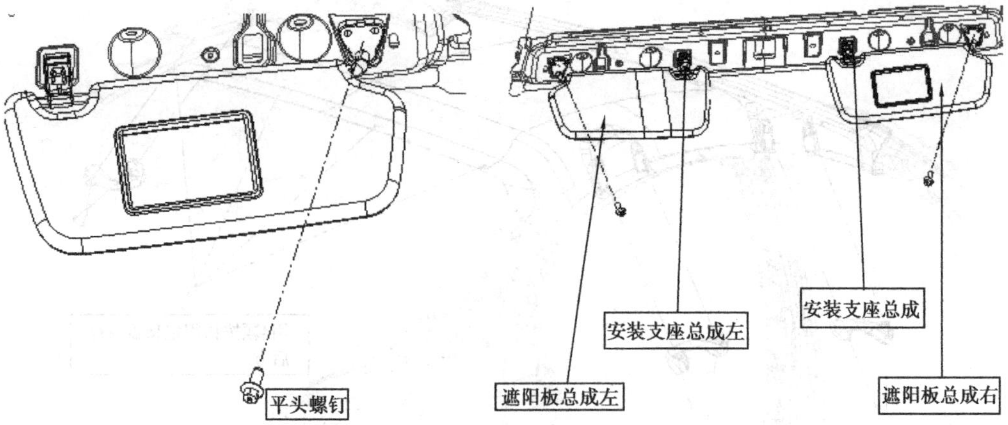

图 4.52　遮阳板总成装配

矩要求,检查后涂黄漆(图 4.53)。

注意

■ 装配前排安全带时织带必须放入织带钩里面。

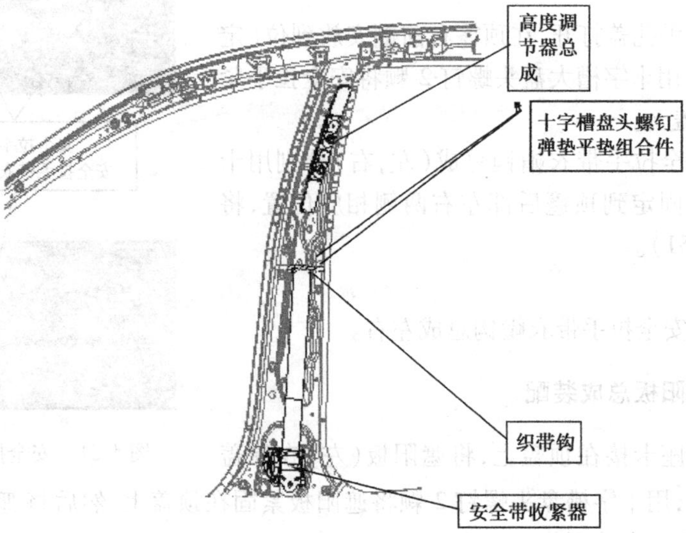

图 4.53　前排安全带总成装配

4.4.13　车门锁销总成

• 将门锁销压住车门锁销垫片安放到位,用十字槽沉头螺钉和锥形缩紧垫圈组合件将锁销与立柱表面孔紧固到位(图 4.54)。

注意

■ 如果锁销于车身不平就需垫垫板。

4.4.14　门信号灯开关总成装配

• 先将门信号灯开关与线束插接,然后卡入车体。

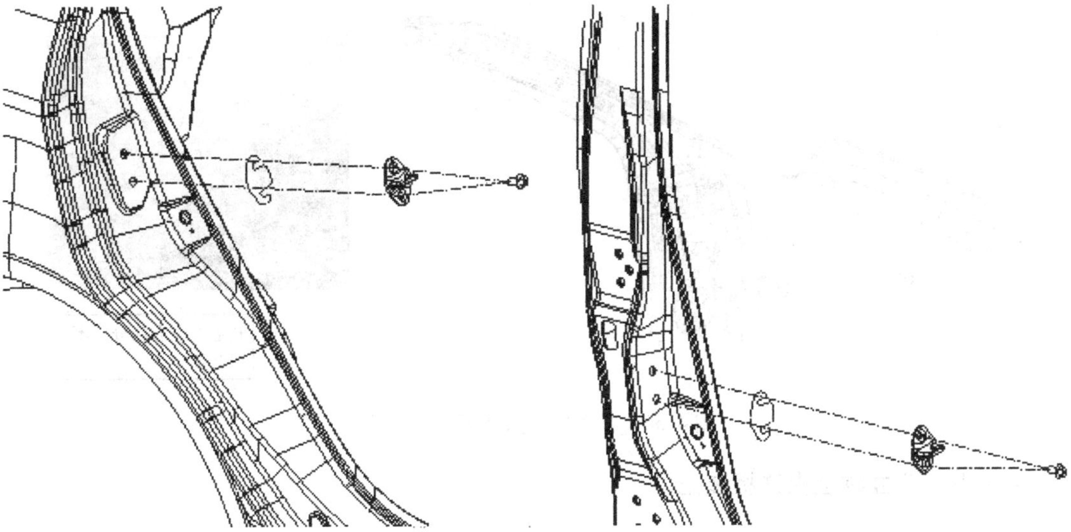

图4.54　车门锁销总成装配

• 门灯信号灯开关与地板线束连接后用螺钉固定在立柱上(图4.55)。

注意

■ 牢固不松动,胶皮平整贴合。

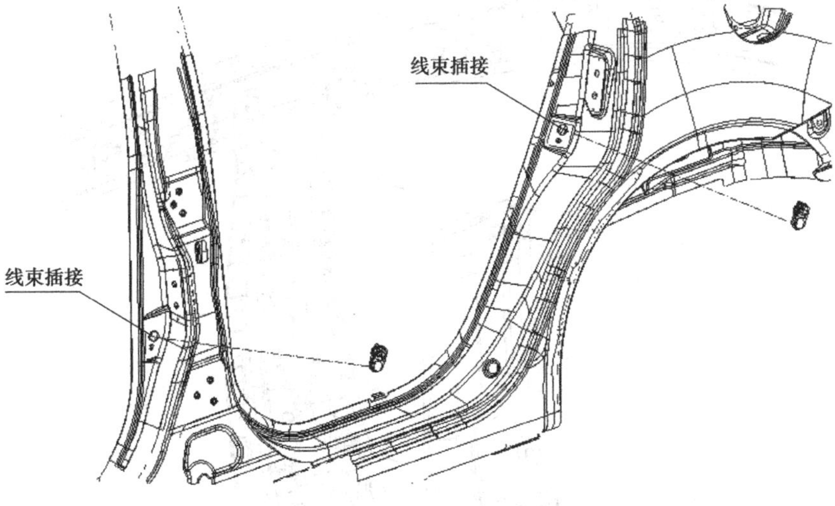

图4.55　门信号灯开关总成装配

4.4.15　A 立柱上内饰板总成装配

• 将内饰板下端卡接在仪表台板上,然后将整体卡接到A柱上,并用螺栓固定。

• 将A柱内饰板卡进仪表台板内,再将内饰板卡到车身孔内,注意不要损坏天线馈线(图4.56)。

注意

■ 装配到位,表面无划伤、污染,前立柱与前挡风玻璃(上部)间隙4~7 mm,前立柱与前挡风玻璃(下部)间隙4~7 mm,前立柱与顶篷间隙为0~0.5 mm。

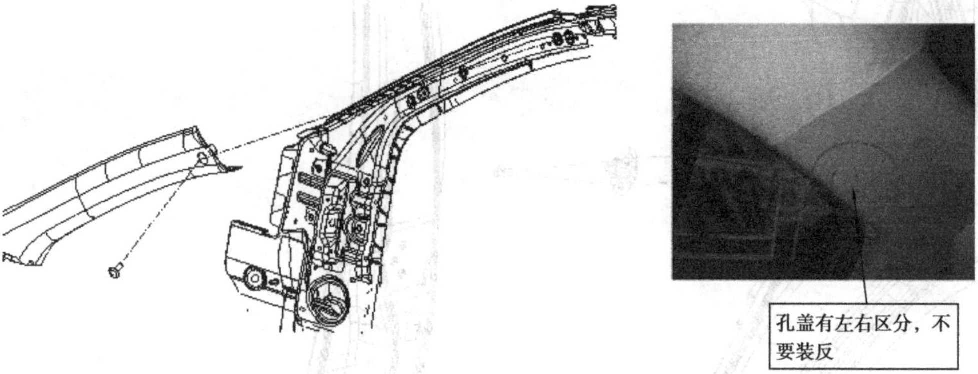

图 4.56　A 立柱上内饰板总成装配

4.4.16　B 立柱上内饰板装配

- 将 B 立柱上内饰板卡到 B 柱上，用螺栓 2 颗将其紧固到位（图 4.57）。

注意

■ 装配到位，与车身贴合良好；不应有损伤、脏污、褶皱、松旷、脱落、翘起等异常现象。

■ 中立柱内饰板上段与顶篷间隙为 0 ~ 0.5 mm。

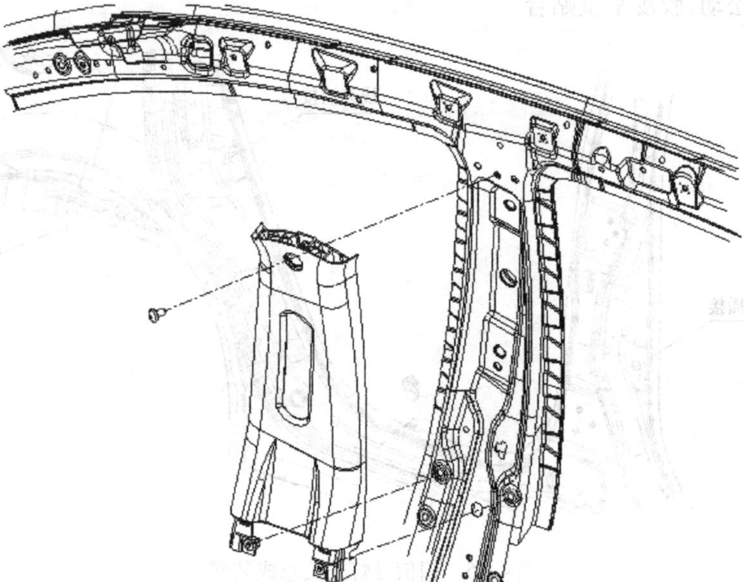

图 4.57　B 立柱上内饰板装配

4.4.17　B 立柱下内饰板总成装配

- 将 B 立柱下内饰板总成左/右卡到 B 柱上（图 4.58）。

注意

■ 检查前排安全带是否扭曲，前排安全带是否挂在织带钩上，下内饰件卡脚与上内饰件卡接到位。

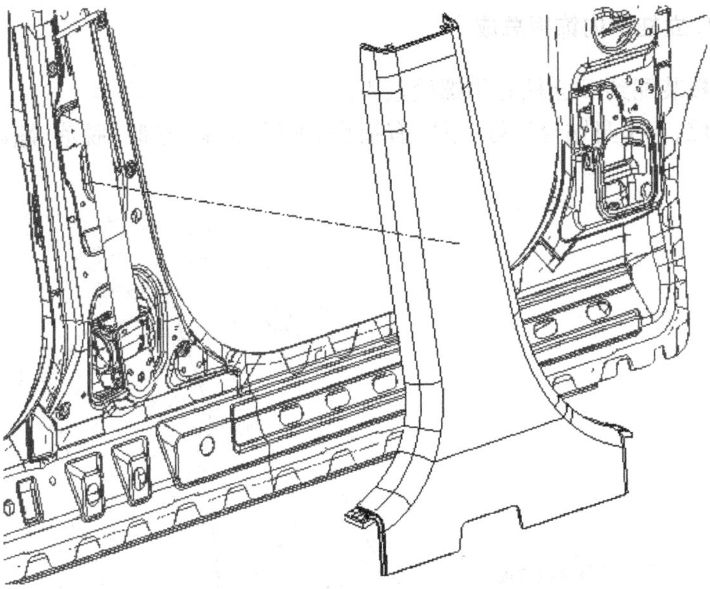

图4.58　B立柱下内饰板总成装配

■ 中立柱内饰板上段与中立柱内饰板下段间隙为2～4 mm。

■ 与车身贴合良好;不应有损伤、脏污、褶皱、松旷、脱落、翘起等异常现象。

4.4.18　C立柱上内饰板总成

• 将内饰板装配到C立柱并用螺栓紧固(图4.59)。

• 装配到位,与车身贴合良好;不应有损伤、脏污、褶皱、松旷、脱落、翘起等异常现象(图4.59)。

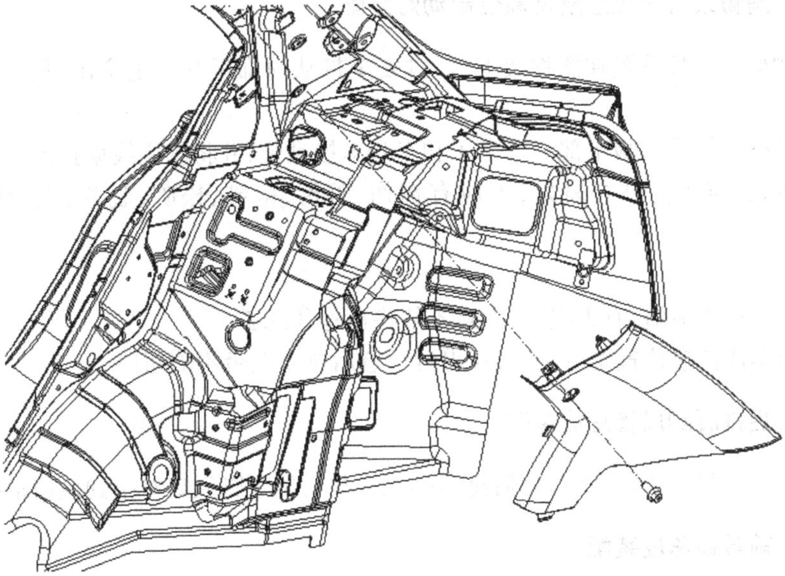

图4.59　C立柱上内饰板总成装配

4.4.19 C 立柱下内饰板总成

• 将内饰板装配到 C 立柱并用螺栓紧固。

• 装配到位，与车身贴合良好；不应有损伤、脏污、褶皱、松旷、脱落、翘起等异常现象（图 4.60）。

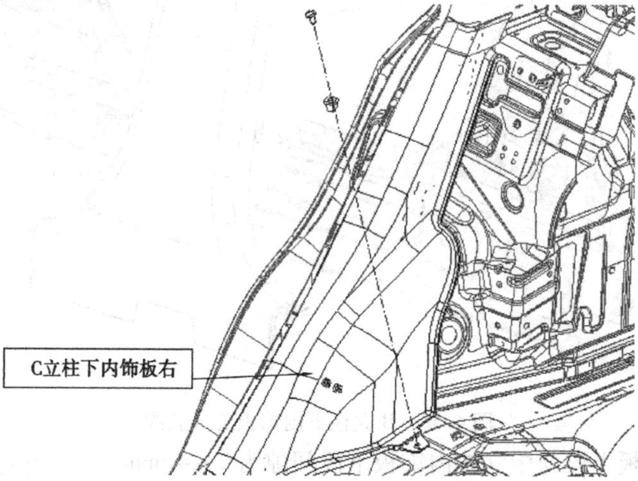

图 4.60 C 立柱下内饰板总成装配

4.4.20 C 立柱下盖板总成装配

• 将内饰板装配到 C 立柱下端并用螺栓紧固。

• 装配到位，与车身贴合良好；不应有损伤、脏污、褶皱、松旷、脱落、翘起等异常现象。

4.4.21 搁物架内饰板总成及高位制动灯装配

• 将搁物架内饰板放置在搁物架上，后排安全带从内饰板开孔上穿出，用卡扣将其卡接到位。

• 需保证搁物架内饰板下部三个卡子和车身卡接到位，并将除霜线束拉出。

• 装配到位，与车身贴合良好；不应有损伤、脏污、褶皱、松旷、脱落、翘起等异常现象（图 4.61）。

注意

■ 检查来料是否清洁，有无损坏，注意不能将后地毯踩脏。

■ 检查与车体挂接位置是否到位，拉出时注意后排安全带不能扭曲。

4.4.22 后排暖脚风管总成装配

• 将后排暖脚风口拉出，然后将后排暖脚风管与后排暖脚风口对接到位（图 4.62）。

4.4.23 前罩锁总成装配

• 将发动机罩解锁拉索和前罩锁卡接到位，用六角头螺栓平垫组合件 2 颗将前罩锁紧固到前横梁上。

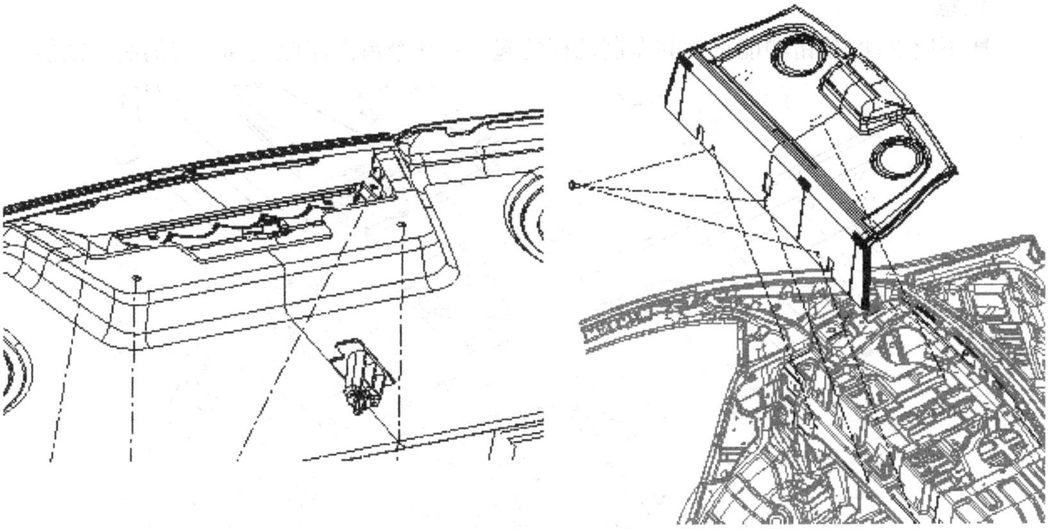

图 4.61　搁物架内饰板总成及高位制动灯装配

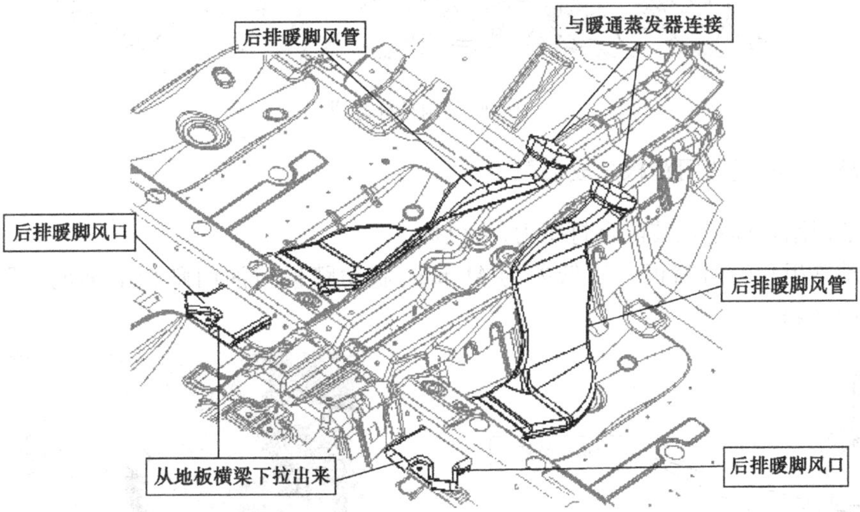

图 4.62　后排暖脚风管总成

• 将发动机罩解锁拉索上 4 颗卡子从离前罩锁最近处开始依次卡在车身相应的凸焊螺柱和孔上。

• 从车体内拉发动机罩解锁拉索另一端，将拉索理顺。

注意

■ 前罩锁、解锁手柄不应松动，闭锁、解锁功能正常，复位良好。将发动机罩抬高到距车身 250 mm 处，自由落下，应能紧锁，拉动释放杆，前罩锁解除，用手指按安全拉钩，前罩即可揭开。

4.4.24　驻车制动杆总成装配

• 将手刹指示灯线束与驻车制动杆插接到位，然后将驻车制动拉索胶套穿过地板上孔（注意：胶套只穿过地板孔，不卡接），手带 1 颗螺母初步固定（打扭力）（图 4.63）。

注意

■ 不应松动，按钮功能正常驻车制动杆拉起 6 ~ 10 个齿内应能达到规定的制动效能。

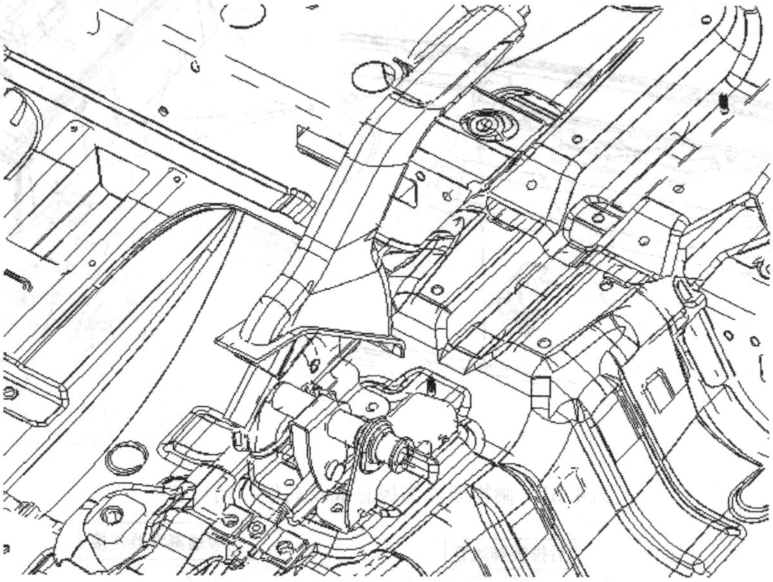

图 4.63　驻车制动杆总成装配

4.4.25　机械式油门踏板总成装配

• 将油门踏板固定在装配点打扭力，涂色标。

• 制动踏板和油门踏板的高低差为 41 mm，制动踏板与油门踏板的横向间隙为 73 ~ 88 mm（图 4.64）。

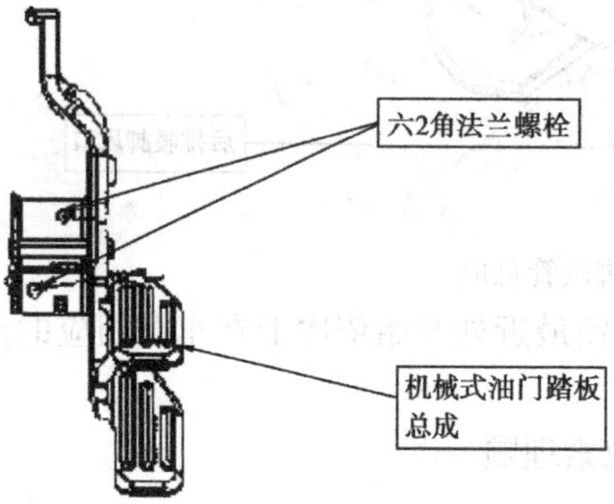

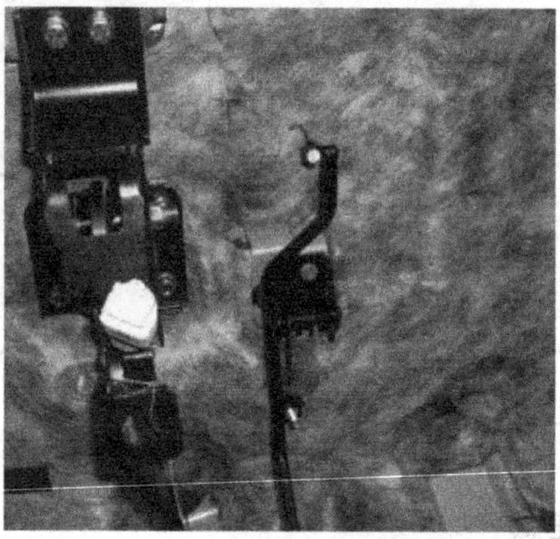

图 4.64　机械式油门踏板总成装配

4.4.26　换挡操纵总成装配

• 将换挡操纵机构安放到前地板上，用六角法兰面螺栓将其紧固到位，打扭力，涂色标，将换挡拉索卡到换挡操纵总成前端卡槽内，但换挡拉索最前端不锁紧（图 4.65）。

注意

■ 换挡拉索前端不锁紧。

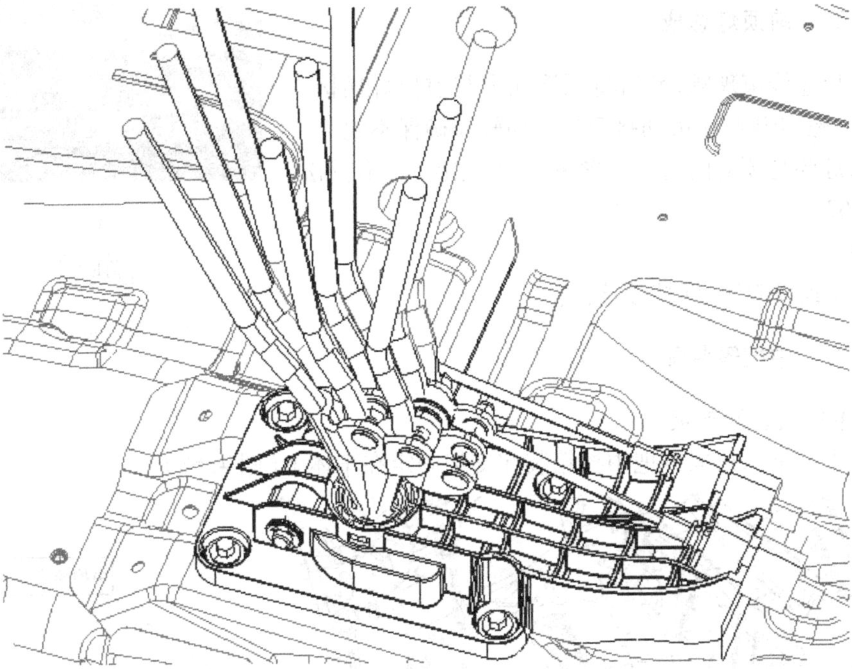

图 4.65　换挡操纵总成装配

4.4.27　地毯总成装配

- 将底盘线束(驾驶员座椅线束分支)拉出,然后将前地毯在前地板上安放到位(图4.66)。

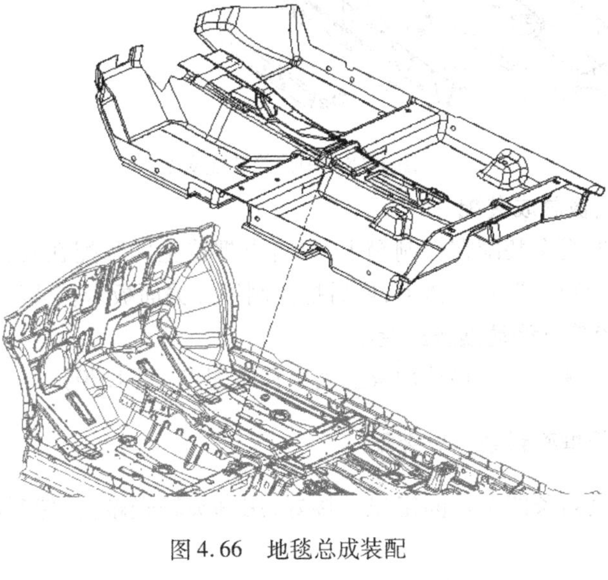

图 4.66　地毯总成装配

注意

■ 注意不要将盘线束(驾驶员座椅线束分支)压到前、后地毯下.装配人员上车装配时注意保护地毯不被脏污。

■ 装配到位，与车身贴合良好；不应有损伤、脏污、褶皱、松旷、脱落、翘起等异常现象。

4.4.28　前顶灯总成

• 将顶篷线束理顺，然后将顶篷线束与前顶灯插接，要听到“咔嚓”声响，线束插接后反方向轻拉确保不脱落。

• 顶灯要与顶盖内衬贴合紧密，无缝隙高差，不得松动（图 4.67）。

注意

■ 防止顶篷起皱，保持顶篷清洁。

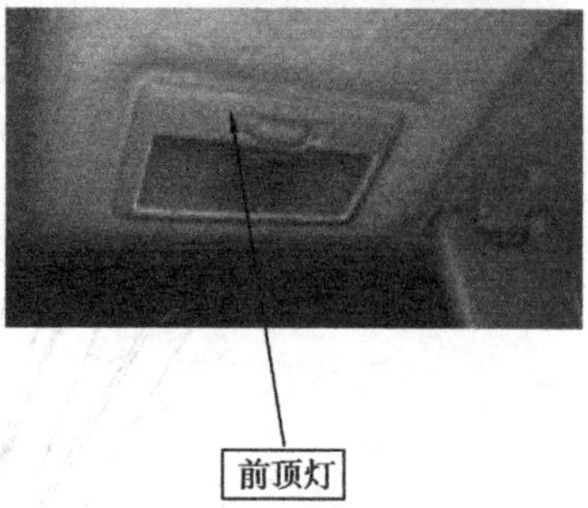

图 4.67　前顶灯总成

4.4.29　中控箱装配

（1）中控箱装配支架

• 用十字槽六角螺钉把中控箱装配支架固定在车体上（图 4.68）。

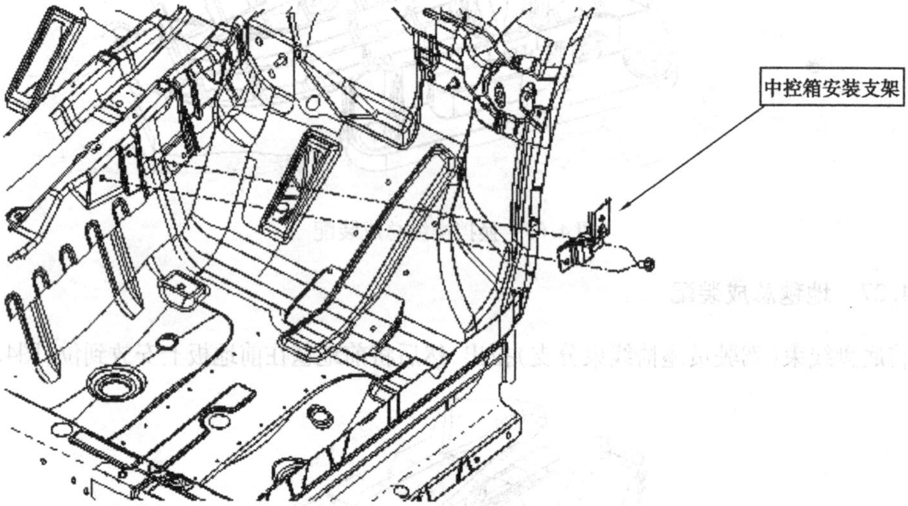

图 4.68　中控箱装配支架

（2）控制箱及面板总成装配

• 先把点烟器发光圈装配在控制箱上，再将点烟器主体装配在发光圈中；然后把中控箱装配螺栓固定在中控箱支架和车体上，最后把控制箱开关面板卡在装配点（图 4.69）。

（3）烟灰瓶橡胶垫及移动烟灰缸装配

• 分别将烟灰瓶橡胶垫及移动烟灰缸固定在装配点（图 4.70）。

4.4.30　前后门框密封条总成装配

• 用手将门框密封条四个角固定先卡接好，用榔头轻轻敲打，然后将两点间密封条卡接到位（图 4.71）。

注意

■ 不能把密封条的金属骨架变形和拉长。

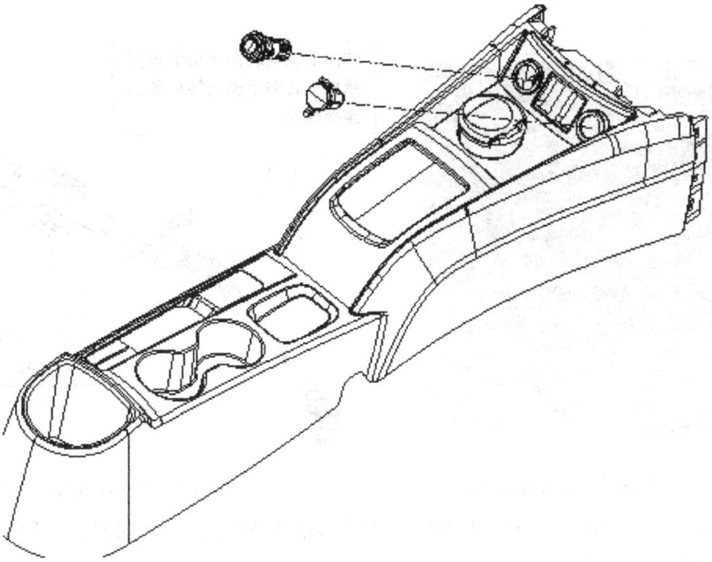

图 4.69　控制箱及面板总成装配

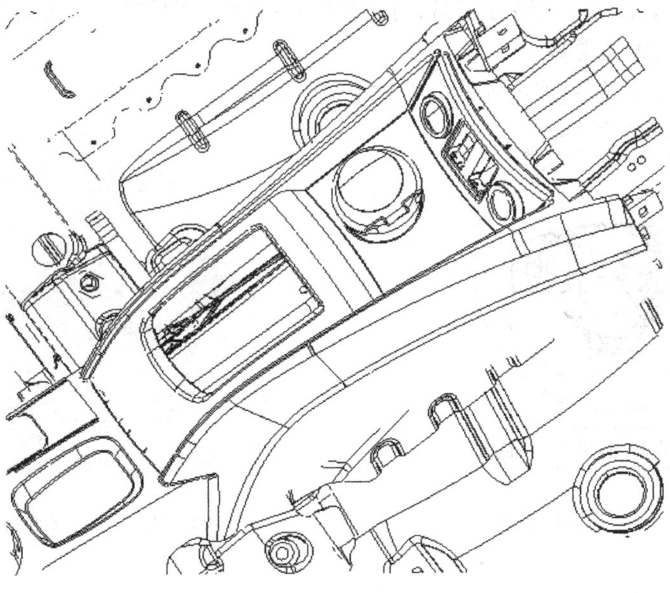

图 4.70　烟灰瓶橡胶垫及移动烟灰缸装配

■ 密封条不应脱落、损伤。

4.4.31　转向轴及转向盘总成装配

(1)转向轴装配

● 先连接转向上下轴,用风扳机将其拧紧,扭力(25 ±5)N · m 涂色标. 再将转向锁固定在转向上轴上(图 4.72)。

(2)转向盘总成装配

● 先将组合开关固定转向上柱上,线束接插到位,将方向盘插入转向柱上到位(注意装配

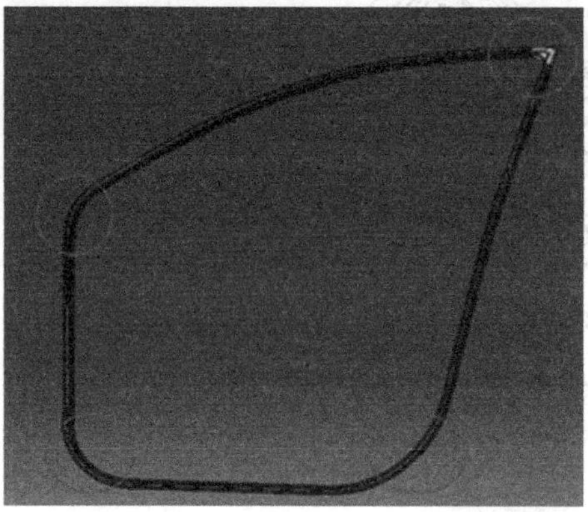

图 4.71　前后门框密封条总成装配

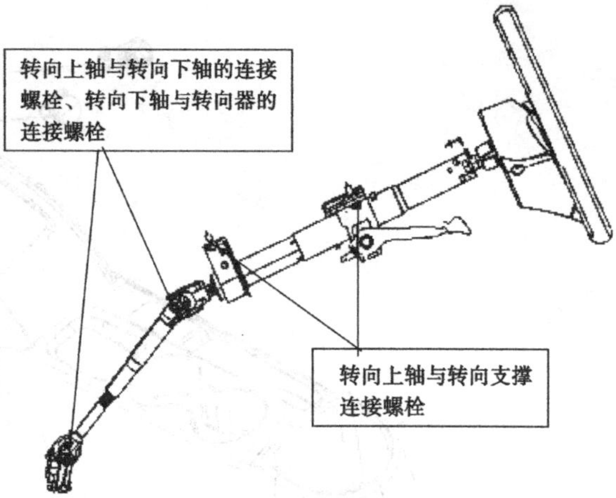

图 4.72　转向轴装配

要求)，手带六角法兰面螺母(方向盘锁紧螺母)将其固定，并将驾驶员安全气囊模块置于车上，随车带至检测线。方向盘装配螺栓打扭力，涂色标(图 4.73)。

注意

■ 装上方向盘不允许旋转方向盘，待将旋转连接器上定位螺栓松开即可。

(3) **转向锁装饰壳总成**

- 将转向上下壳分别固定到转向上柱上(图 4.74)。

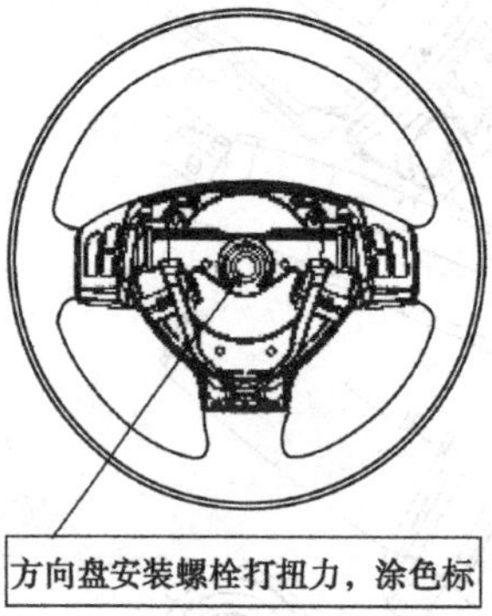

图 4.73　转向盘总成装配

图 4.74　转向锁装饰壳总成

注意

■ 不得松动，间隙均匀，贴合紧密，无间隙高差。

实作训练 4.4

请你在教师的指导下，进行乘员仓内饰装配训练。

实作鉴定 4.4　乘员仓内饰装配

鉴定内容	鉴定结果	
	合　格	不合格
各种工、量具的使用		
安全气囊控制器装配		
发动机罩锁解锁拉索总成装配		
发动机罩解锁手柄总成装配		
前风窗下加强板装配		
前壁板隔音垫装配		
塑料油箱盖固定盒总成装配		
油箱门操纵机构总成装配		
安全拉手装配支架总成装配		
顶盖内衬总成装配		
遮阳板总成装配		
前排安全带总成装配		
车门锁销装配		
门信号灯开关总成装配		
内饰板装配		
前罩锁总成装配		
驻车制动杆总成装配		
机械式油门踏板总成装配		
地毯总成装配		
中控箱装配		
转向轴与转向盘装配		
工、量具的清洁		
工、量具的摆放		
工、量具的使用规范		
工、量具的安全使用注意事项		
学生：　　　　　　　　教师：　　　　　　　　日期：		

4.5 发动机舱内饰装配

任务准备

➢ 汽车实训室、整车及发动机舱内饰装配所需工具与设备。

➢ 发动机舱内饰装配作业指导书。

➢ 发动机舱线束总成、车外温度传感器、发动机舱隔音垫、前碰撞横梁总成、前罩锁总成及离合器主缸总成等发动机舱内饰装配所需零部件。

任务实施

4.5.1 保险盒支架装配

• 用螺栓将保险盒总装支架固定到车身前端左侧(图 4.75)。

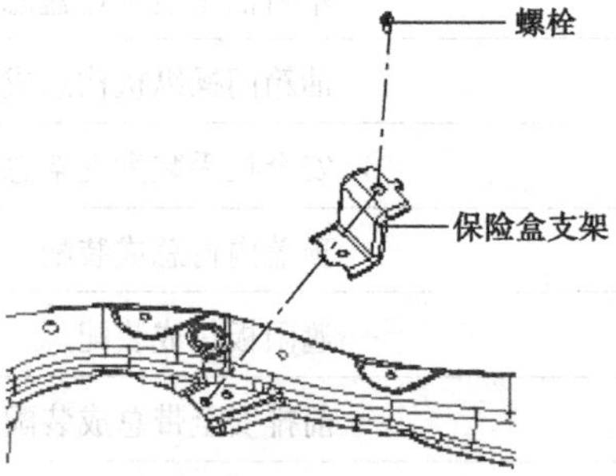

图 4.75 保险盒支架

4.5.2 发动机舱线束总成装配

• 将前舱线束沿发动机舱先期铺开后,固定配电盒,要保证配电盒固定可靠。

• 与凸焊螺栓固定的卡扣,装配后,卡扣端面要接触到螺栓。

• 线束在穿越前壁板时,要求过孔橡胶套的凹槽要卡入钣金翻孔,以确保密封。防止橡胶件因线束抖动而脱落。

• 与 ECU 对接的接插件,装配后需保证接插件的锁死机构能够锁到位。

• 线束装配要求各固定卡扣装配到位,线束装配后无扭曲、死角弯折等。

• 接地点牢固,接地点螺母扭矩约 12 N · m(图 4.76)。

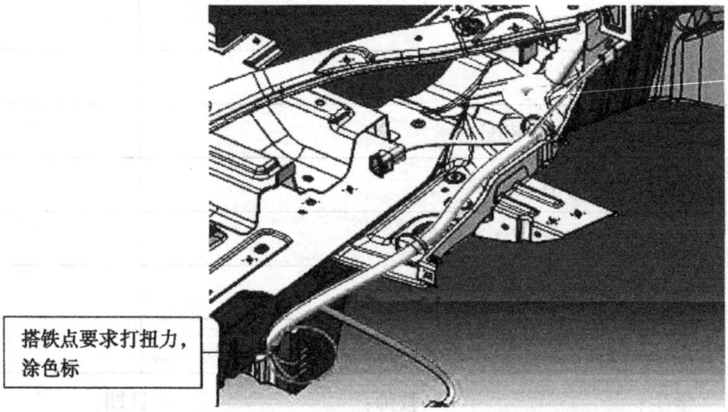

图 4.76 发动机舱电线束总成装配

4.5.3　车外温度传感器装配

● 先与发动机机舱线束插接，然后由里往外卡入车体(图4.77)。

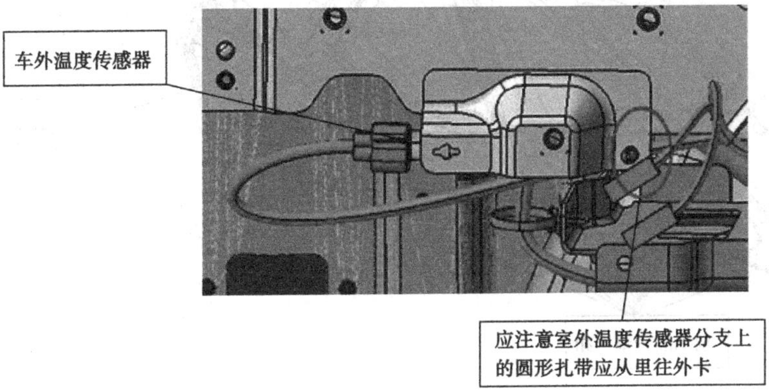

图4.77　车外温度传感器

4.5.4　发动机舱隔音垫装配

● 将发动机舱隔音垫安放到位，卡推力圆螺母8颗到对应的凸焊螺柱上将发动机舱隔音垫紧固到位(图4.78)。

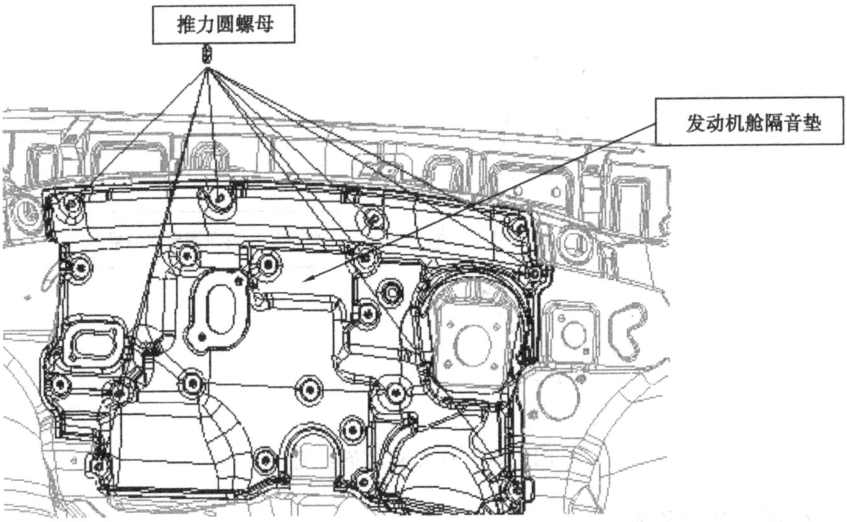

图4.78　发动机舱隔音垫装配

注意

■ 检查推力圆螺母是否卡错位置。

■ 保证推力螺母卡到位，不松动，紧贴隔音垫，不漏装，隔音垫与车身贴合紧密，不外翘。

4.5.5　前罩隔音垫总成

● 依次用卡扣将前罩隔音垫固定到装配点(如图4.79)。

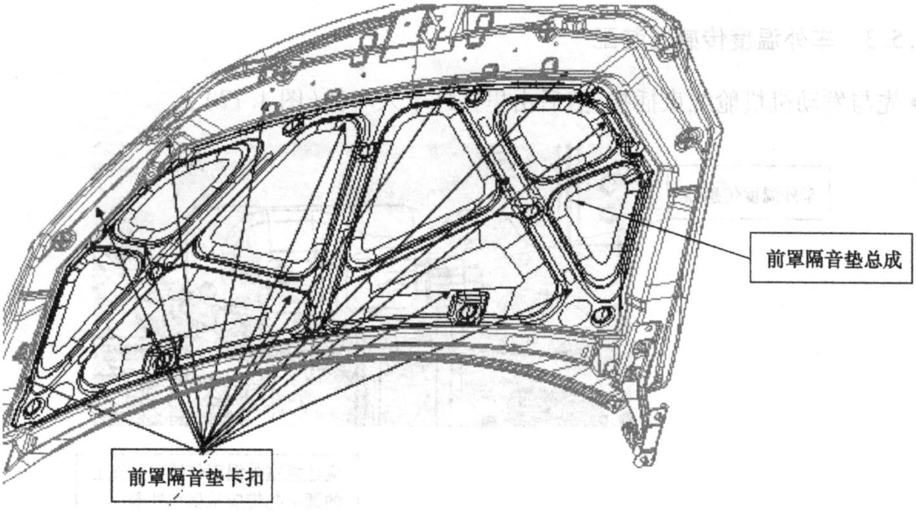

图4.79 前罩隔音垫总成装配

4.5.6 前罩密封条装配

- 将前罩密封条固定在前罩上(图4.80)。

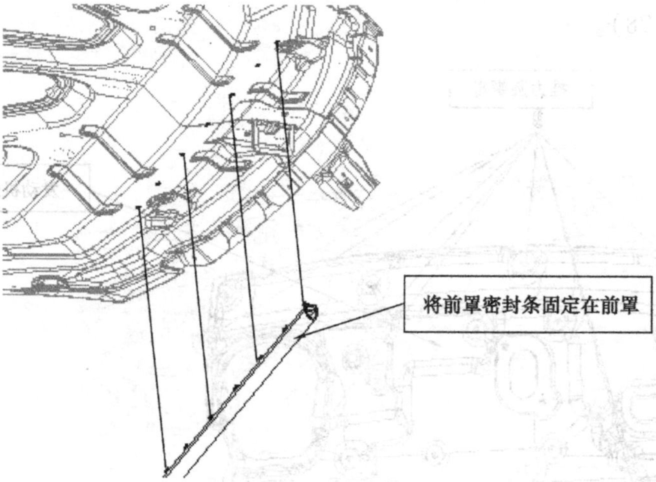

图4.80 前罩密封条装配

4.5.7 前罩装饰件总成装配

- 从车体上取下穿出的洗涤软管一端,分装到前罩装饰件上,将洗涤器喷嘴卡接在前罩装饰件上,并与洗涤软管连接,并将密封条卡接在前罩装饰件上(图4.81)。
- 在将前罩密封泡沫垫卡至装饰件2边,(泡沫有胶的表面与凸台边缘齐平)。

4.5.8 前碰撞横梁总成装配

- 用六角法兰面螺栓4颗将前碰撞横梁固定到车身前端上侧,然后再将六角法兰面螺栓1颗和六角法兰面螺母1颗固定在前碰撞横梁下端。(图4.82)。

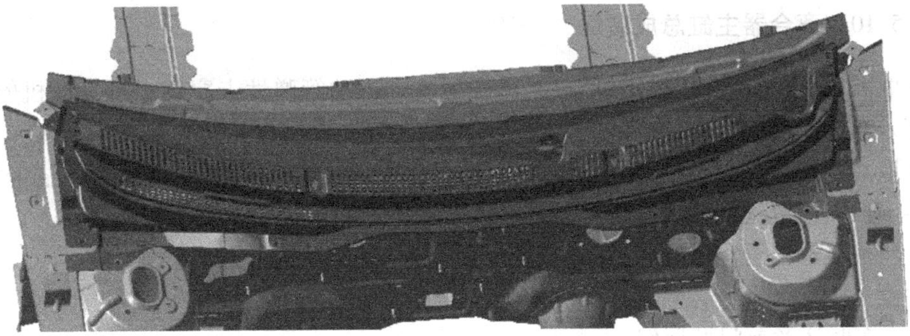

图4.81　前罩装饰件总成装配

注意

■ 检查是否错漏装。

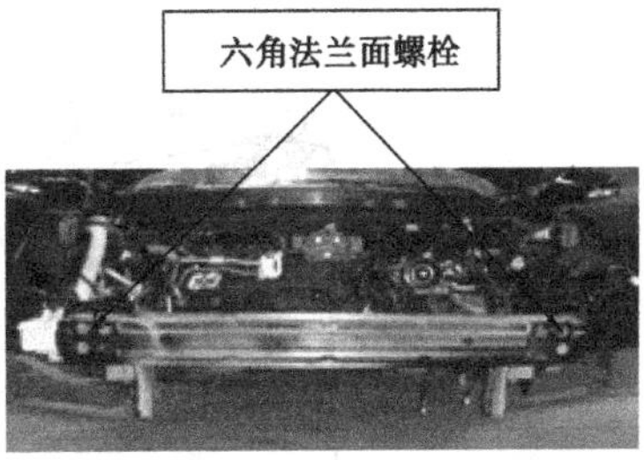

图4.82　前碰撞横梁总成装配

4.5.9　前罩锁总成装配

• 将发动机罩解锁拉索和前罩锁卡接到位,用六角头螺栓平垫组合件2颗将前罩锁紧固到前横梁上。

• 将发动机罩解锁拉索上4颗卡子从离前罩锁最近处,开始依次卡在车身相应的凸焊螺柱和孔上。

• 从车体内拉发动机罩解锁拉索另一端,将拉索理顺(图4.83)。

注意

■ 检查发动机罩解锁拉索和前罩锁卡接是否到位。

■ 卡子卡接是否到位。

■ 检查卡接到位后发动机罩解锁拉索无弯曲现象。

■ 前罩锁、解锁手柄不应松动,闭锁、解锁功能正常,复位良好。

■ 将发动机罩抬高到距车身250 mm处,自由落下,应能紧锁,拉动释放杆,前罩锁解除,用手指按安全拉钩,前罩即可揭开。

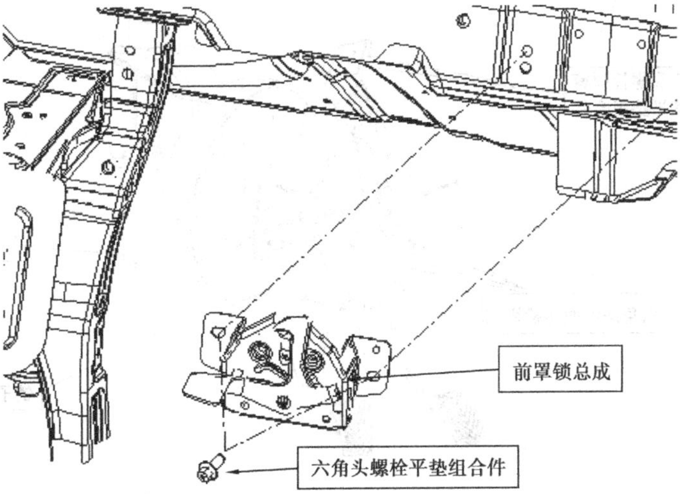

图4.83　前罩锁总成装配

4.5.10 离合器主缸总成装配

• 取离合器主缸,液压输出管总成,离合器主缸进油管弹性卡窟 2 个进发动机舱将制动主缸穿入车体。

• 取离合踏板总成一件,销子,弹性卡,螺母 2 颗,螺栓 2 颗用销子将离合主缸卡住,再穿入弹性卡风扳机紧固到位,然后打扭力,涂色标 4 处。

• 将液压输出管和进油管接到主缸上(图 4.84)。

注意

■ 上车时注意前门槛划伤。

■ 扭力 25 ±5 ,黄色标。

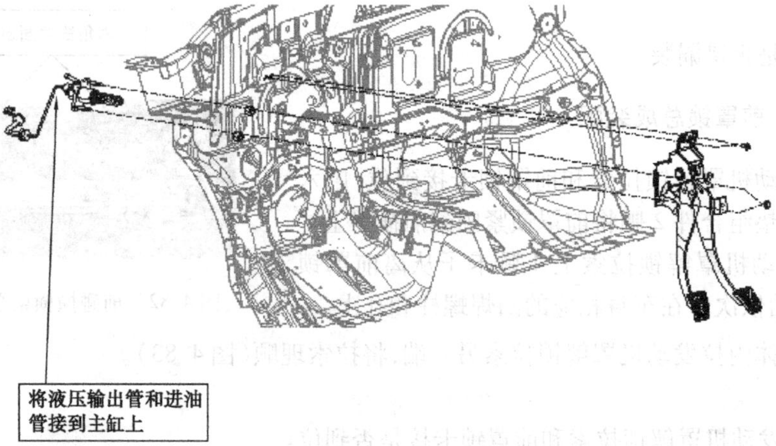

图 4.84 离合器主缸总成装配

4.5.11 制动总泵带真空助力器总成装配

• 先将制动总泵带真空助力器总成从车体穿出,然后再将制动踏板固定。再将销子和弹性卡固定好。打扭力,涂色标(图 4.85)。

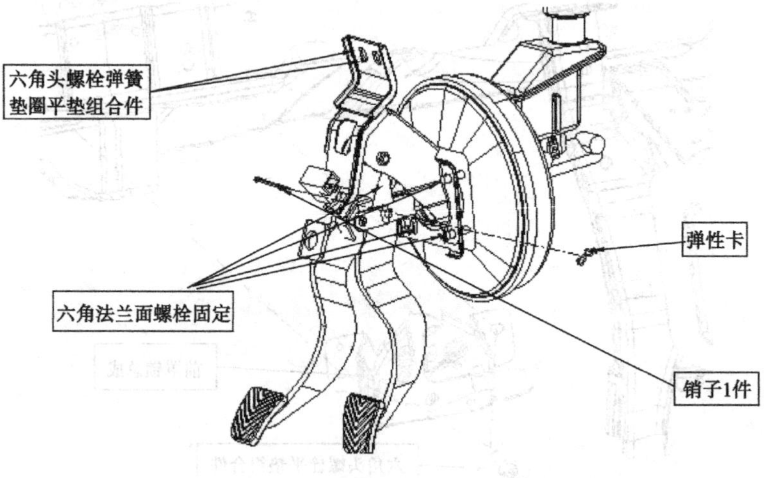

图 4.85 制动总泵带真空助力器总成装配

注意

■ 制动踏板装配完后检查制动踏板开关上的触点与踏板臂的间距是否为 2 mm,若不是需要调整制动等 2 开关上的螺栓以保证间距。

4.5.12　右支架软垫总成装配

- 用风扳机把右支架软垫打紧,固定在车体前仓右侧。打扭矩,涂色标。
- 再用六角法兰螺母上右支架装在右支架软垫上(勿打紧),打扭力,涂色标(图 4.86)。

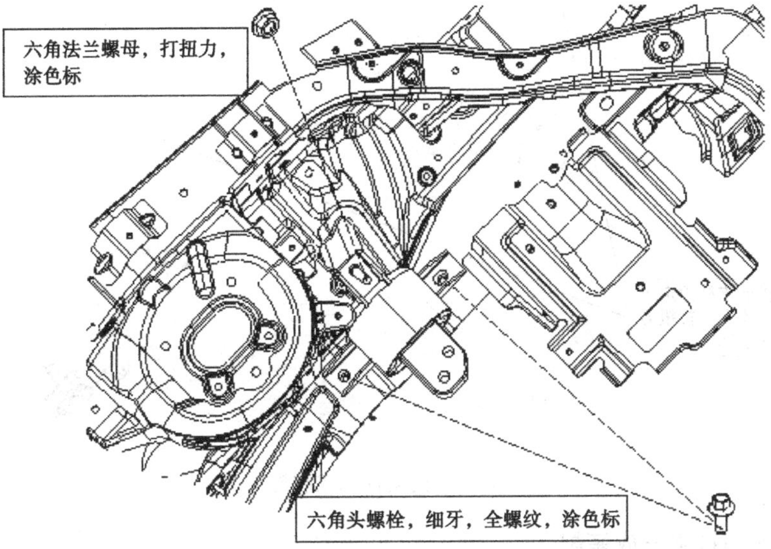

图 4.86　右支架软垫总成装配

4.5.13　左支架软垫总成

- 用风扳机把左支架软垫打紧,固定在车体前舱左侧. 打扭力,涂色标(图 4.87)。

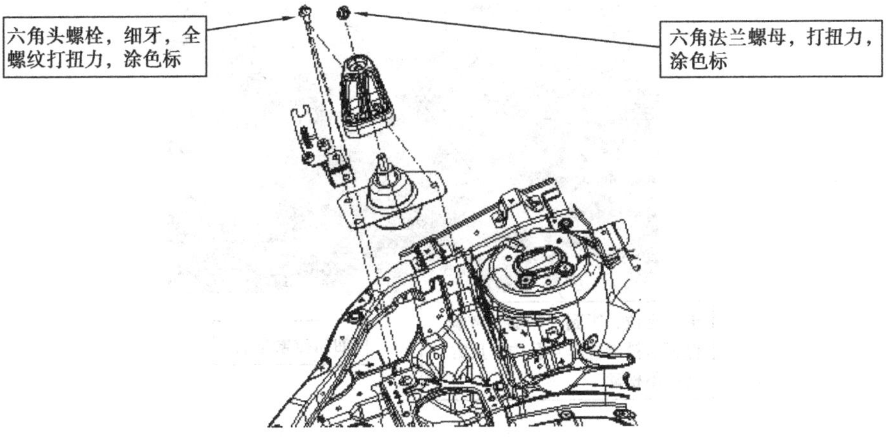

图 4.87　左支架软垫总成装配

4.5.14 前支柱总成装配

- 取前支柱(左)和前支柱右,六角法兰面螺母6颗至车体上。
- 将前支柱固定与车体上,打扭力,涂色标(图4.88)。

注意

■ 装配到位,黄色标,扭力扳手校验。

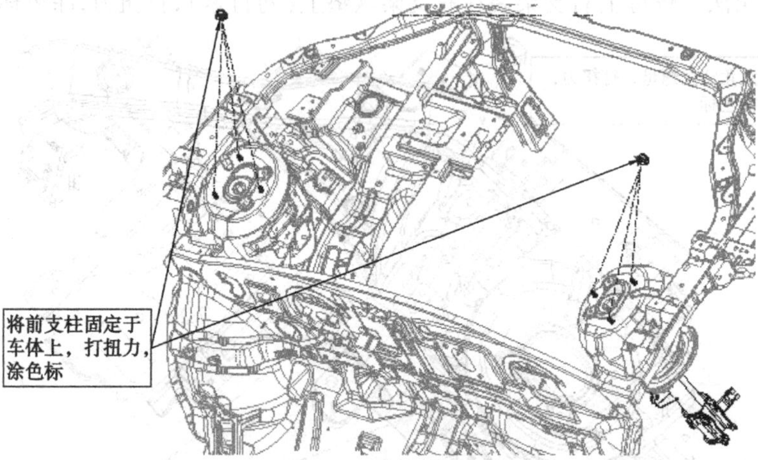
将前支柱固定于车体上，打扭力，涂色标

图4.88 前支柱总成装配

4.5.15 油门拉索总成装配

- 取油门拉索总成1件到发动机舱。
- 将油门拉索胶卡卡接在发动机舱前壁板处(图4.89)。

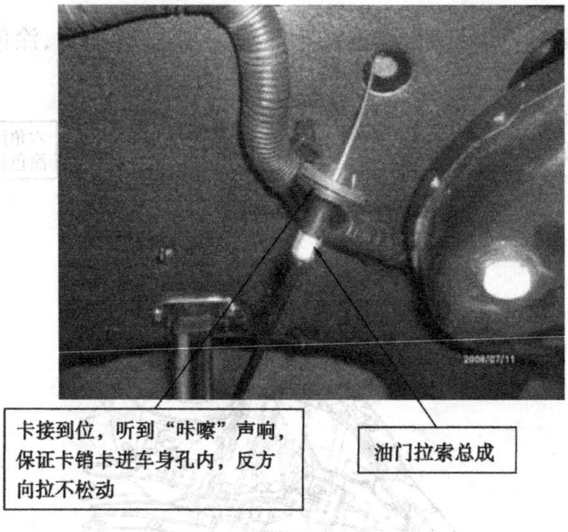
卡接到位，听到“咔嚓”声响，保证卡销卡进车身孔内，反方向拉不松动
油门拉索总成

图4.89 油门拉索总成装配

4.4.16　换挡拉索与换挡操作总成连接

- 先换挡拉索与换挡操作总成连接，再将换挡拉索与变速箱连接(图 4.90)。

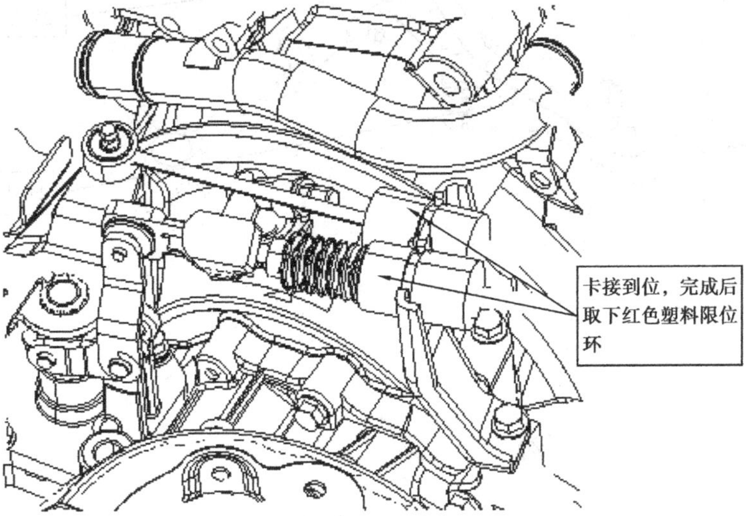
卡接到位，完成后
取下红色塑料限位
环

图 4.90　换挡拉索与换挡操作总成连接

4.5.17　供油软管装配

- 将供油软管和金属供油管连接后用单耳无极卡箍紧固到位(图 4.91)。

注意

■ 检查软管是否连接到位。

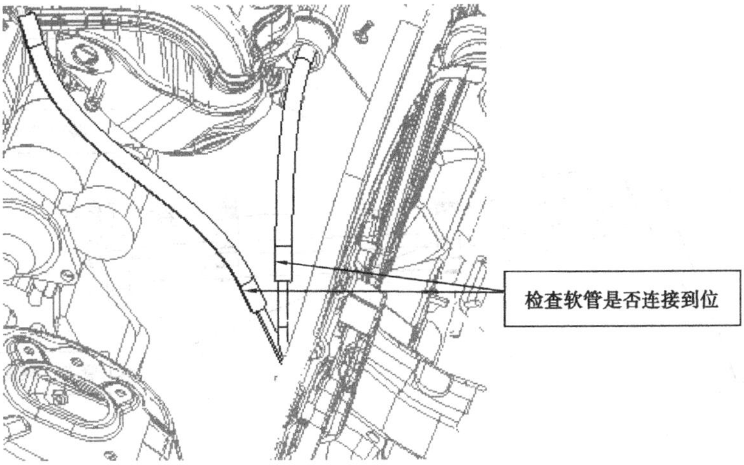
检查软管是否连接到位

图 4.91　供油软管装配

4.5.18　蒸发器连接总成

- 先把蒸发器连接总成与暖通空调总成压紧，再用工具内六法拧紧；打扭力。
- 用风扳机把螺栓拧紧，使 2 号吸入管和 2 号排出管固定在前仓车体(图 4.92)。

注意

■ 检查蒸发器连接总成与暖通空调总成连接是否牢固。

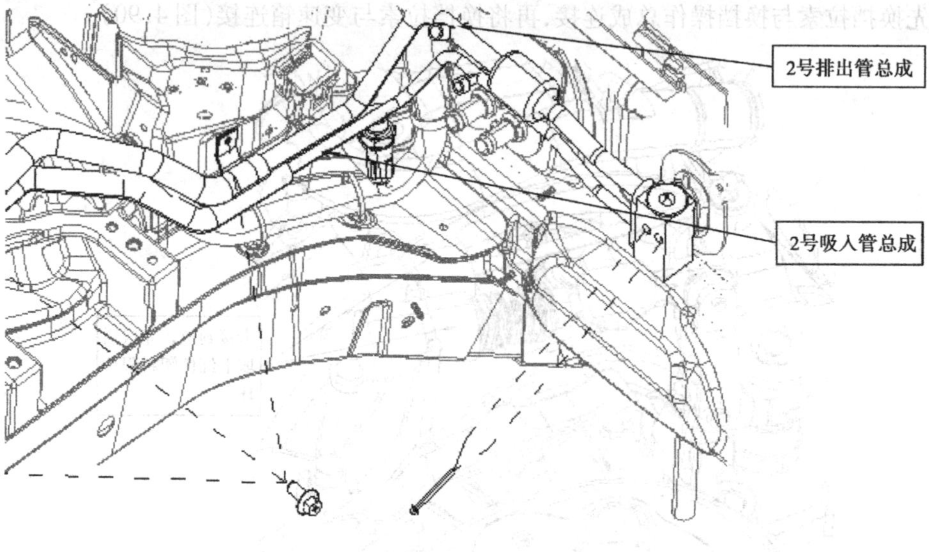

图 4.92　蒸发器连接总成

4.5.19　暖通进、出水管装配

• 用暖通进出水管管夹将暖通进出水管卡接到暖通上(图 4.93)。

注意

■ 暖通进、出水管有黄点端与暖通空调相接,且保持黄点朝正上方。

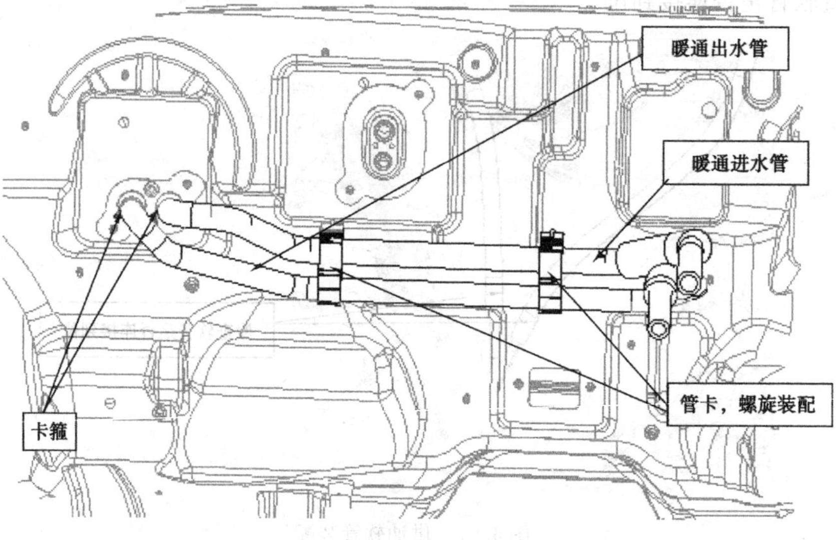

图 4.93　暖通进、出水管装配

4.5.20　储水瓶带附件总成装配

• 将储水瓶带附件卡接到发动机舱左侧支架上并卡接到位(图 4.94)。

注意

■ 检查水管是否卡接到位，是否有扭曲变形现象。

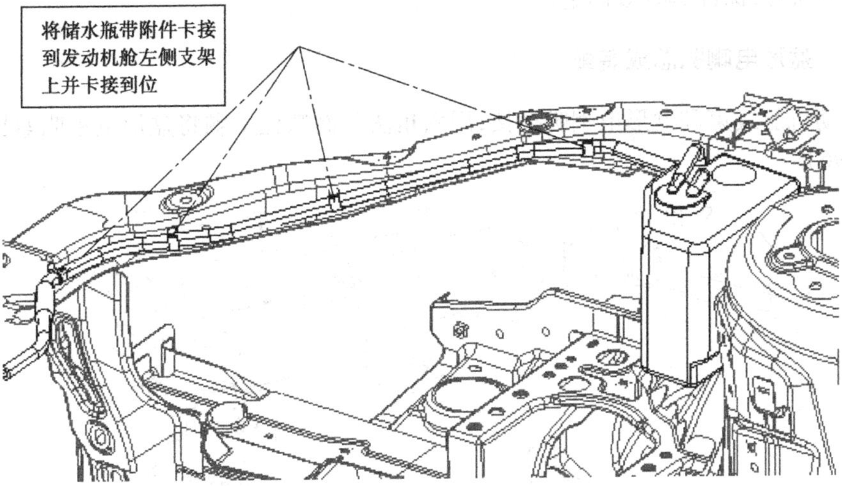
将储水瓶带附件卡接到发动机舱左侧支架上并卡接到位

图 4.94　储水瓶带附件总成装配

4.5.21　挡风玻璃清洗器水壶总成装配

• 将挡风玻璃清洗器水壶总成安放到位，用十字槽六角头螺钉将其紧固到位，将洗涤软管与水壶电机连接，并卡接在水壶的凹槽内，再将发动机舱线束与水壶电机插接(图 4.95)。

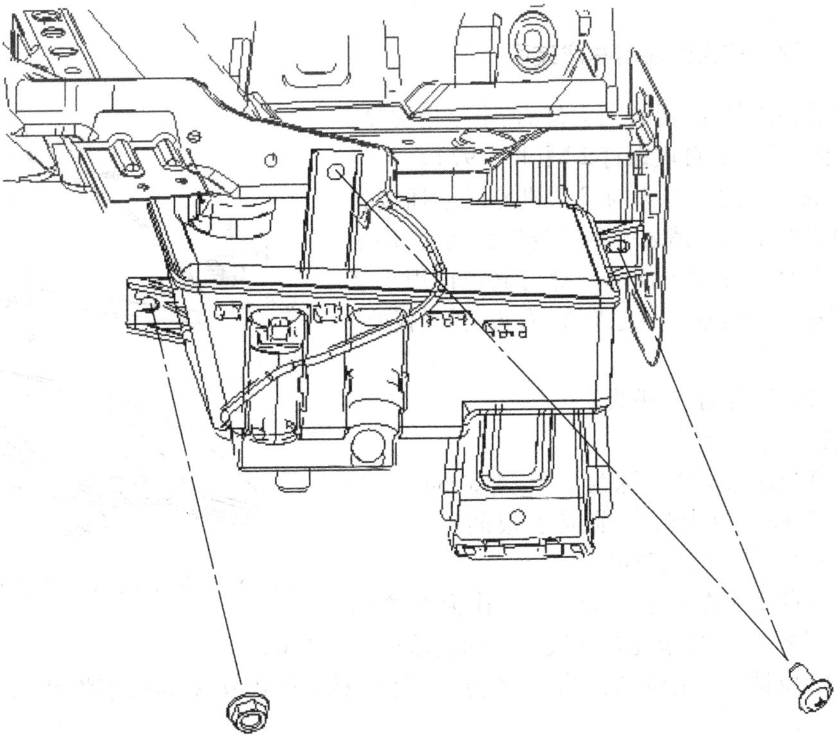

图 4.95　挡风玻璃清洗器水壶总成装配

注意

■ 各连接处插接可靠，软管插入深度为 10 mm 以上。

■ 检查各软管，保证其有效固定。

4.5.22　盆形电喇叭总成装配

• 将发动机舱线束和盆形电喇叭插接，用六角法兰面螺栓 1 颗将盆形电喇叭紧固到前横梁上（图 4.96）。

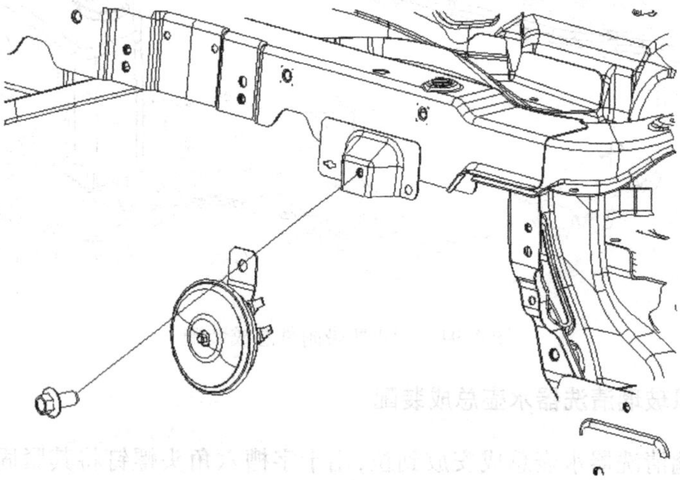

图 4.96　盆形电喇叭总成装配

4.5.23　混合前大灯左右总成装配

• 取混合前大灯左、混合前大灯右、十字槽圆盘、螺钉 4 颗、十字槽盘头自攻螺钉 2 颗（图4.97）。

• 先将混合前大灯插头与发动机舱线索插接到位再将大灯上两个定位销装配到车身定位孔后，用十字槽圆盘螺钉把上面和下面那颗螺钉固定再用十字槽盘头自攻螺钉 2 颗分别固定左边（右边）翼子板处。

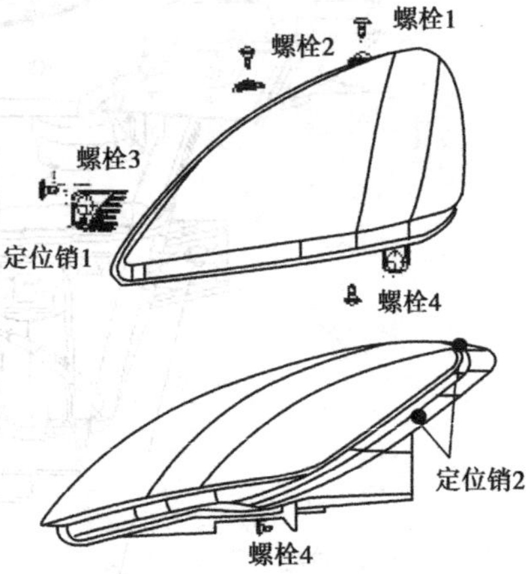

图 4.97　混合前大灯左右总成装配

注意

■ 检查来料是否划伤、破裂。

■ 检查插接是否到位。

■ 前大灯与前保险杠间隙为 1.5 ~ 4.5 mm，高差为 1.5 ~ 4.5 mm，前大灯与前翼子板间隙为 2 ~ 4 mm，高差为 1 ~ 3 mm，无破损。

■ 将定位点 2 靠在翼子板翻边上。作为 X 方向定位与侧翼子板配合，要求配合区域 X 方向公差正负 0.2 mm。

■ 插入定位销 1。定位销作为 Y、Z 方向定位，要求单边 0.2 mm 间隙，钣金对应孔直径 7.2 mm。

■ 装配螺栓 1 与螺栓 2。螺栓 1 作为 Z 方向定位要求与装配面配合处钣金公差正负

0.2 mm。螺栓2作为装配辅助。

■ 装配螺栓3。

■ 装配螺栓4。该装配点贴合面作为X方向定位，要求与装配面配合处钣金公差正负0.2 mm。

■ 所用螺栓型号均为：十字槽圆盘螺栓。

实作训练4.5

请你在教师的指导下，进行发动机舱内饰装配训练。

实作鉴定4.5　发动机舱内饰装配

鉴定内容	鉴定结果	
	合　格	不合格
各种工、量具的使用		
保险盒支架装配		
发动机舱线束总成装配		
车外温度传感器装配		
发动机舱隔音垫装配		
前罩隔音垫总成装配		
前罩密封条总成装配		
前碰撞横梁总成装配		
前罩锁总成装配		
离合器主缸总成装配		
制动总泵带真空助力器总成装配		
前支柱总成装配		
蒸发器连接总成装配		
暖通进、出水管装配		
储水瓶带附件总成装配		
挡风玻璃清洗器水壶总成装配		
盆形电喇叭总成装配		
混合前大灯左右总成装配		
工、量具的清洁		
工、量具的摆放		
工、量具的使用规范		
工、量具的安全使用注意事项		
学生：　　　　　　教师：	日期：	

4.6 挡风玻璃装配

任务准备

➢ 汽车实训室、整车及挡风玻璃装配所需工具与设备。

➢ 挡风玻璃装配作业指导书。

➢ 挡风玻璃限位器、内后视镜及前后挡风玻璃等挡风玻璃装配所需零部件。

任务实施

4.6.1 挡风玻璃限位器总成装配

• 将挡风玻璃限位器卡到车体前挡风处,确保卡接到位(图 4.98)。

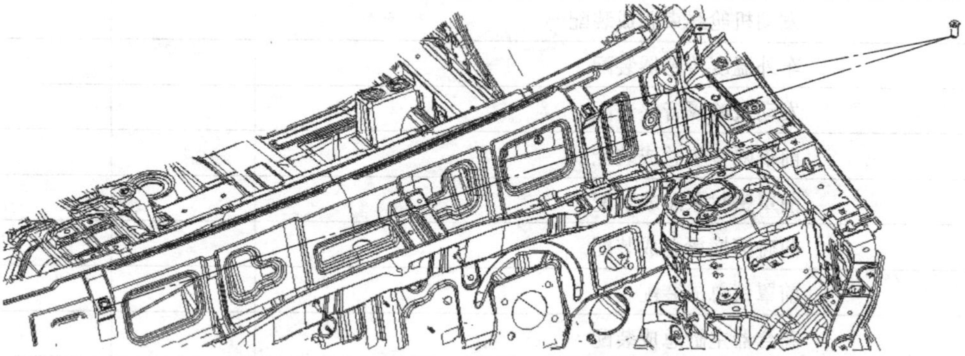

图 4.98 挡风玻璃限位器总成装配

4.6.2 前挡风玻璃装配

(1)挡风玻璃分装

• 将其放置分装架上,拿取内后视镜卡接在前挡风玻璃上,再将其自带螺丝固定,然后用清洗剂围绕玻璃边缘清洗一圈,等清洗剂干燥后再围绕玻璃刷一圈底漆(图 4.99)。

• 将玻璃放置设备,对前挡风玻璃进行挤胶。

注意

■ 镜面不应损伤模糊,后视镜底座装配牢固,镜体旋转在任意工作位置应能停下玻璃干燥时间为 0.5 ~ 10 min。

(2)挡风玻璃总装

• 将分装好的挡风玻璃对准限位座,再将其装配至车体窗框上,确保装配到位,最后卡接后将后视镜上的装配螺栓拧紧(如图 4.100)。

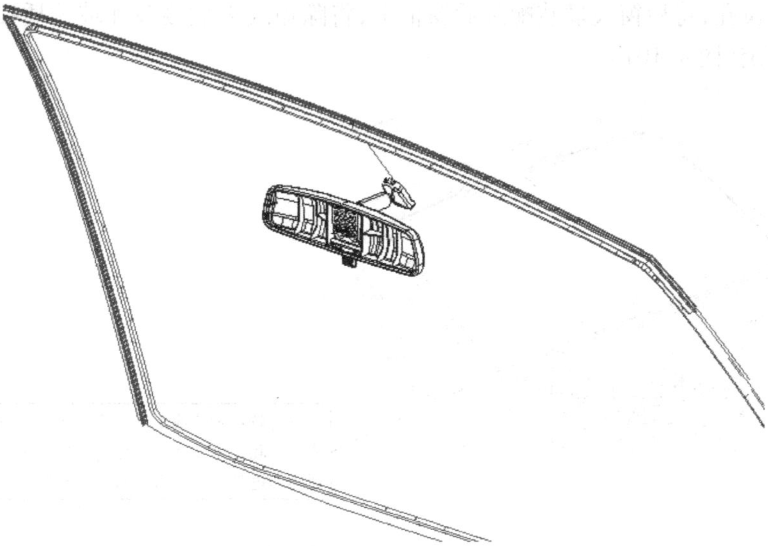

图4.99　挡风玻璃分装

注意

■ 检查玻璃与车身间隙是否均匀,是否有胶污。

■ 装配到位、无划伤、污染,密封胶条无破损、起皱。

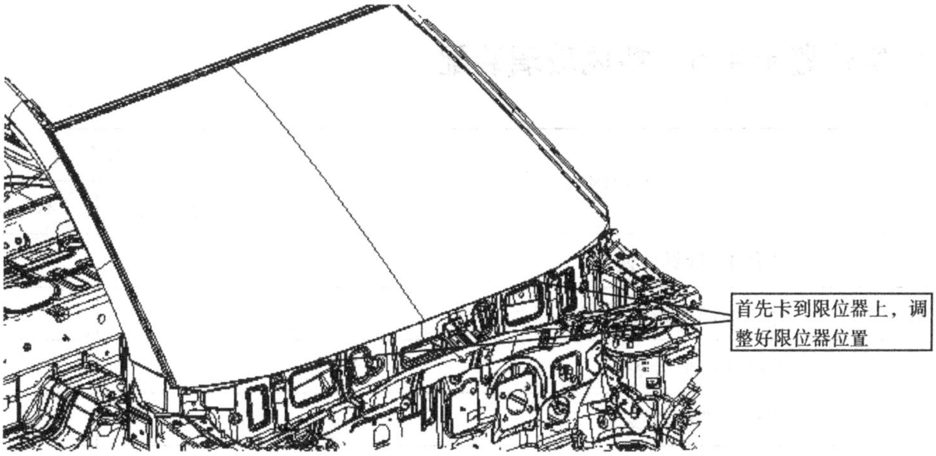

图4.100　前挡风玻璃总装

4.6.3　后窗玻璃总成(除霜)装配

(1)后窗玻璃分装

- 将其放置分装架上,然后用清洗剂围绕玻璃边缘清洗一圈,等清洗剂干燥后再围绕玻璃刷一圈底漆。
- 将玻璃放至设备,对后挡风玻璃进行挤胶。
- 玻璃干燥时间为0.5～10 min。

(2)后窗玻璃总装

- 将分装好的后窗玻璃放至机器里进行挤胶,然后用吸盘将其取出。

• 对准定位孔，将后窗玻璃装配到后窗框上，将除霜线束插接头和玻璃插接，装配后，用压带将玻璃固定(图4.101)。

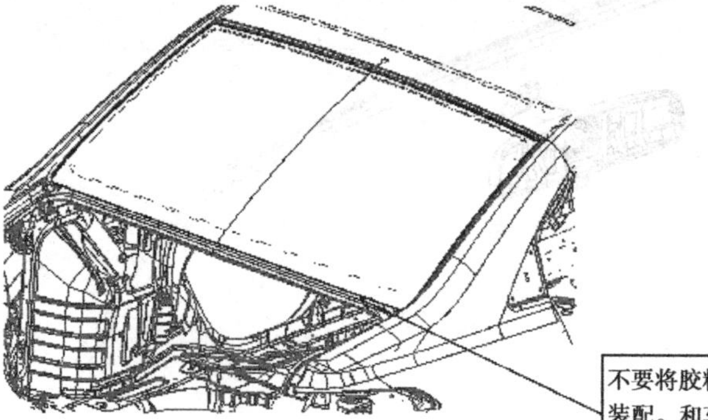
不要将胶粘到天线上面。先卡入定位点再进行装配。和车身、密封条贴合良好，不应有模糊、划伤和龟裂，避免置物板内饰板胶污

图4.101 后窗玻璃总装

实作训练4.6

请你在教师的指导下，进行挡风玻璃装配训练。

实作鉴定4.6 挡风玻璃装配

鉴定内容	鉴定结果	
	合 格	不合格
各种工、量具的使用		
挡风玻璃限位器总成装配		
前挡风玻璃分装		
前挡风玻璃总装		
后窗玻璃总成分装		
后窗玻璃总成总装		
工、量具的清洁		
工、量具的摆放		
工、量具的使用规范		
工、量具的安全使用注意事项		
学生： 教师：	日期：	

第5章
底盘装配线

能力培养

➢ 汽车底盘装配能力
➢ 现场应急处理能力
➢ 装配质量自检、互检能力
➢ 获取资料信息能力
➢ 生产现场管理能力

职场安全

➢ 国家和行业职场健康安全法律法规
➢ 适当的劳保服装、鞋帽及防护眼镜等
➢ 车间工具、设备安全使用规程

5.1 散热器及冷凝器带附件总成装配

任务准备

➢ 汽车实训室、冷却风扇、散热器及冷凝器装配所需工具与设备。
➢ 散热器及冷凝器带附件总成装配作业指导书。
➢ 冷却风扇、散热器及冷凝器等装配所需零部件。

任务实施

5.1.1 散热器托架总成装配

- 将前端模块安放在散热器托架的四个装配孔上。
- 一起向上托上发动机前部空间,将冷凝器用六角法兰面螺栓固定在车身。
- 装配前保险杠中固定支架(图5.1)。

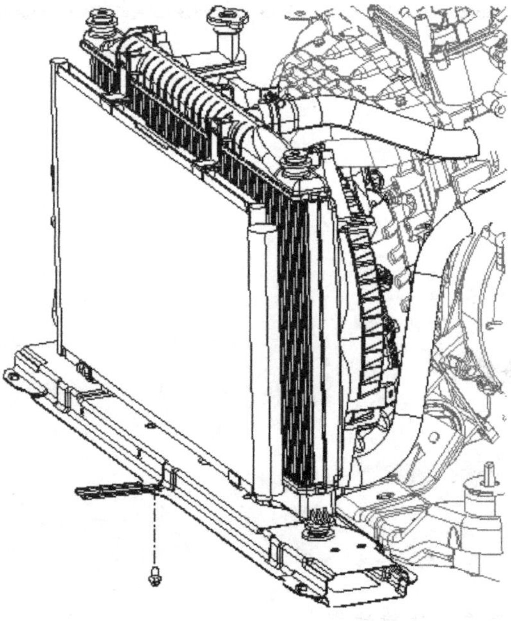

图5.1 散热器托架总成装配

5.1.2 冷凝器总成装配

- 将冷却风扇装配到散热器上,用螺栓将其固定,冷凝器风扇装配到冷凝器上,用螺母将其固定。
- 将分装好的散热器冷凝器用螺钉固定在一起(图5.2)。

实作训练5.1

请你在教师的指导下,进行散热器及冷凝器带附件总成装配训练。

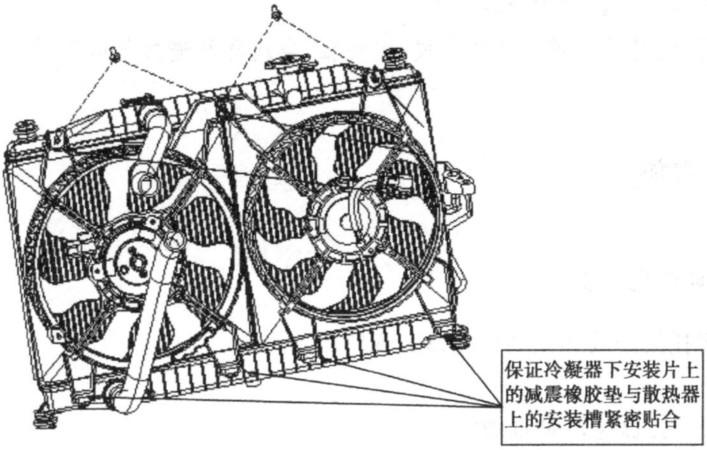
保证冷凝器下安装片上
的减震橡胶垫与散热器
上的安装槽紧密贴合

图5.2　冷凝器总成装配

实作鉴定5.1　散热器及冷凝器带附件总成装配

鉴定内容	鉴定结果	
	合　格	不合格
各种工、量具的使用		
散热器托架总成装配		
冷却风扇装配		
冷凝器装配		
工、量具的清洁		
工、量具的摆放		
工、量具的使用规范		
工、量具的安全使用注意事项		
学生：　　教师：　　日期：		

5.2　动力总成及附件装配

任务准备

➢ 汽车实训室、整车、发动机总成及附件装配所需工具与设备。

➢ 动力总成及附件装配作业指导书。

➢ 发动机托架、发动机带变速器总成、驱动轴、空滤器及进排气管等动力总成及附件装配所需零部件。

任务实施

5.2.1 发动机托架装配

• 将发动机托架安放到发动机托盘上到位。

注意

■ 检查托架与托盘连接是否到位。

5.2.2 发动机托架垫板装配

• 取发动机托架装配垫板 4 件，六角法兰面螺栓 4 颗。左右上支架装配 2 颗和 3 颗至装配点。

• 用螺栓穿装配垫板将发动机托架紧固到底盘上，并涂色标。左上支架软垫装配螺栓及右上支架装配螺栓需打扭力，涂色标（图 5.3）。

注意

■ 必须先用手预紧螺栓 3 牙。

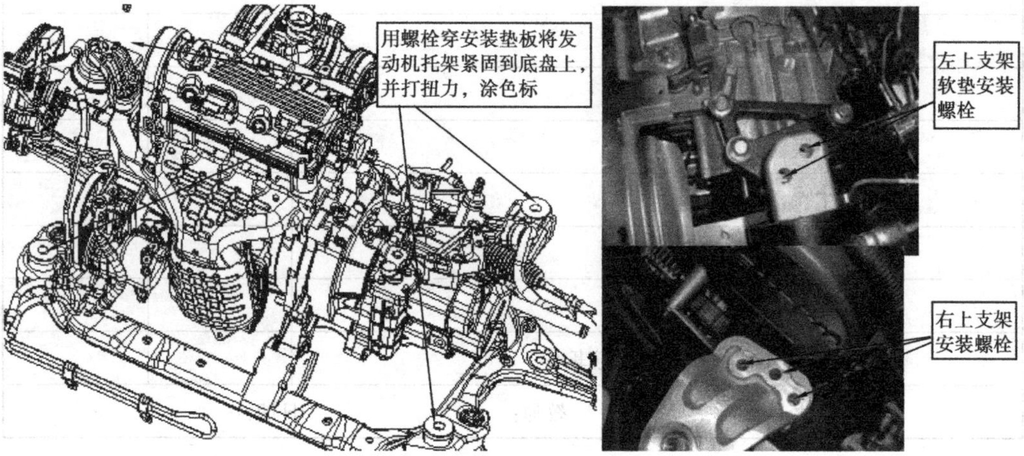

图 5.3　发动机托架垫板装配

5.2.3 发动机带变速器总成装配

• 先将发动机总成固定到后软垫上，用单能型扭力扳手打扭力，涂色标。

• 穿六角法兰面螺栓 1 颗将发动机固定到前支架软垫上，用风扳机打紧六角法兰面承面带齿螺母固定，用单能型扭力扳手打扭力，涂色标（图 5.4）。

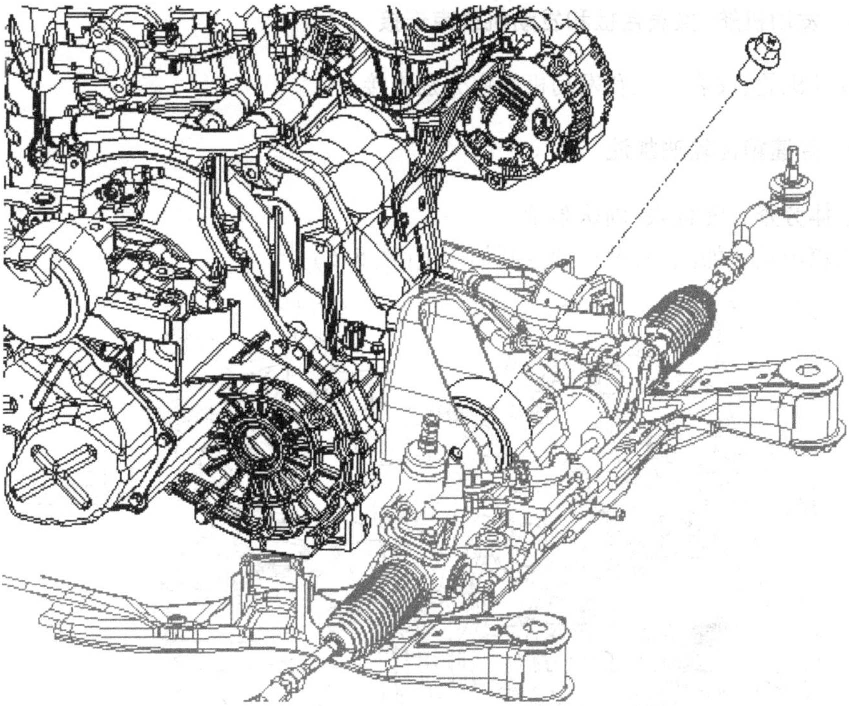

图5.4　发动机带变速器总成装配

5.2.4　驱动轴总成装配

• 取保护套,将驱动轴(左/右)装入发动机(图5.5)。

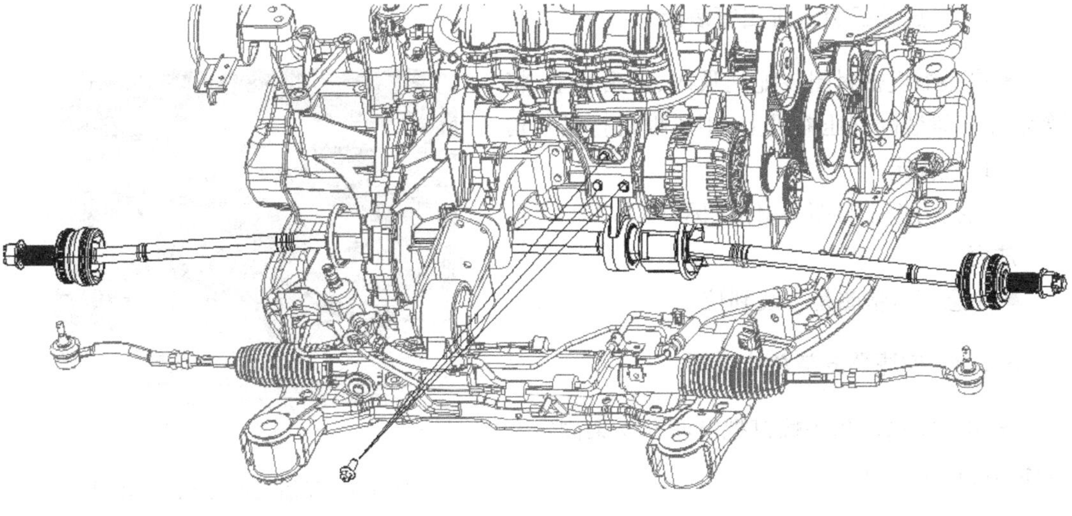

图5.5　驱动轴总成装配

注意

■ 注意装配时不要用力敲击驱动轴外侧,以免破坏端部螺纹装驱动轴总成时,不允许敲打防尘罩,否则会损坏防尘罩。在将驱动轴与变速箱连接时,需注意驱动轴上密封圈不能受损。

5.2.5 发动机舱、仪表台板和发动机线束连接

● 将发动机舱、仪表台板和发动机线束分别连接。

5.2.6 变速箱齿轮油加注

● 至车体旁查看配置表，确认车型。
● 变速箱齿轮油加注，根据车型控制加注量(图 5.6)。

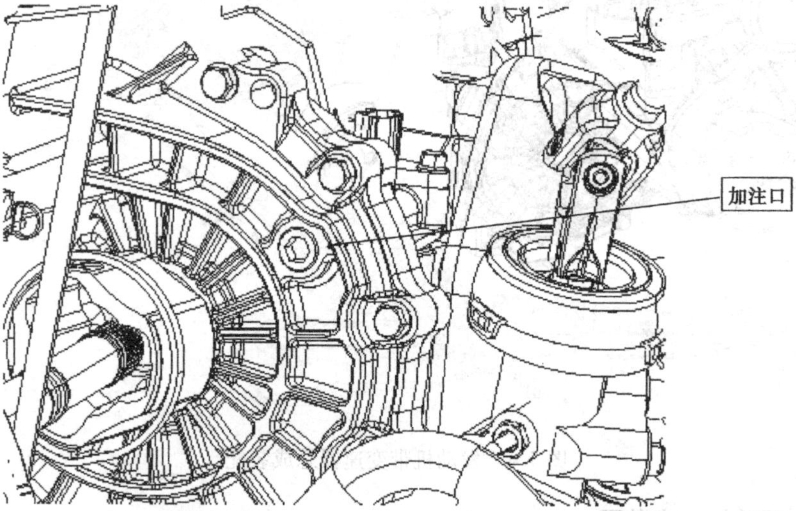

图 5.6 变速箱齿轮油加注

5.2.7 压缩机吸入排出管装配

● 将压缩机密封圈装配到吸入、排出管上，将吸入、排出管装配到压缩机上，用风扳机打紧六角法兰面螺栓固定。

● 用扭力扳手打扭力，作色标(图 5.7)。

图 5.7 压缩机吸入排出管装配

注意

■ 注意密封垫圈是否装到位。

5.2.8 空滤器支架总成装配

● 用十字槽六角头螺钉把空滤器支架固定在车体前舱(图 5.8)。

5.2.9 空滤器进气管总成装配

● 取空滤器进气管总成 1 件，1 号谐振腔总成 1 件，六角头螺栓平垫组合件 2 颗和风扳机至装配点。

● 装配如图 5.9。

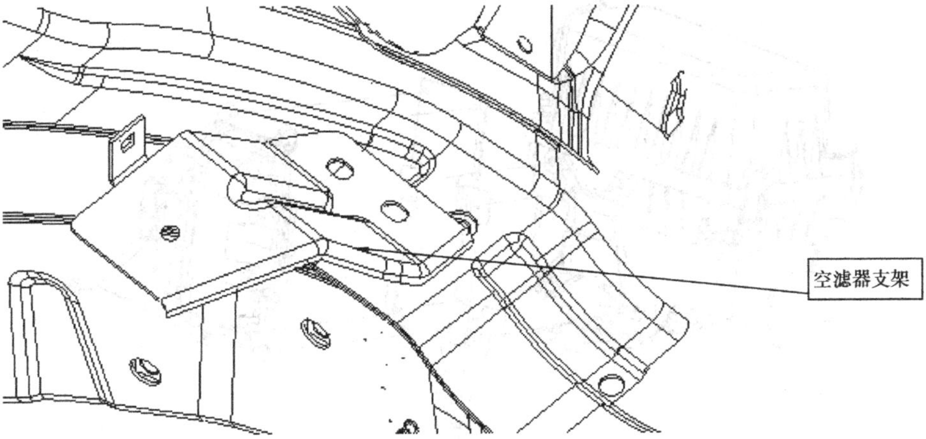

图5.8　空滤器支架总成装配

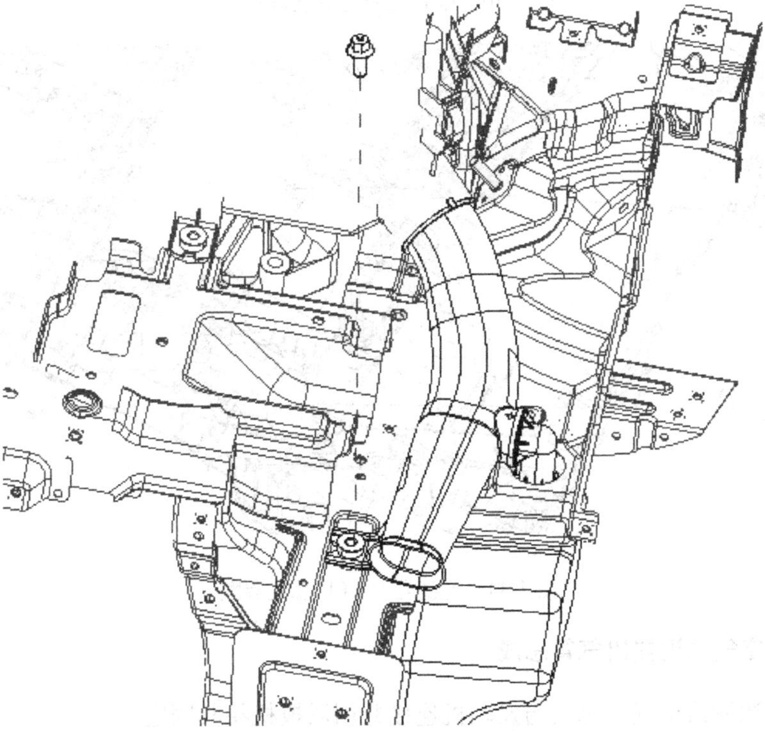

图5.9　空滤器进气管总成装配

5.2.10　空滤器及ECU总成装配

- 取螺栓4颗,先将发动机控制单元装配到空滤器上,安装线束接插件(图5.10)。
- 再将空滤器总成固定在前舱支架上,最后将空滤器出气管和进气管连接,用风扳机打紧弹性环箍固定(图5.11)。

注意

■ ECU装配位置为发动机舱空滤器朝车尾方向的侧表面(图5.11)。

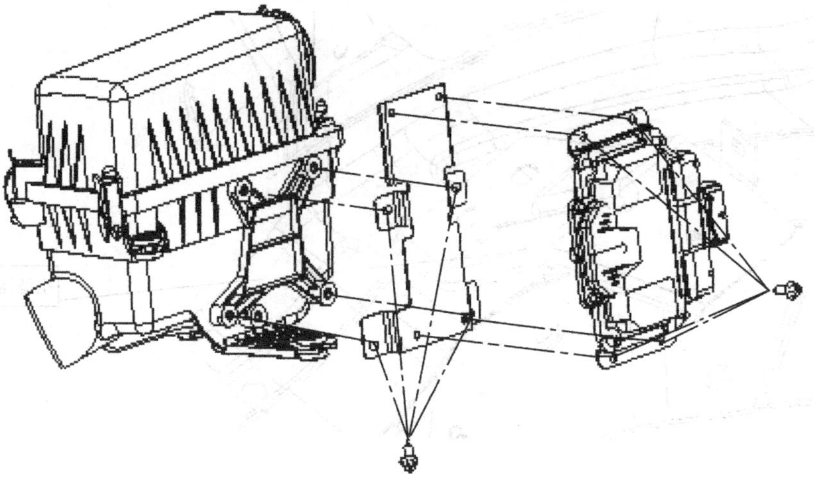

图 5.10　ECU 支架及空滤器分装

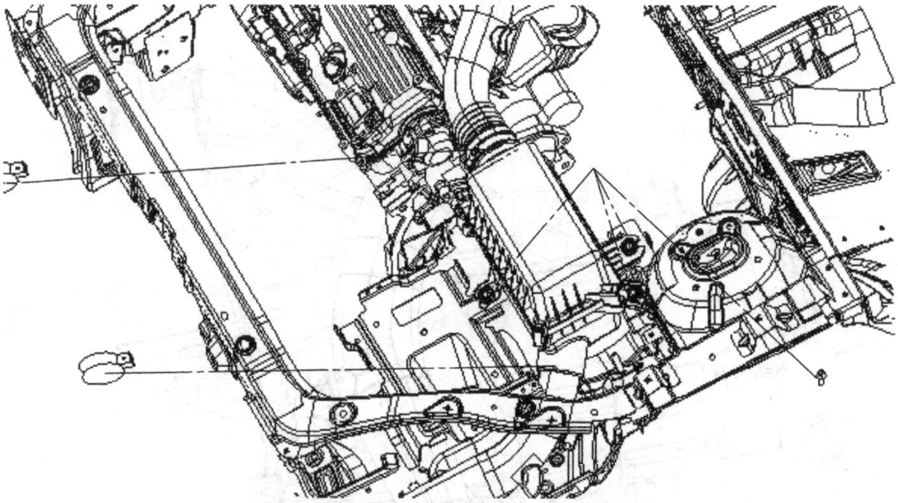

图 5.11　空滤器及 ECU 总成装配

5.2.11　空气滤清器出气管总成

● 将空气滤清器出气管总成与发动机连接并用风扳机将其固定。

注意

■ 注意无波纹管的一端与发动机连接。

5.2.12　散热器进出水管与发动机连接

● 将散热器进出水管与发动机出水管　进水管相连接，装配时环箍的螺栓应放置在靠近蓄电池一侧，水管边缘有色标一侧向上进行装配（图 5.12）。

图5.12 散热器进出水管与发动机连接

实作训练5.2

请你在教师的指导下,进行动力总成及附件装配训练。

实作鉴定5.2 动力总成及附件装配

鉴定内容	鉴定结果	
	合 格	不合格
各种工、量具的使用		
发动机托架装配		
发动机托架垫板装配		
驱动轴装配		
空滤器装配		
进排气管装配		
工、量具的清洁		
工、量具的摆放		
工、量具的使用规范		
工、量具的安全使用注意事项		
学生: 教师:	日期:	

5.3 转向器总成及附件装配

任务准备

➢ 汽车实训室、整车及转向器总成装配所需工具与设备。

➢ 转向器总成及附件装配作业指导书。

➢ 动力转向器、动力转向油管、转向泵压力油管螺栓、前支柱防尘盖及转向储油壶总成等转向器总成及附件装配所需零部件。

任务实施

5.3.1 动力转向器装配

• 先将动力转向器总成在发动机托架上安放到位，再将转向器齿条侧托架装配动力转向器上，穿螺栓4颗固定。

• 用风扳机打紧固定，打扭力，涂色标(图5.13)。

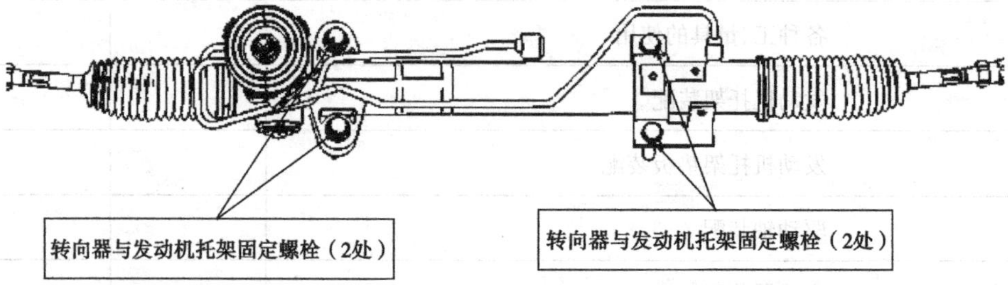

图5.13 动力转向器装配

5.3.2 动力转向油管装配

• 先将动力转向油管装配总成在发动机托架上安放到位，用风扳机打紧六角法兰面带齿螺母，再将隔热板和转向轴防尘套固定到装配点。

• 将压力油管、回油管与转向器连接，用开口型扭力扳手打扭力，涂色标(图5.14)。

注意

■ 软管插接后用环箍夹紧，不应渗漏应插牢不得轻易拔出。

5.3.3 转向泵压力油管螺栓装配

• 转向泵压力油管与发动机连接，用扭力扳手打扭力，涂色标。

• 转向泵抽油管总成与发动机连接，用环箍固定(图5.15)。

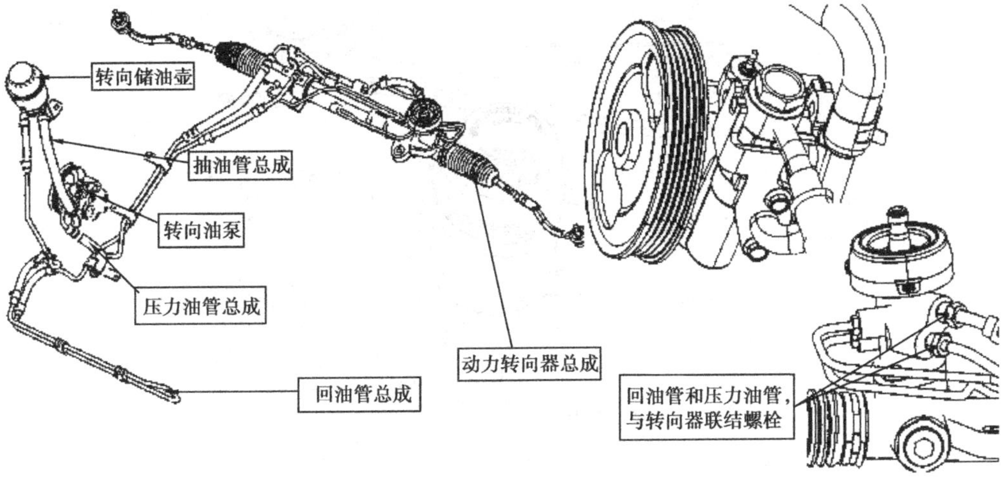

图5.14 动力转向油管装配总成装配

注意

■ 注意先预紧油管3牙。

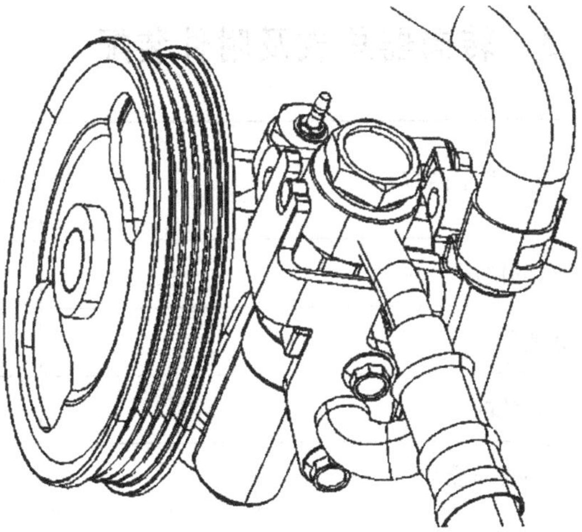

图5.15 转向泵压力油管螺栓装配

5.3.4 前支柱防尘盖及转向储油壶总成装配

• 先将转向储油管插接到前柱支架上,并将其与转向抽油管,转向回油管连接到位;再将前支柱防尘盖固定在装配点(图5.16)。

实作训练5.3

请你在教师的指导下,进行转向器总成及附件装配训练。

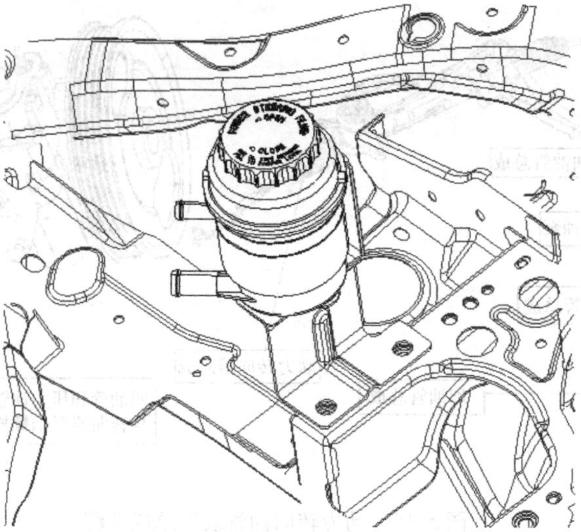

图 5.16　前支柱防尘盖及转向储油壶总成装配

实作鉴定 5.3　转向器总成及附件装配

鉴定内容	鉴定结果	
	合　格	不合格
各种工、量具的使用		
动力转向器装配		
动力转向油管装配		
转向泵压力油管螺栓装配		
前支柱防尘盖及转向储油壶总成装配		
工、量具的清洁		
工、量具的摆放		
工、量具的使用规范		
工、量具的安全使用注意事项		
学生：　　教师：　　日期：		

5.4　燃油管路装配

任务准备

➢ 汽车实训室、整车及燃油管路装配所需工具与设备。

➢ 燃油管路装配作业指导书。

➢ 加油管总成、燃油箱总成、金属蒸气管、金属供油管总成、燃油系统气密及通气性检查设备等燃油管路装配所需零部件。

任务实施

5.4.1　加油管总成装配

• 用风扳机把加油管总成装配螺栓拧紧(图5.17)。

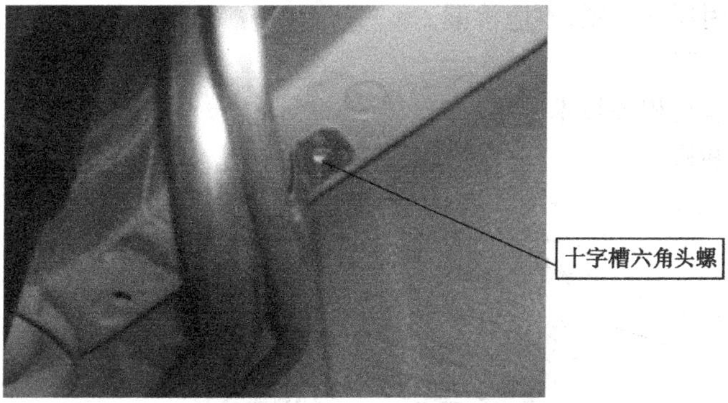

图5.17　加油管总成装配

5.4.2　燃油箱总成装配

(1)**燃油箱分装**

• 将燃油泵及支架总成和燃油输油泵用螺钉装配到燃油箱上再将燃油管和回油管连接到油箱上(图5.18)。

(2)**燃油箱总装**

• 两人辅助将油箱在底盘上安放到位,再有一人取六角头螺栓、弹簧垫圈和平垫圈组合件4颗,十字槽盘头螺钉2颗,双钢丝式环箍1件,A型蜗杆传动软管环箍1件至装配点。将分装好的油箱紧固到底盘上,打扭力,涂色标。

• 然后取十字槽六角头螺钉颗将汽油滤清器紧固到底盘上。

• 将底盘线束和燃油箱电线束连接,并将接插件卡接在油箱支架上,将车轮传感器线束分支卡到底盘上凸焊螺柱上,将蒸气连接管与燃油蒸气管卡接卡到燃油管卡上(图5.19)。

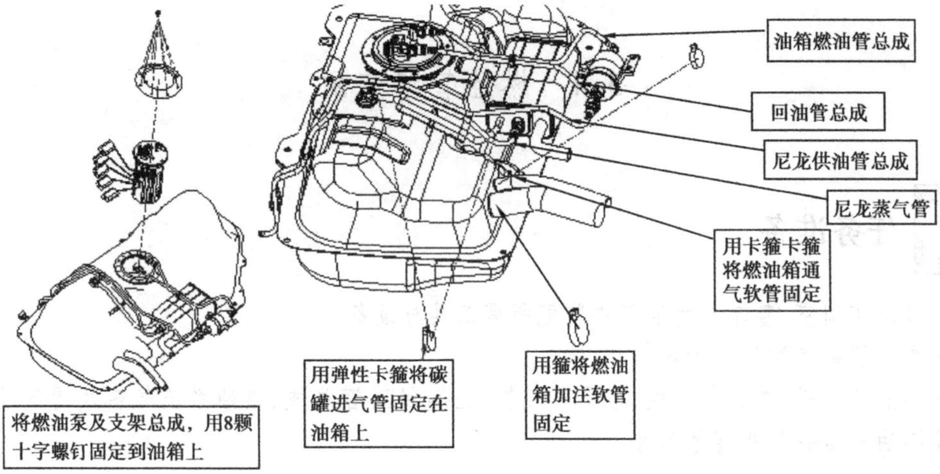
油箱燃油管总成
回油管总成
尼龙供油管总成
尼龙蒸气管
用卡箍卡箍将燃油箱通气软管固定
用弹性卡箍将碳罐进气管固定在油箱上
用箍将燃油箱加注软管固定
将燃油泵及支架总成，用8颗十字螺钉固定到油箱上

图 5.18　燃油箱分装

注意

■ 尼龙供油连接管先不连接，在驻车二号拉索装配后连接。

■ 检查软管走向是否正确油箱不要压倒传感线插头。

■ 汽油滤清器不应松动。

■ 软管插接后用环箍夹紧，不应渗漏。

■ 隔热板不应脱落。

■ 油泵安装应满足相关技术要求。

■ 燃油系统泄漏检查。

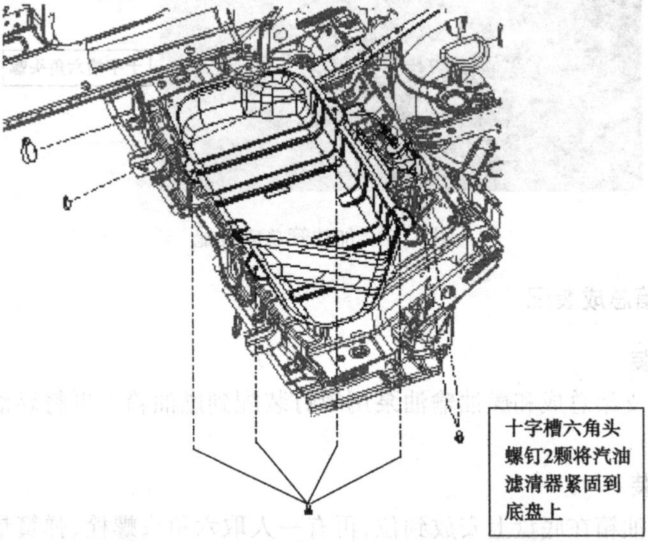
十字槽六角头螺钉2颗将汽油滤清器紧固到底盘上

图 5.19　燃油箱总装

5.4.3　金属蒸气管和金属供油管总成装配

● 先将供油软管固定在金属供油管上，再将起固定在地盘上，最后将金属蒸气管固定在

地盘上(图5.20)。

注意

■ 检查金属供油和蒸气管固定是否牢靠。

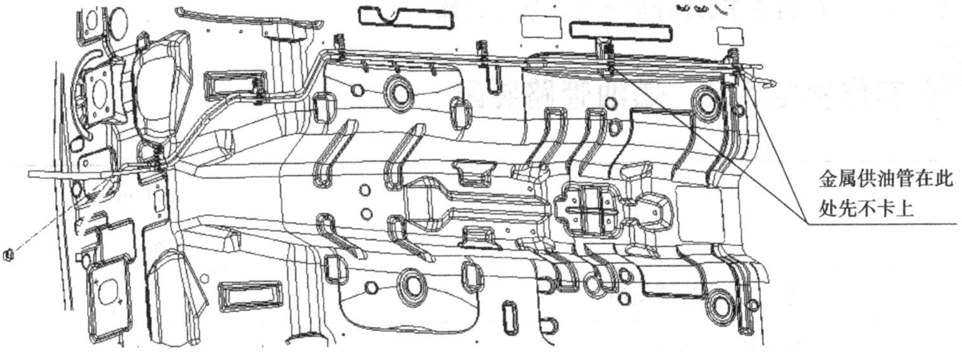
金属供油管在此
处先不卡上

图5.20 金属蒸气管和金属供油管总成装配

5.4.4 燃油系统气密及通气性检测

- 燃油系统气密及通气性检测必须是把燃油供油系统全部零部件装配完毕后进行。
- 用检测设备的气动装置夹紧燃油系统通大气管路(软管)。
- 检测设备的封堵装置与汽油加注口连接,且密封可靠。
- 启动检测设备开关向燃油供油系统内施加压力3.6 kPa,在燃油供油系统压力稳定后,断开压力源,检测5 s,其压力下降不得大于550 Pa/min;燃油系统气密检测完毕后,松开气动装置恢复到产品的原始状态,10 s内燃油系统压力下降应大于3 150 Pa/min。
- 检测合格后打印不干胶带纸,贴在随车流转单上(图5.21)。

注意

■ 对燃油系统气密及通气检测不合格的车辆,在线上不加注燃油下线后,在调试组检测,找出原因并排除故障后,重新检测合格后方可继续流转。

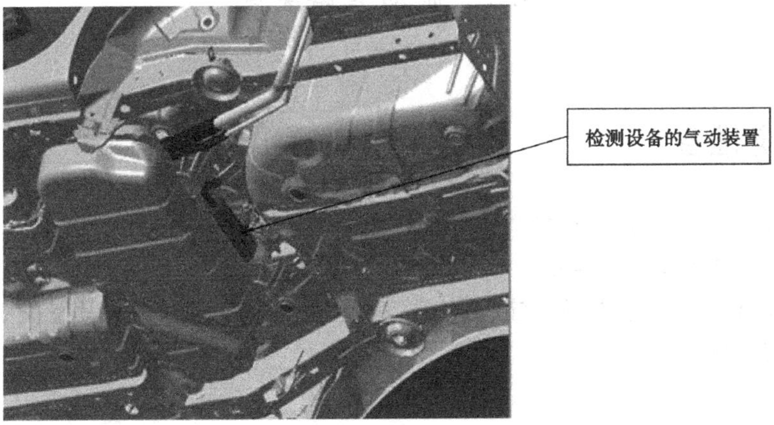
检测设备的气动装置

图5.21 燃油系统气密及通气性检测

实作训练 5.4

请你在教师的指导下，进行燃油管路装配训练。

实作鉴定 5.4　燃油管路装配

鉴定内容	鉴定结果	
	合　格	不合格
各种工、量具的使用		
加油管总成装配		
燃油箱总成装配		
金属蒸气管和金属供油管总成装配		
燃油系统气密及通气性检测		
工、量具的清洁		
工、量具的摆放		
工、量具的使用规范		
工、量具的安全使用注意事项		
学生：　　　　　教师：　　　　　日期：		

5.5　制动管路装配

任务准备

➢ 汽车实训室、整车及制动管路装配所需工具与设备。

➢ 制动管路装配作业指导书。

➢ ABS执行机构总成、制动油管、制动真空泵、制动软管支架、制动软管及前制动器总成等制动管路装配所需零部件。

任务实施

5.5.1　ABS 执行机构总成装配

• 将 ABS 总成安放至发动机舱支架上到位,用六角法兰面螺栓 3 颗固定 ABS 托架下部与边梁连接,上面一颗打扭力。下方 2 颗不打扭力,用手带紧。

• 手带油管与总泵连接,用扳手将其两端紧固到位,打扭力,涂色标。

• 制动油壶插头与发动机舱线连接,ABS 总成与发动机舱线束插接(图 5.22)。

注意

■ 此处只装配一颗螺栓,检查分装油管走向是否正确,油管是否变形。

■ 总泵与油管垂直线索插接是否到位。

■ 装配后不应该有挤瘪,挫伤,死弯等现象,油管应平顺的弯曲,不应有扭绞现象。

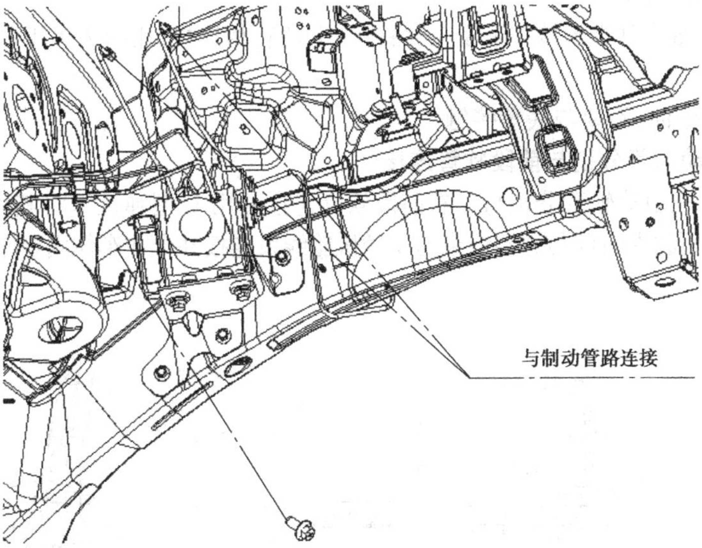

图 5.22　ABS 执行机构总成装配

5.5.2　制动油管装配

(1)**前制动软管支架装配**

• 用风扳机把前制动软管支架装配螺栓拧紧(图 5.23)。

注意

■ 检查螺钉是否紧固。

(2)**制动管卡装配**

• 先把 ABS 装配螺栓拧紧,打扭力,图色标;再分别将制动管卡 I 卡在车体上。

注意

■ 卡接制动油管总成(HECU—右后软管—后段)的三个管卡,方向朝上。

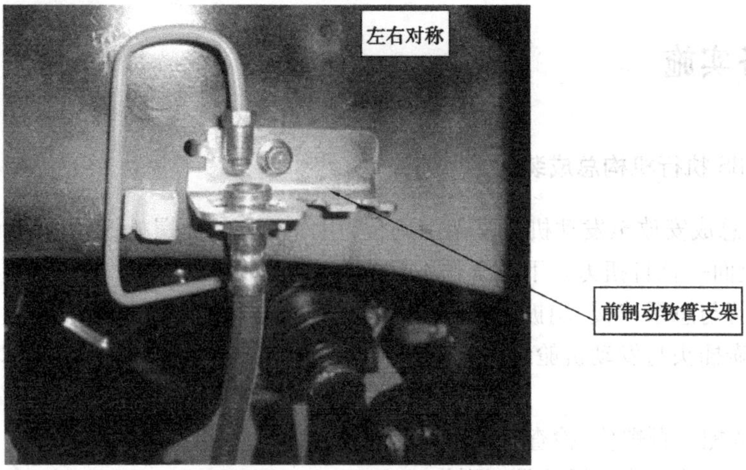

图 5.23　前制动软管支架装配

(3)制动油管总成

●将各制动油管总成卡接在卡子上,将各制动油管相连接,用扭力扳手打扭力,涂色标。

注意

■ 油管不要干涉,不要与底盘接触。

(4)前段制动油管分别与前段软管连接

●将左右前段制动软管分别与左右前段软管连接并用 E 型弹性卡将其固定在固定座上,打扭力,涂色标,再将左右前传感器线束与发动机舱线束连接并卡在车体固定座上(如图 5.24)。

注意

■ 扭力标色。

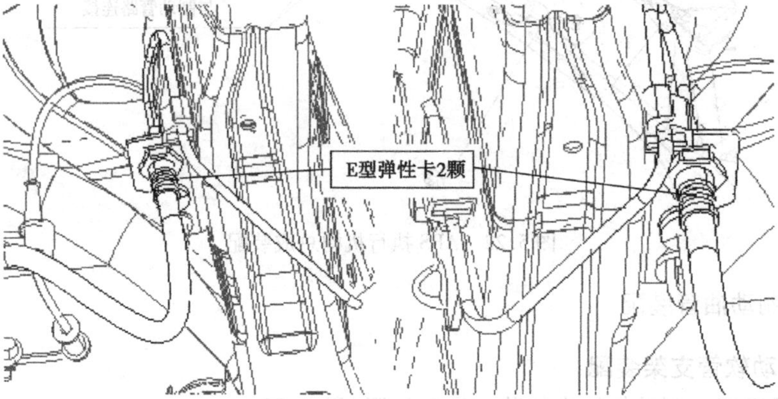

图 5.24　前段制动油管分别与前段软管连接

(5)左右后制动软管分别与左右制动管后段连接

●E 型弹簧卡 2 个至装配点。

●左右后制动软管分别与左右制动管后段连接并用 E 型弹簧卡将其固定在车体固定座上,打扭力作黄色标,后轮传感器线束与底盘线束连接并卡在固定座上(图 5.25)。

注意

■ 装配后无挤瘪、挫伤、死弯等现象,不应有扭绞现象。

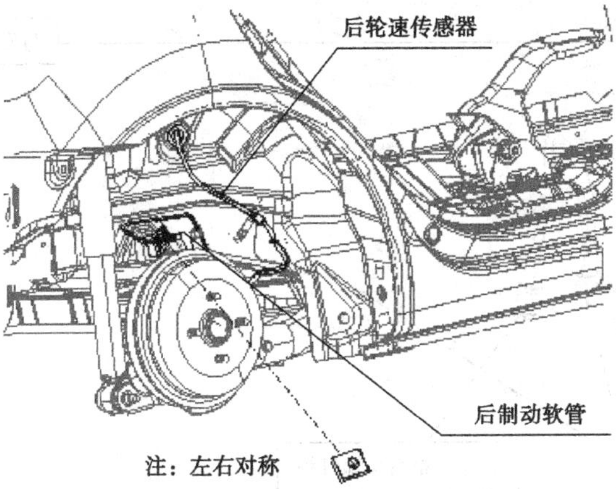

图 5.25　左右后制动软管分别与左右制动管后段连接

5.5.3　制动泵真空管与总泵连接

- 将发动机上连接的真空管的另外一接头卡接到总泵上(图 5.26)。

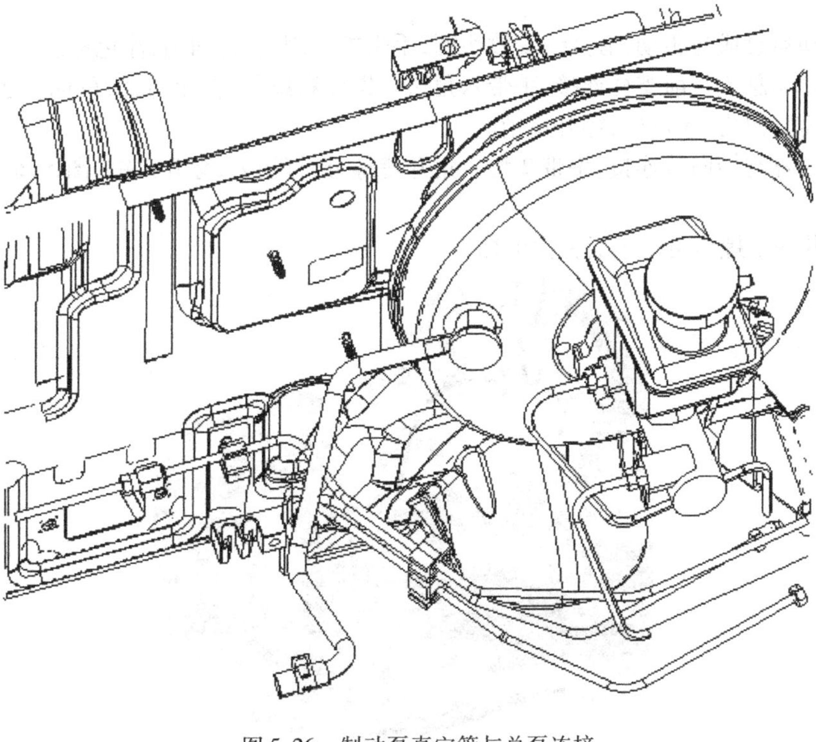

图 5.26　制动泵真空管与总泵连接

5.5.4　前轮速传感器总成装配

- 将已装好的前轮速传感线(7 组段)固定在前制动软管支架上,然后再用十字槽盘头螺钉将其固定在前支柱支架上(图 5.27)。

注意

■ 检查轮速传感线固定位置是否错装。

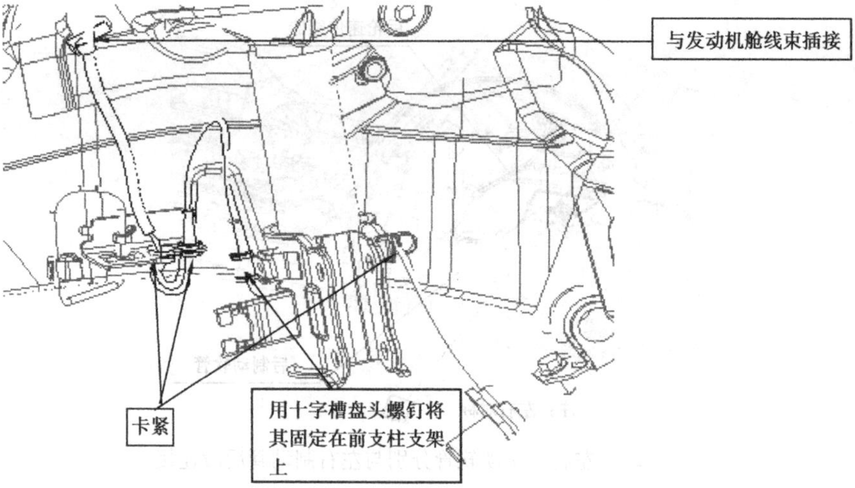
与发动机舱线束插接
卡紧
用十字槽盘头螺钉将
其固定在前支柱支架
上

图 5.27　前轮速传感器总成装配

5.5.5　前制动器总成装配

• 前制动器总成与驱动轴连接,安放垫圈,手带螺母固定,打扭力,涂色标。

• 前制动器总成与前支柱连接,手带六角法兰螺栓和螺母,打扭力,涂色标。摆臂与球头销连接螺母需打扭力,涂色标,穿开口销。

• 转向拉杆与转向节连接,手带 2 型六角开槽螺母,打扭力,穿开口销(图 5.28)。

注意

■ 左右共四个螺栓由车的后方向前插。

图 5.28　前制动器总成装配

5.5.6　制动油管总成装配

• 将各制动油管总成卡接在卡子上,将各制动油管相连接,用扭力扳手扳紧打扭力,涂色标。

注意

■ 油管不要干涉,不要与底盘接触。

5.5.7　驻车拉索装配

- 将驻车拉索固定在车体或油箱的相应位置上(图 5.29)。

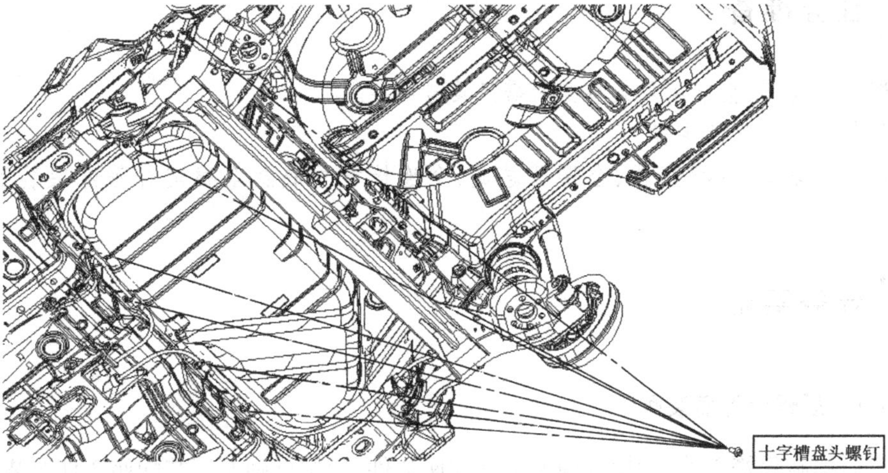

图 5.29　驻车拉索装配

实作训练 5.5

请你在教师的指导下,进行制动管路装配训练。

实作鉴定 5.5　制动管路装配

鉴定内容	鉴定结果	
	合　格	不合格
各种工、量具的使用		
ABS 执行机构总成装配		
制动管路总成装配		
前轮转速传感器总成装配		
前制动器总成装配		
工、量具的清洁		
工、量具的摆放		
工、量具的使用规范		
工、量具的安全使用注意事项		
学生：　　　　教师：	日期：	

5.6 悬架装配

任务准备

➢ 汽车实训室、整车及悬架装配所需工具与设备。

➢ 悬架装配作业指导书。

➢ 后螺旋弹簧、后减震器、全摆臂总成、全连接杆总成及全稳定杆等悬架装配所需零部件。

任务实施

5.6.1 后螺旋弹簧装配

- 取后螺旋弹簧2件,后螺旋弹簧上装配座2件,后螺旋弹簧下装配座2件至装配点。
- 将后螺旋弹簧上下装配座分别固定在后螺旋弹簧上。

注意

■螺旋弹簧小端朝下,下端弹簧头与螺旋下装配座上的三角形标记重叠;总装时螺旋弹簧下装配座的三角形标识指向内侧(图5.30)。

图5.30 后螺旋弹簧装配

5.6.2 后减振器装配

- 取后减振器总成2个,六角法兰面螺栓4颗和风板机至装配点。
- 手带六角法兰面螺栓将后减振器左右分别固定到后减振装配座上,用风扳机带紧螺栓并打,涂色标(图5.31)。

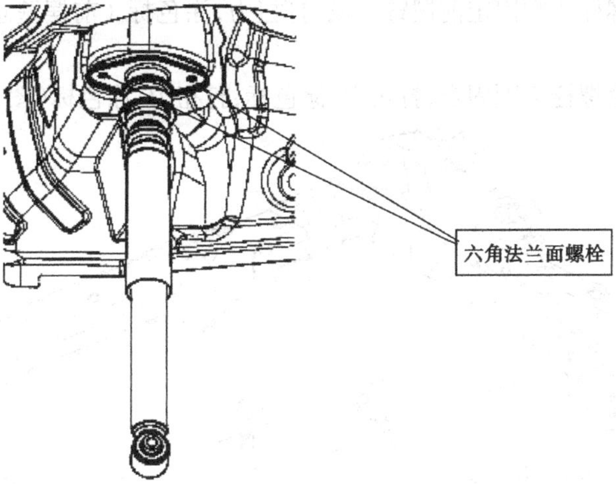

图 5.31　后减震器装配

注意

■ 装配时尽量保持后轴纵臂在水平位置。

5.6.3　后桥装配

● 将分装好的后桥升到一定位置时取后螺悬弹簧上座将后螺悬弹簧上座卡接在底盘上，并将后螺悬弹簧置放于二者之间；最后将驻车拉索固定在车体底盘上（图 5.32）。

注意

■ 后螺悬弹簧下装配下座的三角形标识指向内侧，打扭力，涂色标，拉索走向到位。

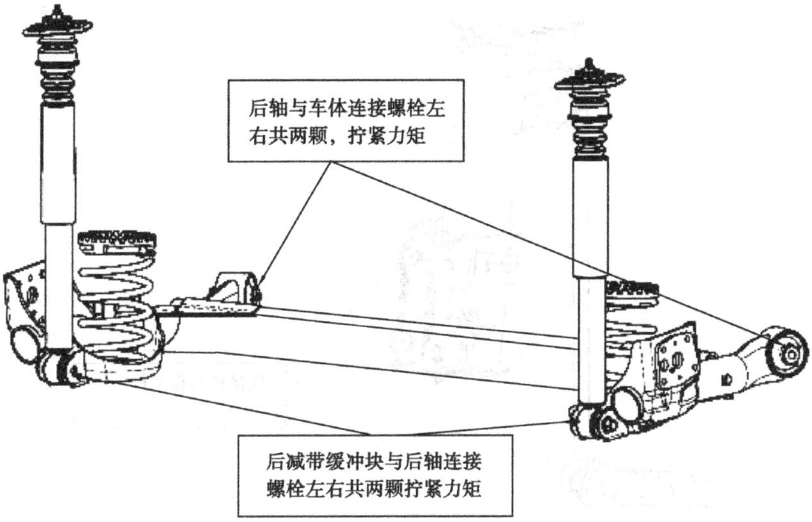

图 5.32　后桥总装

5.6.4　前摆臂总成装配

● 将前摆臂总成（左）在发动机托架上安放到位，从里向外穿螺栓 2 颗固定前摆臂总成（左），打扭力，涂色标。

• 从下向上穿螺栓 2 颗固定前摆臂总成，打扭力，涂色标（前摆壁总成（右）装配技术要求与左一致）。

• 用风扳机打紧螺栓 4 颗固定，打扭力，涂色标，打扭力，涂色标（图 5.33）。

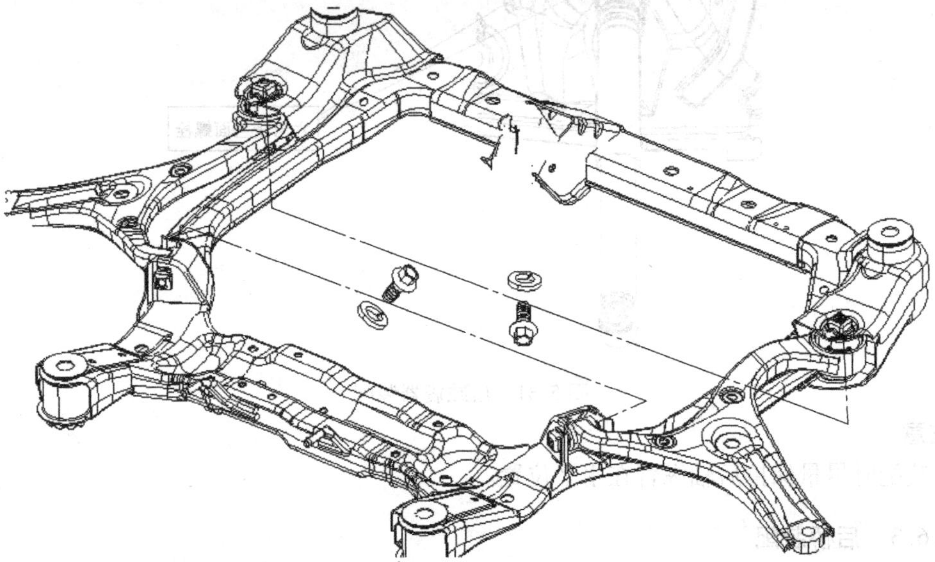

图 5.33　前摆臂总成装配

5.6.5　前连接杆总成装配

• 前连接杆总成的装配如图 5.34。

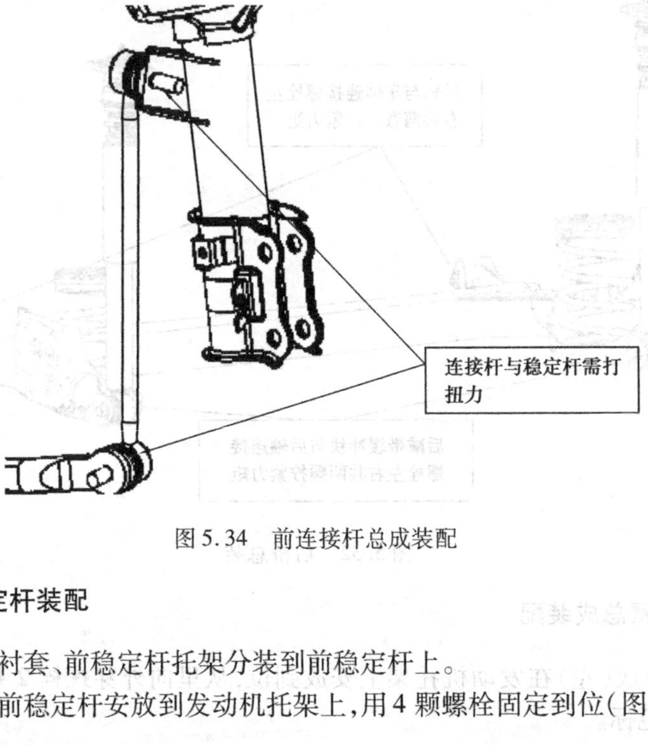

图 5.34　前连接杆总成装配

5.6.6　前稳定杆装配

• 将前稳定杆衬套、前稳定杆托架分装到前稳定杆上。

• 将分装好的前稳定杆安放到发动机托架上，用 4 颗螺栓固定到位（图 5.35）。

- 用扭力扳手打扭力，涂色标。

注意

■ 前稳定杆托架长孔朝前，圆孔朝后，稳定杆衬套开口朝后。

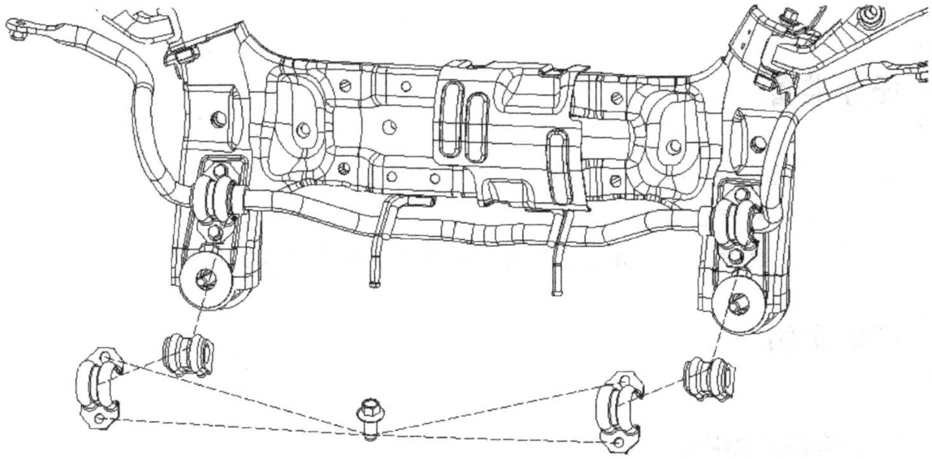

图5.35　前稳定杆装配

实作训练5.6

请你在教师的指导下，进行悬架装配训练。

实作鉴定5.6　悬架装配

鉴定内容	鉴定结果	
	合　格	不合格
各种工、量具的使用		
后螺旋弹簧装配		
后减震器装配		
前摆臂总成装配		
前连接杆总成装配		
前稳定杆装配		
工、量具的清洁		
工、量具的摆放		
工、量具的使用规范		
工、量具的安全使用注意事项		
学生：　　　　教师：　　　　日期：		

5.7 消声器总成装配

任务准备

➢ 汽车实训室、整车消声器总成装配所需工具与设备。

➢ 消声器总成装配作业指导书。

➢ 消音器隔热板及消声器前管总成等消声器总成装配所需零部件。

任务实施

5.7.1 消声器隔热板装配

• 用螺母将消声器隔热板固定在装配孔上，如图 5.36 所示。

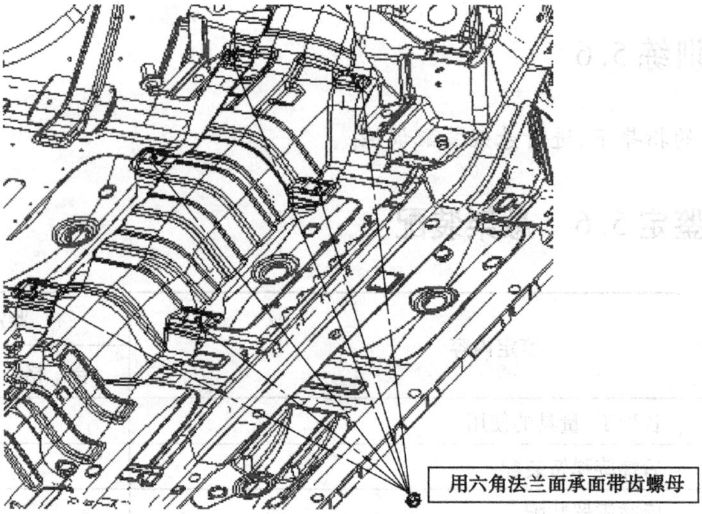

图 5.36 消声器隔热板装配

5.7.2 消声器总装

• 先将后消声器挂起，然后将其中后消声器相连，后消声器前管，后氧传感线与三元催化器插接。最后将消声器隔热板打紧，固定在发动机拖架上(图 5.37)。

注意

■ 消声器总成包括消声器前管，中消声器和后消声器，分开装配。

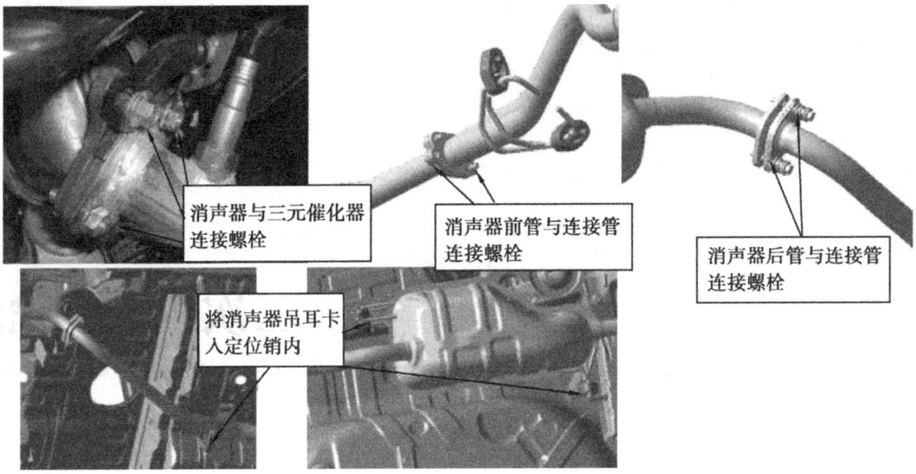

图5.37　消声器总装

实作训练5.7

请你在教师的指导下，进行悬架装配训练。

实作鉴定5.7　悬架装配

鉴定内容	鉴定结果	
	合　格	不合格
各种工、量具的使用		
消声器隔热板装配		
消声器总装		
工、量具的清洁		
工、量具的摆放		
工、量具的使用规范		
工、量具的安全使用注意事项		
学生：　　　　教师：　　　　日期：		

第6章 二次内饰装配线

能力培养

- 汽车二次内饰装配能力
- 现场应急处理能力
- 装配质量自检、互检能力
- 获取资料信息能力
- 生产现场管理能力

职场安全

- 国家和行业职场健康安全法律法规
- 适当的劳保服装及鞋帽、防护眼镜等
- 车间工具、设备安全使用规程等

6.1 保险杠装配

任务准备

- 汽车实训室、整车及保险扛装配所需工具与设备。
- 保险杠装配作业指导书。
- 前保险杠及后保险杠装配所需零部件。

任务实施

6.1.1　前保险杠装配

(1)前保险杠分装

● 分别将左右前雾灯固定在前保险杠上，如图6.1所示。

注意

■ 检查前保险杠\左右前雾灯是否有碰划伤。

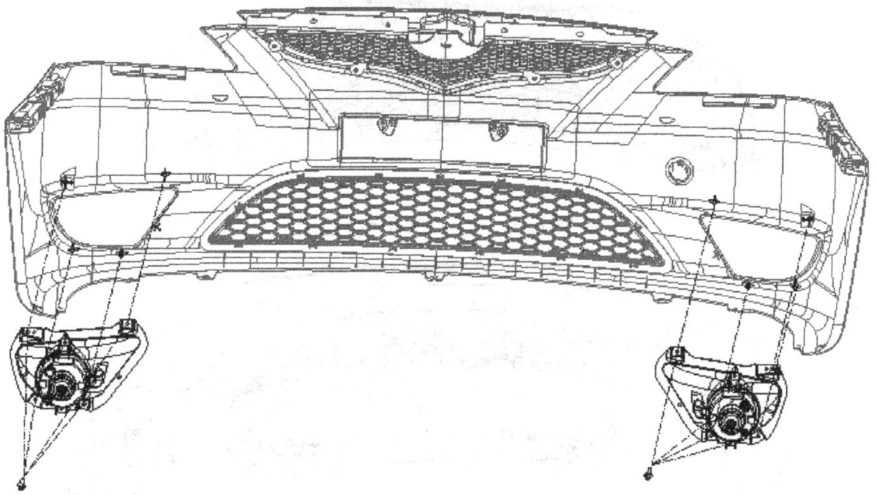

图6.1　前保险杠分装

(2)前保险杠支架装配

● 将2颗片螺母卡到车身翼子板上，用自攻螺钉将前保险杠装配支架紧固到位(图6.2)。

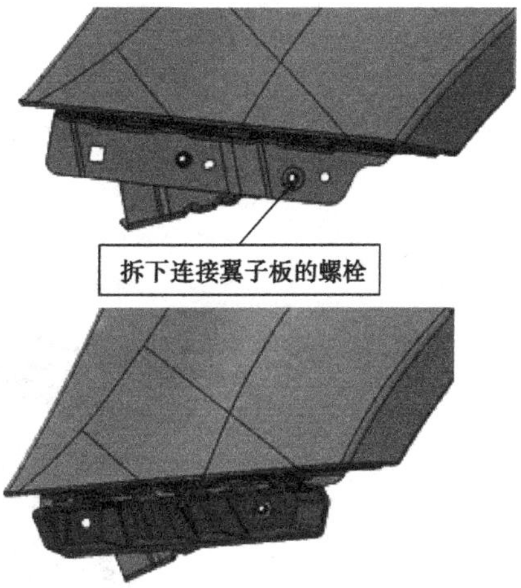

图6.2　前保险杠支架装配

(3)前保险杠(平台)总装

● 将螺母卡接好，前保险杠卡接在支架上，用螺栓将其紧固到位，最后将发动机舱线束与雾灯插头对接(图6.3)。

注意

■ 前保险杠与前翼子板间隙为0～1 mm，高差为0～1.5 mm。

(4)前保险杠(下部)装配

● 先将前保险杠固定螺栓(六角头螺栓和平垫圈组合件)打紧，再将发动机搭铁线束螺栓打扭力，涂色标(图6.4)。

(5)前保险杠上镀铬装饰条

● 前保险杠上镀铬装饰条。

● 用螺栓将前保险杠上镀铬装饰条固定到前罩上(图6.5)。

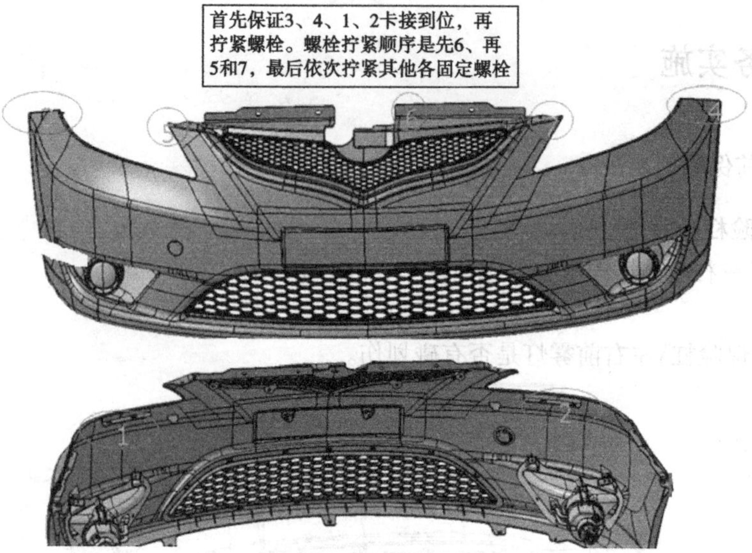
首先保证3、4、1、2卡接到位，再
拧紧螺栓。螺栓拧紧顺序是先6、再
5和7，最后依次拧紧其他各固定螺栓

图 6.3　保险杠(平台)总装

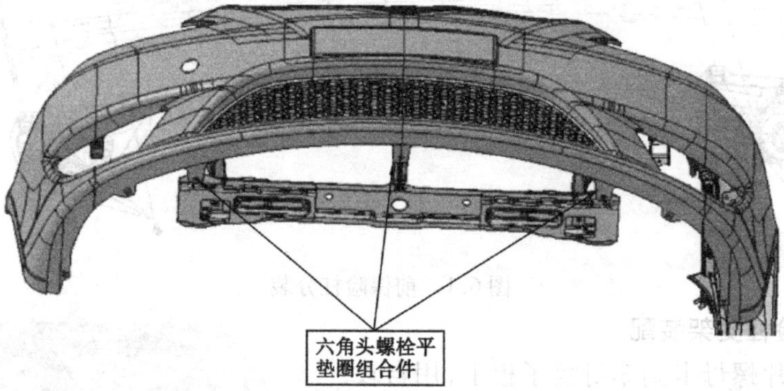
六角头螺栓平
垫圈组合件

图 6.4　前保险杠(下部)装配

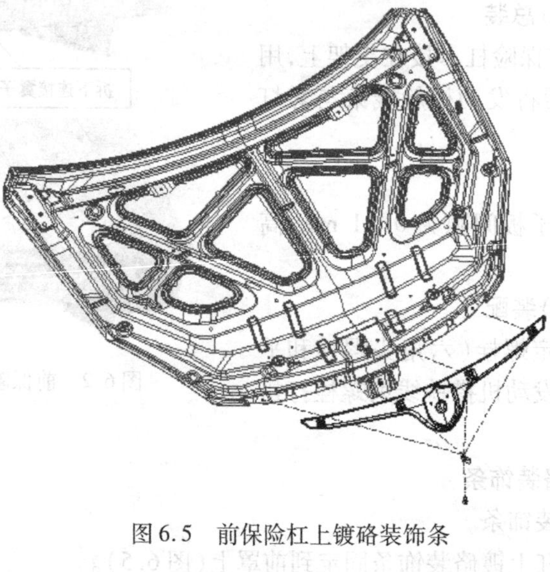

图 6.5　前保险杠上镀铬装饰条

6.1.2 后保险杠装配

(1)后保险杠后侧支架装配

●将塑料螺母卡到车体后端两侧,再用十字槽盘头自攻螺钉大垫圈组合件将后保险杠后侧支架固定到塑料螺母上(图6.6)。

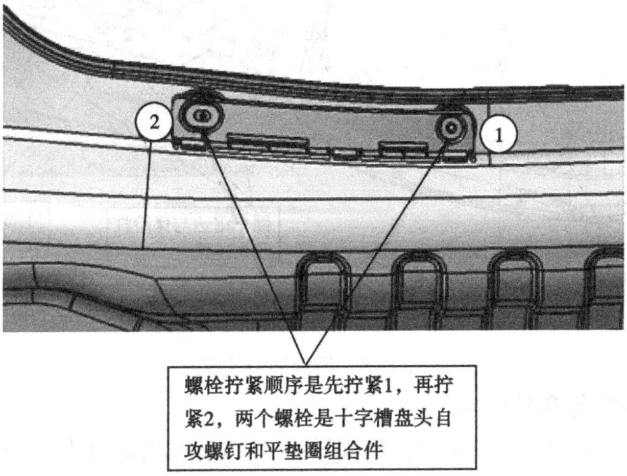
2
1
螺栓拧紧顺序是先拧紧1,再拧紧2,两个螺栓是十字槽盘头自攻螺钉和平垫圈组合件

图6.6 后保险杠后侧支架装配

(2)后保险杠左侧支架装配

●将塑料螺母卡到车体后端两侧,再用十字槽盘头自攻螺钉大垫圈组合件将后保险杠后侧支架固定到塑料螺母上(图6.7)。

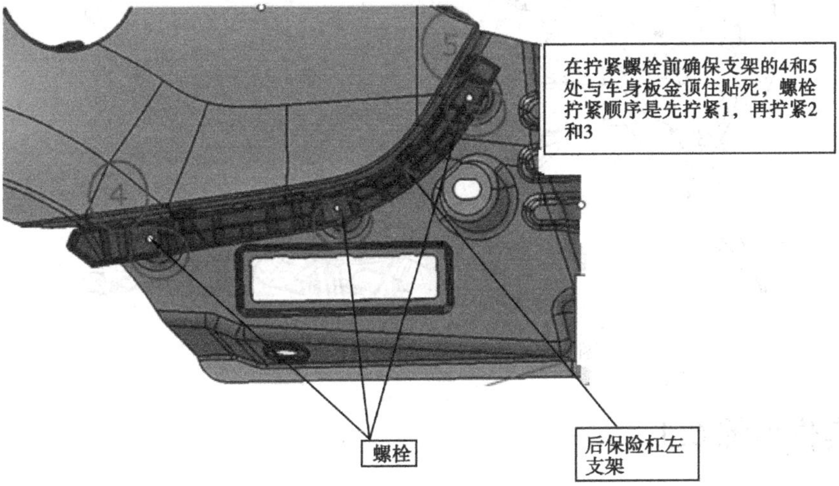
5
4
在拧紧螺栓前确保支架的4和5处与车身板金顶住贴死,螺栓拧紧顺序是先拧紧1,再拧紧2和3
螺栓
后保险杠左支架

图6.7 后保险杠左侧支架

(3)后保险杠总装

●把牌照装配螺母卡在牌照装配孔上,将行李箱线束与倒车雷达,牌照灯插接,将螺母、片螺母卡到保险杠装配孔上,把保险杠装配在保险杠支架上并用自攻螺钉依次固定(图6.8)。

注意

- 后侧围与后保险杠间隙为 0 ~ 1 mm,高差为 0 ~ 2 mm。
- 检查装完后保险杠的间隙是否均匀,如有异常,立即报告,检查碰划伤。

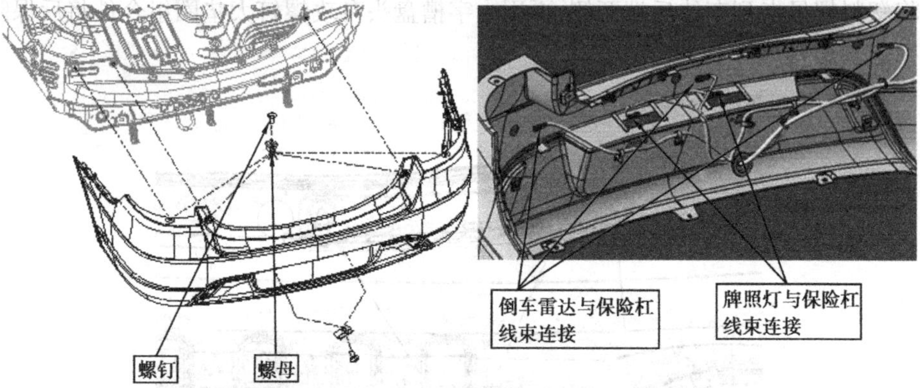

图 6.8　后保险杠总装

(4)**后保险杠底部与车体连接**

- 用六角头螺栓平垫组合件 3 颗将后保险杠下部紧固到车身上(图 6.9)。

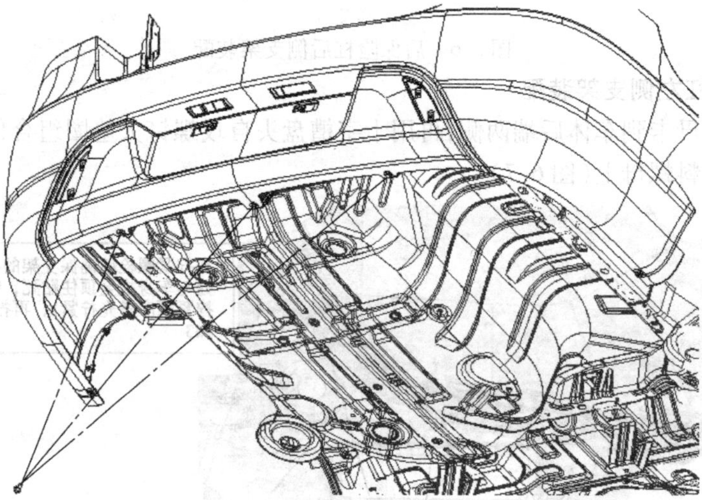

图 6.9　后保险杠底部与车体连接

实作训练 6.1

请你在教师的指导下,进行保险杠装配训练。

实作鉴定 6.1　保险杠装配

鉴定内容	鉴定结果	
	合　格	不合格
各种工、量具的使用		
前保险杠支架装配		
前保险杠上镀铬装饰条装配		
后保险杠后侧支架装配		
后保险杠左侧支架装配		
后保险杠总装		
后保险杠底部与车体连接		
工、量具的清洁		
工、量具的摆放		
工、量具的使用规范		
工、量具的安全使用注意事项		
学生：　　　　　　教师：	日期：	

6.2　车轮装配

任务准备

- 汽车实训室、整车及车轮装配所需工具与设备。
- 车轮装配作业指导书。
- 车轮 4 件、气门嘴及车轮装饰盖等零部件。

任务实施

6.2.1　车轮罩衬板总成装配

- 先将螺母卡在固定点，再将片螺母固定到后轮罩衬板上，最后将后轮罩衬板固定(图 6.10)。

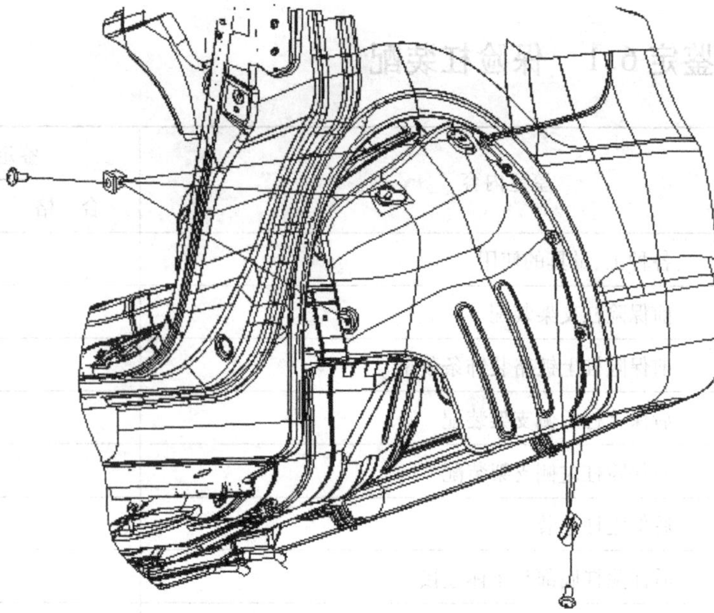

图 6.10　后轮罩衬板总成装配

6.2.2　轮胎及车轮螺母装配

• 先将轮胎铝合金车轮、气门嘴、车轮装饰盖依次装配，再将车轮螺栓打扭力，涂色标（图 6.11）。

注意

■ 前后左右及备胎均应为同一厂家，同一规格，同种花纹产品，左右轮胎气压应一致。铝合金车轮螺母件号，打扭力，100% 手动检查。

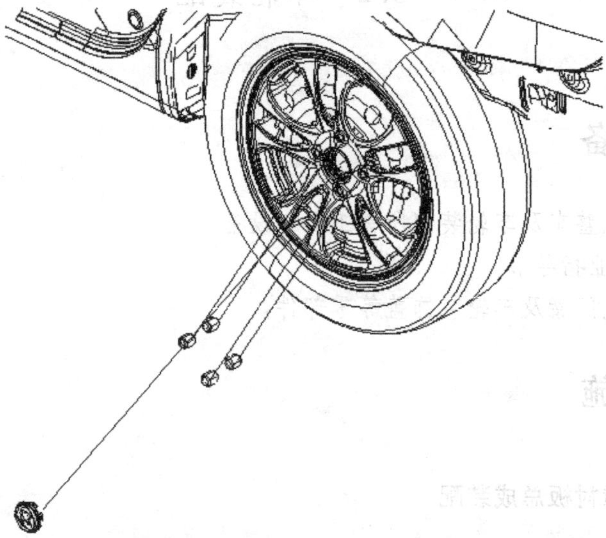

图 6.11　轮胎及车轮螺母装配

实作训练 6.2

请你在教师的指导下，进行车轮装配训练。

实作鉴定 6.2　车轮装配

鉴定内容	鉴定结果	
	合　格	不合格
各种工、量具的使用		
车轮罩衬板总成装配		
车轮装配		
气门嘴装配		
装饰盖装配		
工、量具的清洁		
工、量具的摆放		
工、量具的使用规范		
工、量具的安全使用注意事项		
学生：	教师：	日期：

6.3　座椅装配

任务准备

- 汽车实训室、整车及座椅装配所需工具与设备。
- 座椅装配作业指导书。
- 前排座椅、后排座椅及螺纹连接件等座椅装配所需零部件。

任务实施

6.3.1 前排座椅装配

(1)驾驶座椅装配

• 先将左座椅插头与地板线连接并固定至座椅上,再用螺栓将左右座椅紧固到位,并确保装配到位,打扭力。

• 各固定螺栓按扭力拧紧,座椅锁扣将与座椅锁紧;座椅面料颜色一致,不应有破损、污染等现象;前排座椅靠背调节功能及锁止功能正常可靠(向后打开到 170 ±3°,向前折叠到 65 ±3°),前后滑轨调节功能正常(滑轨行程 220 mm),锁止可靠,调节轻便灵活无异响;座椅坐垫、靠背应无明显晃动,头枕调节和锁止功能正常(图 6.12)。

注意

■ 检查确认座椅固定螺栓是否存在滑丝现象。

■ 表面无破损、污染,座椅装饰件表面无划伤、污染。

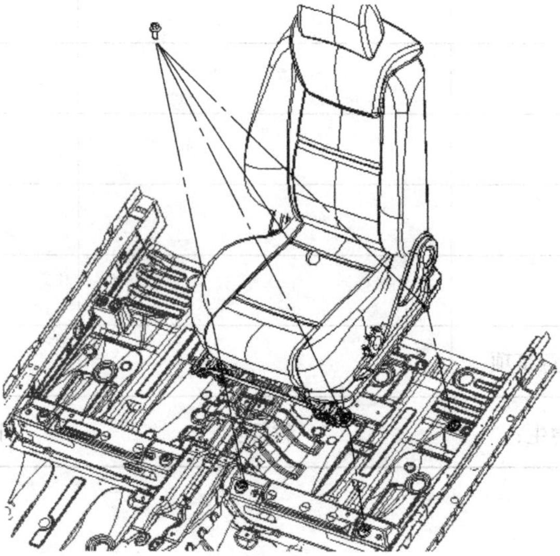

图 6.12 驾驶座椅装配

(2)副驾驶座椅装配

• 用螺栓将座椅紧固到位,并确保装配到位,打扭力(图 6.13)。

• 各固定螺栓按参考力(45 N · m)拧紧,座椅锁扣将与座椅锁紧;座椅面料颜色一致,不应有破损、污染等现象;前排座椅靠背调节功能及锁止功能正常可靠(向后打开到 170 ±3°,向前折叠到 65 ±3°),前后滑轨调节功能正常(滑轨行程 220 mm),锁止可靠,调节轻便灵活无异响;座椅坐垫、靠背应无明显晃动,头枕调节和锁止功能正常。

注意

■ 检查确认座椅固定螺栓是否存在滑丝现象。

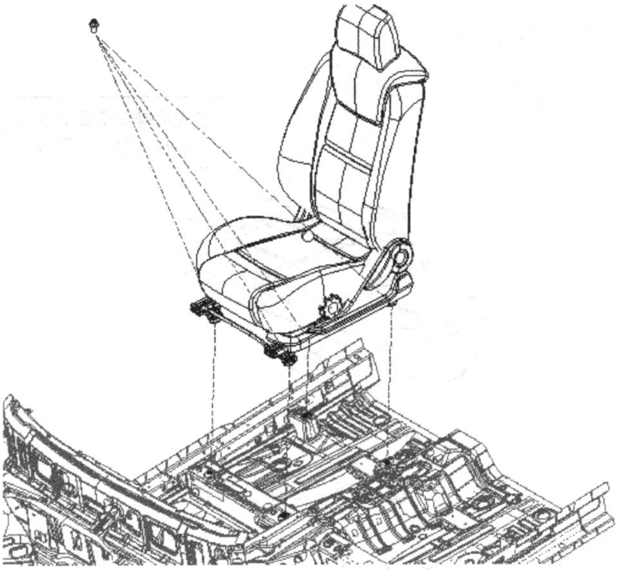

图6.13　驾驶座椅装配

6.3.2　后排座椅装配

(1)后排座椅铰链总成装配

- 用2颗六角法兰面螺栓将后座椅靠背铰链总成固定,打扭力,涂色标。
- 用2颗六角法兰面螺栓后排座椅锁扣总成固定到车体上(图6.14)。

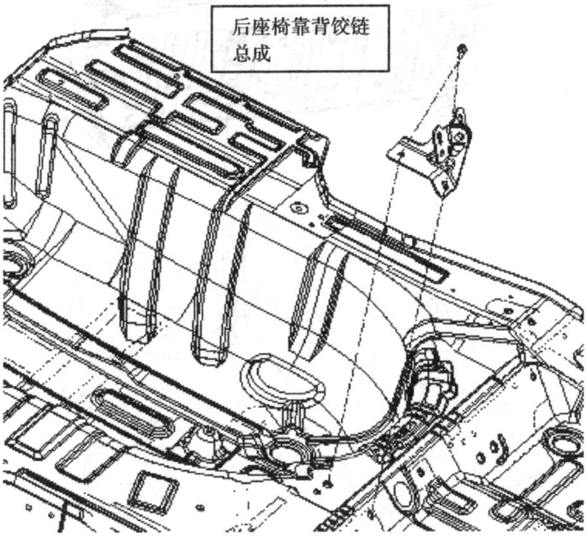

图6.14　后排座椅铰链总成装配

(2)后排坐垫装配

- 将后坐垫总成固定在车体上(图6.15)。

注意

■ 检查后排安全带下带扣是否从坐垫孔中穿出。

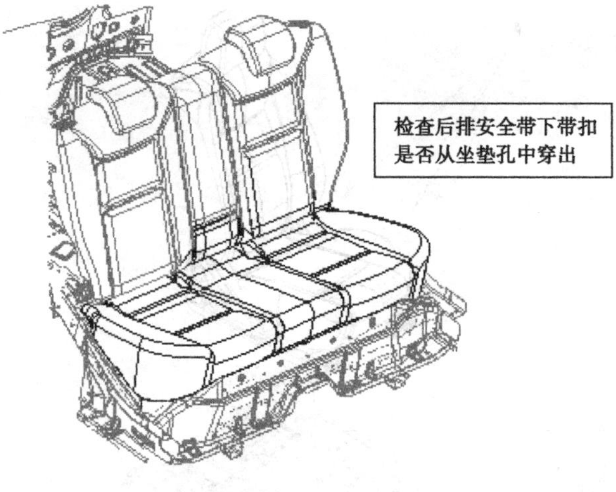

图 6.15　后排坐垫装配

(3)**靠背总成装配**

- 用六角发兰面螺栓将后靠背分别固定。
- 打扭力,涂色标。

注意

■ 座椅锁扣将与座椅锁紧;座椅面料颜色一致,不应有破损、污染等现象;座椅坐垫、靠背应无明显晃动,头枕调节和锁止功能正常(图 6.16)。

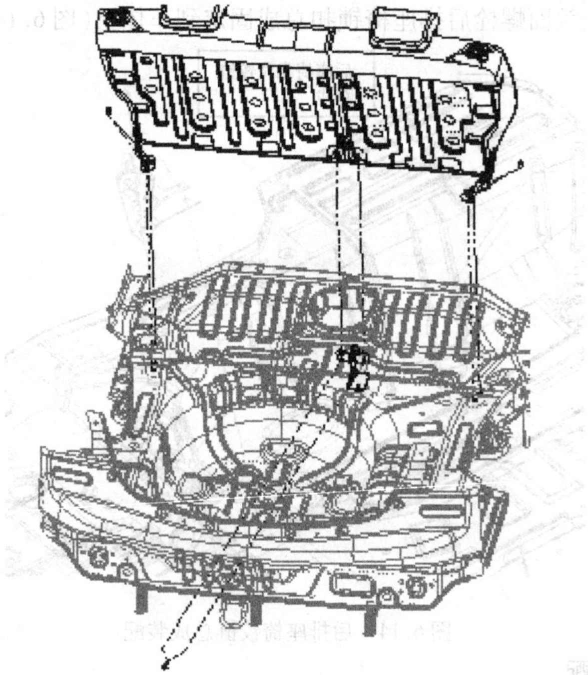

图 6.16　靠背总成装配

实作训练6.3

请你在教师的指导下，进行座椅装配训练。

实作鉴定6.3　座椅装配

鉴定内容	鉴定结果	
	合　格	不合格
各种工、量具的使用		
驾驶座椅装配		
副驾驶座椅装配		
后排座椅铰链总成装配		
后排坐垫装配		
后排靠背装配		
工、量具的清洁		
工、量具的摆放		
工、量具的使用规范		
工、量具的安全使用注意事项		
学生：	教师：	日期：

6.4　车门及装饰件总成装配

任务准备

➢ 汽车实训室、整车、车门及装饰件装配所需工具与设备。

➢ 车门及装饰件装配作业指导书。

➢ 车门、车门铰链、车门铰链螺栓、顶盖装饰条总成、后门窗饰盖总成、后门槛装饰件总成及徽标总成等零部件。

任务实施

6.4.1 车门总成装配

• 取车门铰链螺栓 8 颗，十字槽凹穴六角头螺栓和平垫圈组合件 8 颗。

• 先把左右车门线束插接好，再用抱具把车门安放到车体上，用螺栓固定，打扭力，涂色标。最后在车门铰链处涂抹润滑脂。

注意

■ 检查线束接插是否牢固，必须把车门固定后才能放下抱具(图 6.17)。

■ 检查是否有碰化伤。

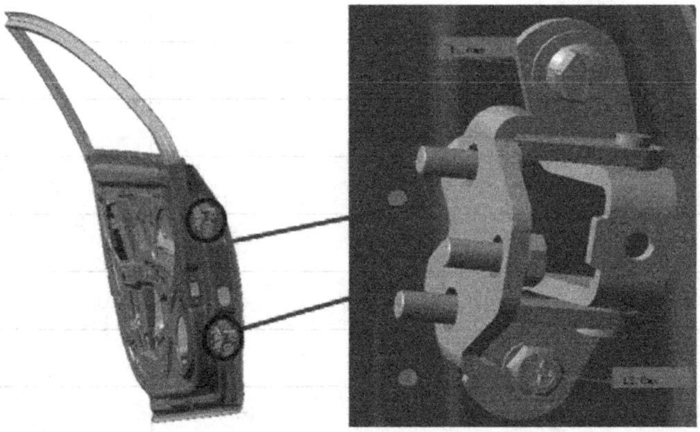

图 6.17　车门总成装配

6.4.2 顶盖装饰条总成装配

• 先将装饰条的后段卡入车体顶盖上，再卡装饰条前端。

• 保持零件清洁，无划伤 装配到位，表面无杂质、划伤、污染(图 6.18)。

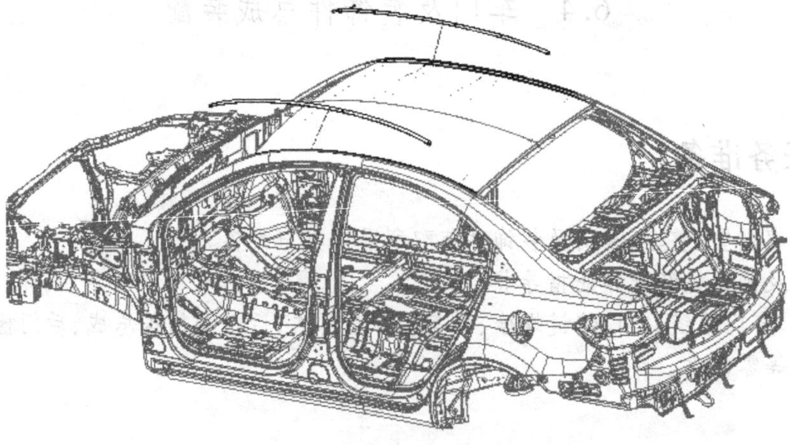

图 6.18　顶盖装饰条总成装配

注意

■ 有左右之分。

6.4.3　后门窗饰盖总成装配

• 先将后门窗饰盖总成卡到车体上，再用十字槽盘头自攻螺钉将其固定在装配点，最后贴上三角侧窗徽标。

• 检查后门窗饰盖总成碰划伤，贴合是否均匀（图 6.19）。

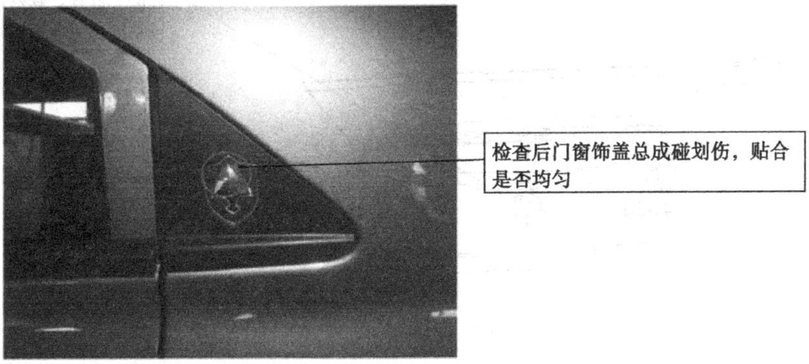
检查后门窗饰盖总成碰划伤，贴合是否均匀

图 6.19　后门窗饰盖总成装配

6.4.4　后门槛装饰件总成装配

• 装配要求：先对准前面定位孔卡接到位，然后将门槛与车身卡接（图 6.20）。

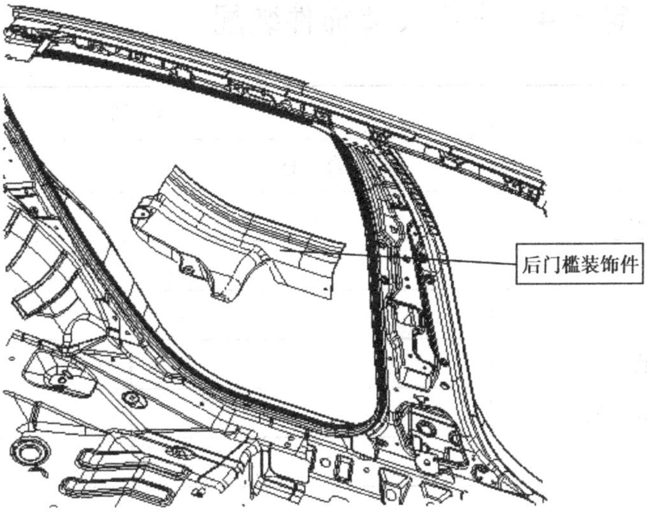
后门槛装饰件

图 6.20　后门槛装饰件总成装配

6.4.5　徽标总成装配

• 将徽标分别粘贴到装配点，如图 6.21 所示。

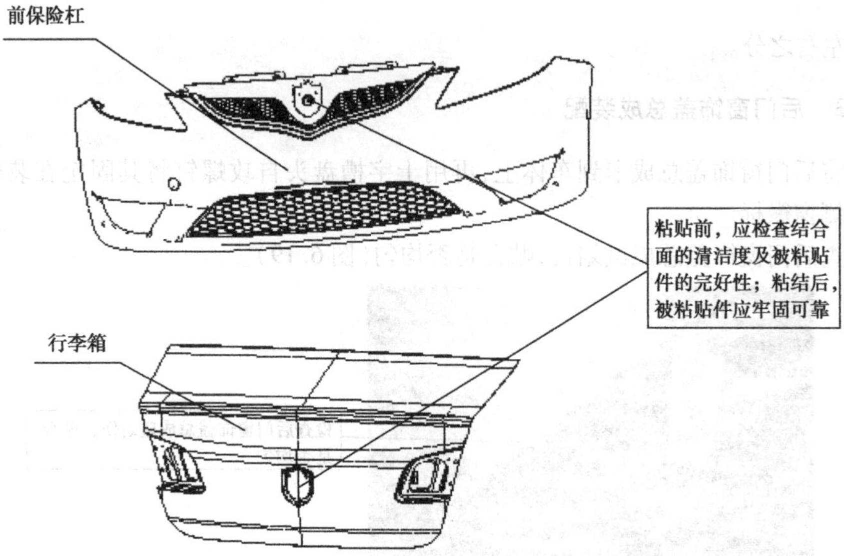
前保险杠
粘贴前，应检查结合面的清洁度及被粘贴件的完好性；粘结后，被粘贴件应牢固可靠
行李箱

图 6.21　徽标总成装配

实作训练 6.4

请你在教师的指导下，进行车门及装饰件装配训练。

实作鉴定 6.4　车门及装饰件装配

鉴定内容	鉴定结果	
	合　格	不合格
各种工、量具的使用		
车门总成装配		
顶盖装饰条总成装配		
后门窗饰盖总成装配		
后门槛装饰件总成装配		
徽标总成装配		
工、量具的清洁		
工、量具的摆放		
工、量具的使用规范		
工、量具的安全使用注意事项		
学生：	教师：	日期：

6.5　刮水电机及雨刷装配

任务准备

➢ 汽车实训室、整车、刮水电机及雨刷装配所需工具与设备。
➢ 刮水电机及雨刷装配作业指导书。
➢ 刮水电机及雨刷等零部件。

任务实施

6.5.1　刮水电动机和传动臂装配

• 先将刮水电动机和传动臂 A 处放置到位。
• 对齐 B,C 处装配点,用六角法兰面螺栓将其紧固到位。
• 将雨刮电机接插件与发动机舱线索插接到位。并回拉接插件(图 6.22)。

注意

■ 检查插接是否到位(听见“咔”的声响才表示插接好)。

图 6.22　刮水电动机和传动臂装配

6.5.2　雨刷臂装配

• 用六角法兰面承面带齿螺母 2 颗分别将主、副雨刮臂紧固在雨刮器螺柱上,打扭力,涂色标,盖上 2 个防尘套。

• 装配主、副刮臂和刮刷时,必须保证主刮臂和刮刷挂钩处同前罩装饰件总成距离大于 60 mm;副刮臂和刮刷的刮片同主刮片首尾相连。刮臂和刮刷初始位置必须在前挡风玻璃黑边范围内,不应影响驾驶员的视野(图 6.23)。

注意

■ 区分主、副雨刮臂(左长右短)主雨刮比副雨刮长。

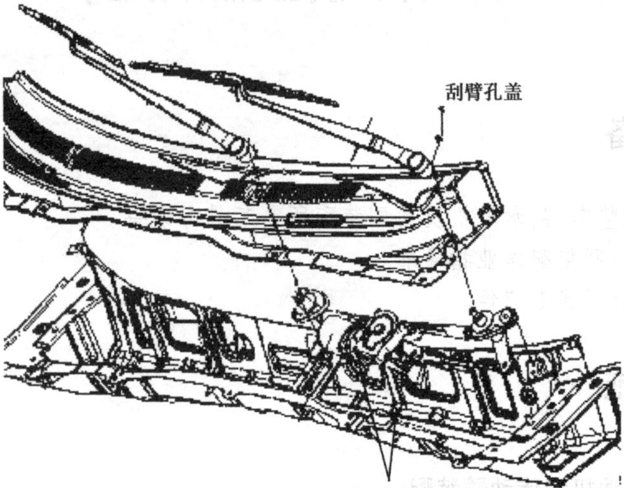

图 6.23　雨刷臂装配

实作训练 6.5

请你在教师的指导下,进行刮水电机及雨刷装配训练。

实作鉴定 6.5　刮水电机及雨刷装配

鉴定内容	鉴定结果	
	合　格	不合格
各种工、量具的使用		
刮水电动机和传动臂装配		
雨刷臂装配		
工、量具的清洁		
工、量具的摆放		
工、量具的使用规范		
工、量具的安全使用注意事项		
学生:	教师:	日期:

6.6　蓄电池装配及整车油液加注

任务准备

- 汽车实训室、整车、蓄电池、汽油、洗涤剂、防冻剂及转向液加注所需工具与设备。
- 蓄电池装配及整车油液加注作业指导书。
- 蓄电池、汽油、洗涤剂、防冻剂及转向液等。

任务实施

6.6.1　蓄电池总成

• 先将蓄电池隔热垫和蓄电池托盘分别固定在装配点，再将蓄电池螺杆分别用螺母将蓄电池固定。蓄电池正负极扭力(8 ±1)N · M，涂色标。

6.6.2　汽油加注

• 将取加油盖总成至装配点，取下加注枪和汽油油壶盖进行加注。

• 当加注机蜂鸣声响起时加注完毕，将枪放回加注机盖上盖子。

• 最后将加油盖固定在加注处。

6.6.3　洗涤剂、防冻液加注

• 取下加注枪注防冻液和洗涤液盖进行加注。

• 当加注机蜂鸣声响起时加注完毕，将枪放回加注机盖上盖子。

6.6.4　制动液加注

• 取下加注枪和制动液加注盖进行加注。

• 当加注机蜂鸣声响起时加注完毕，将枪放回加注机盖上盖子(图6.24)。

图6.24　制动液加注

6.6.5　冷媒剂加注

• 取下加注枪和冷媒加注液加注盖进行加注。

• 当加注机蜂鸣声响起时加注完毕，将枪放回加注机盖上盖子。

6.6.6 转向液加注

- 取下加注枪和助力油壶盖进行加注。
- 当加注机蜂鸣声响起时加注完毕，将枪放回加注机盖上盖子。
- 线上加注使用真空加注设备加注动力转向油，手工加注步骤（启动发动机3~5秒后，再次补充油液支储油壶HIGH刻度线，使发动机熄火，转动方向盘从左到右，来回转动3~5次再次补充油液支储油壶HIGH刻度线启动发动机，使之怠速运转，转动方向盘从左到右极限置，至油液中无气泡或乳化现象，说明系统内空气排净，检查储油壶内油面高度是否在HIGH至LOW刻度线之间，注意不可将不同品牌的油长期混装）

实作训练6.6

请你在教师的指导下，进行蓄电池装配及整车油液加注训练。

实作鉴定6.6　蓄电池装配及整车油液加注

鉴定内容	鉴定结果	
	合　格	不合格
各种工、量具的使用		
各种油液加注设备的使用		
蓄电池装配		
汽油加注		
洗涤剂加注		
防冻剂加注		
转向液加注		
冷媒剂加注		
工、量具的清洁		
工、量具的摆放		
工、量具的使用规范		
工、量具的安全使用注意事项		
学生：	教师：	日期：

第7章 检测线

能力培养

- 发动机电喷控制系统检测及调整的能力
- 对汽车外观及零部件工作状态进行检测及调整的能力
- 对各种灯光指示和电器工作状态进行检测及调整的能力
- 对汽车底盘部件工作状态进行检测及调整的能力
- 对汽车总装扭力进行检测及调整的能力
- 对怠速排放检测及调整的能力
- 路试场检测的能力
- 淋雨密封性检测能力

职场安全

- 国家和行业职场健康安全法律法规
- 适当的劳保服装、鞋帽及防护眼镜等
- 车间工具、设备安全使用规程

7.1 发动机电喷控制系统检测

任务准备

- 汽车实训室、整车及发动机电喷控制系统检测所需工具与设备。
- 发动机电喷控制系统检测项目及标准。

任务实施

7.1.1 测试设备

电喷系统检测仪:主要用于检测发动机各种传感器、ECU、执行器的工作状态,并检测是否有故障。电喷系统检测仪如图7.1。

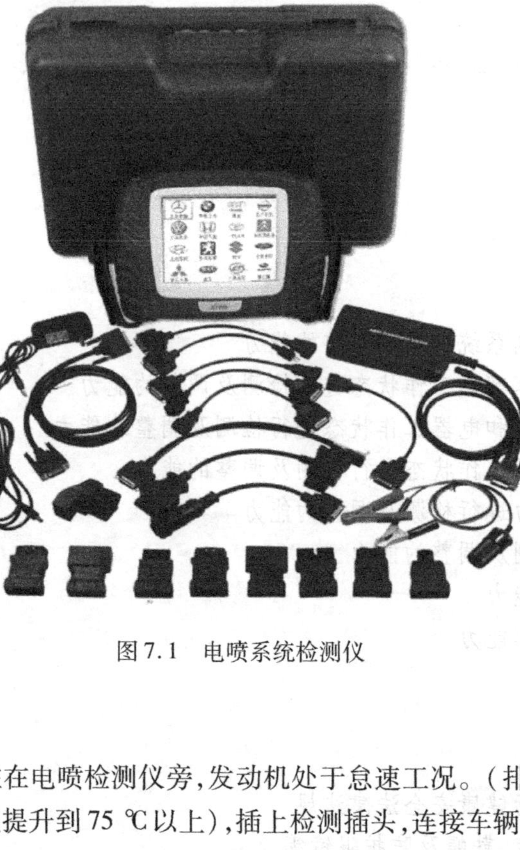

图7.1 电喷系统检测仪

7.1.2 测试方法

1)检验员将车辆停驻在电喷检测仪旁,发动机处于怠速工况。(排放控制系统返修车辆检查将发动机发动机水温提升到75 ℃以上),插上检测插头,连接车辆和检测仪。

2)确认发动机ECU控制模块工作正常后进行系统自诊断,检测仪可显示发动机ECU自诊断到的电瓶电压、控制器、进气压力传感器、进气温度传感器、节气门位置传感器、步进电机、水温传感器、氧传感器、喷油器、碳罐控制阀、空调蒸发器出口温度传感器、车速传感器、爆震传感器断路或对地短路、闭环修正、怠速自学习值超限等故障内容。如无故障则检测仪显示"当前无故障"。

3)发动机工况测试如表7.1所示,但根据生产厂家及车型的不同,检测项目及标准会有所不同。

表 7.1　发动机工况测试

检测项目	联合电子 M1	日本电装	联合电子 M7	德尔福 MT20	玛瑞利
机型	JL465Q5/Q7	JL474Q	JL474Q2	JL465Q4	JL465Q5
怠速转速	800～900 r/min	(750±50) r/min	(750±50) r/min	(875±50) r/min	(850±50) r/min
开空调转速	900～1 000 r/min	850～950 r/min	850～950 r/min	925～1 025 r/min	900～1 000 r/min
冷却液温度	80～95 ℃	80～95 ℃	80～95 ℃	80～95 ℃	80～95 ℃
点火提前输出角	0～12°	6.4～17.6°	0～12°	3～10°	1～11°
节气门开度	5～10	0～10	0～10	5～10	5～10
喷油脉宽	2～7 ms	2～7 ms	2～7 ms	2～7 ms	2～7 ms
进气温度	0～70 ℃	0～70 ℃	0～70 ℃	0～70 ℃	0～70 ℃
系统电压	12～14.8 V	12～14.8 V	12～14.8 V	12～14.8 V	12～14.8 V
氧传感器	10～950 mV	10～950 mV	10～950 mV	10～950 mV	10～950 mV
喷油修正	0.9～1.05	0.9～1.05	0.9～1.05	0.9～1.05	0.9～1.05
有无故障	N	N	N	N	N

备注：在下线检测时，接上诊断线就能够自动显示上列参数，无须人为操作。

4）按 1% 频次（每班大于 2 辆）进行燃油蒸发脱附阀（EVAP）工作性能抽查测试：发动机以怠速运行，拔下连接燃油蒸发脱附阀的软管，用手堵住软管加油门应感觉到负压，在卡片上盖"EVAP 工作正常"印章。如感觉不到负压，重新抽查另一车辆仍如此，当班车辆全数返修，直至合格为止。

5）对装有 474Q 发动机的车辆还按 1% 频次（每班大于 1 辆）进行 EGR 工作性能抽查测试：在怠速下将诊断仪与车辆诊断口相连，选择"日本电装"系统，按向下键切换到"废气再循环率显示"条目，先显示当前值，然后按"Δ"键，当废气再循环率增至 30% 以上，发动机应出现怠速不稳或熄火，在卡片上盖"EGR 工作正常"印章。如不出现怠速不稳或熄火，重新抽查另一车辆仍如此，当班装有 474Q 发动机的车辆应全数返修，直至合格为止。

实作训练 7.1

请你在教师的指导下，进行发动机电喷控制系统检测训练。

实作鉴定7.1　发动机电喷控制系统检测

鉴定内容	鉴定结果	
	合　格	不合格
各种工、量具的使用		
在线式电喷系统检测仪使用		
发动机传感器信号检测		
发动机控制系统执行器检测		
发动机工况检测		
燃油蒸发脱附阀(EVAP)工作性能检测		
EGR工作性能检测		
工、量具的清洁		
工、量具的摆放		
工、量具的使用规范		
工、量具的安全使用注意事项		
学生：	教师：	日期：

7.2　外观及零部件工作状态检测

任务准备

- ➢ 汽车实训室、整车、外观及零部件工作状态检测所需工具与设备。
- ➢ 外观及零部件工作状态检测项目及技术要求。

任务实施

外观及零部件工作状态检测项目及技术要求见表7.1，但根据生产厂家及车型的不同，检测项目及技术要求会有所不同。

表 7.2　外观及零部件工作状态检测

检测项目			技术要求	检测方法	检测点
1	检验卡片		卡片清洁、无污损，填写完整，4 个检验印章齐全，附两张发动机拓印号，一张发动机条码，1 个车辆底盘拓印号，一张整车 VIN 条码，生产日期准确，（申请轻污染、低排放电喷车应有燃油泄漏试验和管路保压试验标识）	目视检查	检测线
2	车辆标志	车辆 VIN 刻印号	刻印在驾驶座椅前横梁外板上：电泳底漆、字高 10 mm，字深大于 0.3 mm，字迹清晰、完整、字距一致，拓印清晰，无歪斜、错落、重叠、磨损现象，30 cm 外清楚识别，编号与检验卡片上拓印号相同	目视底盘编号部位，对照检验卡片查对	检测线路试场
		VIN 金属条码	铆钉在仪表台板左前端：铆钉平整、牢固，条码线清晰，无污损，起层、起皱现象，编号与车辆 VIN 刻印号相同	目视条码部位，对照底盘编号查对	
		车辆铭牌	铆钉在右中立柱中部（单排货车在后视窗下方）：铆钉平整、牢固，无污损，弯折现象，标明厂牌、车辆型号、出厂编号、发动机型号、标定功率、总质量、额定载荷、载客人数出厂日期、生产厂名与车辆实际状态相同	目视车辆铭牌部位，对照实车查对	
		厂标厂名	粘接在车身正前部和后部，粘接牢固、端正	目视检查	
		车型标识	粘接在前围右上角（基型车）或背门右下角，粘接牢固、端正，与车辆铭牌相同	目视标识部位，对照车辆铭牌查对	
		状态标识	粘接在货箱左下角（货车）或背门左下角（面包车），粘接牢固、端正，与车辆铭牌相同	目视标识部位，对照卡片查对	
		ABS、电喷标识	ABS 粘接在翼子板上，电喷标识在货箱左下角（货车）或背门左下角（面包车），粘接牢固、端正，与实车相符	目视标识部位，对照实车查对	
		安全气囊警告标识	粘贴在前罩盖内表面，与实车相符		
		防冻液、机油、空滤器警告标识	粘贴在前罩盖内表面（YJ5）或左前门内饰板前下部（基型车），与实车相符		
		轮胎气压警告标识	粘贴在左前门后边部，与实车相符		
		空调警告标识	粘贴在仪表台板储物盒上方（限非空调状态低配置车），与实车相符		

续表

检测项目			技术要求	检测方法	检测点
3	玻璃	前挡风玻璃	有安全认证标记的钢化玻璃,四角涂密封胶,密封胶条与玻璃和车身贴合良好,无折皱现象,玻璃无模糊、划伤、变色、疵斑、气泡、缩孔、毛刺、变形现象,前后左右玻璃为同一制造厂产品	目视玻璃检查	检测线
		背门玻璃	有安全认证标记的钢化玻璃,密封胶条与玻璃和车身贴合良好,无折皱现象,玻璃无模糊、划伤、变色、疵斑、气泡、缩孔、毛刺、变形现象,前后左右玻璃为同一制造厂产品,左右为同一规格产品		检测线
		前门窗玻璃			检测线
		中门窗玻璃			检测线
		后侧窗玻璃			检测线
4	轮胎		规格,与地面接触3~4齿花纹,前后左右及备胎为同一制造厂、同一规格产品,轮胎螺母着蓝漆。	目视轮胎检查,气压、扭力每班抽查3辆	检测线
5	前罩盖	前罩盖支撑杆	装配牢固,能可靠支撑前罩盖,无松动下滑现象	用手打开前罩盖撑牢,上下扳动2~3次检查	检测线
		前罩盖操纵杆	灵活,无卡滞现象	用手操作前罩盖操纵杆使保险锁解锁	检测线
		保险锁	应锁牢(打不开)	操作释放杆,使前罩盖锁解锁,后锁定保险锁,用手揭前罩盖前端2~3次	检测线
		前罩盖锁(全锁)	应锁牢、无松动	将前罩盖抬高400 mm后,自然下落,前罩盖全锁后,用手揭前罩盖前端2~3次	检测线
		释放杆	操作力98 N(10公斤力)以下	操作释放杆前端用手感测定	检测线
		表面质量	表面漆层光滑,无划痕、变色、疵斑、气泡、缩孔、毛刺、太阳漆、污损、剥落、开裂、变形现象	目视检查	检测线
		周边配合	与左右翼子板间隙均匀为$4.3^{+1.7}_{-1.3}$,间隙差不大于1.5 mm,高低差不大于1.5 mm,前罩盖铰链开启灵活,无干涉、异响现象	目视检查,必要时用塞尺测定,开合前罩盖2~3次	检测线 路试场

续表

检测项目			技术要求	检测方法	检测点
6	冷却水箱	注液量	冷却液面距水箱上平面应小于15 mm	启动前拧开散热器盖，目测或用直尺检查	检测线
		暖通水阀	装配牢固，无松动、渗漏现象	手感、目视检查	检测线
		进出水管、水箱	卡接到位，牢固，无松动，水管无破损、异常弯折、渗漏现象		检测线
7	储液壶	冷却液	液面位置 FULL 和 LOW 之间	目视检查	检测线
		装配质量	装配牢固，与之连接水管卡接到位，无渗漏现象	手感、目视检查	检测线
8	洗涤液壶	洗涤液量	液面在最高刻度0～10 mm内	目视检查	检测线
		装配质量	装配可靠，无松动	手感	检测线
9	制动液壶	制动液量	制动液符合 GB 12981—91 的 HZY 合成制动液，清洁、无杂志、灰尘，液面加注至 MAX 线，误差为0～5 mm	目视检查	检测线
		装配质量	装配可靠，无松动，与之连接油管卡接到位，无渗漏现象，报警灯电线索插接可靠	手感，目视检查	检测线
10	前门	外拉手	左右同色，装配可靠，不与车门外板干涉，游隙为1～5 mm，解锁操作力为30～70 N	目视、用手感检查车门解锁的最大操作力	检测线
		开门限位器	不应松动，工作面涂润滑脂，在全开或半开状态应能停止	开门检查	检测线
		与车体接触	应无		检测线
		异常响声	应无		检测线
		外开手柄操作力	30～70 N	使用手柄用手感，检查其前端的最大的操作力	检测线
		开门	无发弹，开启灵活，与车体无干涉，无异常响声	门窗完全关闭时，开关车门检查	检测线
		内开手柄操作力	10～30 N	使用手柄用手感，检查其前端的最大的操作力	检测线
		关门	正常无松动	门窗完全关闭时，开关车门检查	检测线
		锁销高出量	10～15 mm	闭锁时，用目视法测定锁销距套上端的距离	检测线

续表

检测项目			技术要求	检测方法	检测点
10	前门	锁止动作	按下按扭,车门不应打开; 拨出近扭,车门应能打开	按闭锁-解锁操作车门锁止按扭,并用手感检查解锁时最大操作力	检测线
		锁止操作力	2 ~ 15 N		检测线
		密封条、内饰板	密封条不应脱落损伤,内饰板不应污损、翘起,左右应同色	目视检查	检测线 路试场
		车窗玻璃内外夹条	车门外板与外侧玻璃密封胶条间应无间隙		检测线
		车门框密封胶条	平整美观,无损伤、直线部的凹凸不平应小于1.5 mm/100 mm,*R*50 mm 以上部分的 *R* 部凹凸:小于3 mm,不足 *R*50 mm 的 *R* 应圆滑平整		检测线
		车门密封条	不应有起皱、损伤		检测线
		车窗玻璃摇机手柄	门窗全闭时,玻璃摇机手柄的位置应在前上方 A(30°)范围内。手柄与内饰板应同色		检测线 路试场
		车窗玻璃摇机操作力	小于 1.7 N · m	手感检查	
		车窗玻璃呢槽	不应起皱损伤	目视检查	检测线
		门锁及锁眼	不应松动,锁芯动作良好	手感,将钥匙插入锁芯,使锁芯动作按闭锁、解锁反复操作	检测线
		表面质量	表面漆层光滑,无划痕、变色、疵斑、气泡、缩孔、毛刺、太阳漆、污损、剥落、开裂、变形现象	目视检查	检测线 路试场
		周边间隙	门与前翼子板、中立柱间隙为 $5.6^{+1.4}_{-1.6}$ mm,在全长部位应均匀,其差值不大于 1.5 mm,高低差应小于 1.5 mm,冲压线偏移应小于 1.5 mm	目视检查,必要用塞尺量	检测线 路试场
11	后视镜	内外后视镜	镜面不应损伤、模糊,支架装配牢固,旋转在任意工作位置应能停住	手感、目视检查	检测线 路试场
12	仪表台板		拉索走向正确,各线束插接正确,无漏插错插、线束无破损;拉索开关灵活,工作正常,无卡滞现象;各指示灯工作正常	目测	检测线 路试场
13	备胎、千斤顶及摇杆		不应缺件,不应松动	目视检查	检测线

续表

检测项目			技术要求	检测方法	检测点
14	中门	外拉手	左右同色,装配可靠,不与车门外板干涉,游隙为1~5 mm,解锁操作力为30~70 N	目视、用手感检查车门解锁的最大操作力	检测线
		滑门导轨	导轨装配应与车体平正,螺母拧紧到位	目测、手感	
		开门限位器	不应松动,工作面涂润滑脂,在全开或半开状态应能停止	开门检查	检测线
		与车体接触	应无		检测线
		异常响声	应无		检测线
		外开手柄操作力	30~70 N	使用手柄用手感,检查其前端的最大的操作力	检测线
		开门	开启灵活,运行平稳,与车体无干涉,无异常响声	门窗完全关闭时,开关车门检查	检测线
		内开手柄操作力	10~30 N	使用手柄用手感,检查其前端的最大的操作力	检测线
		关门	正常无松动	门窗完全关闭时,开关车门检查	检测线
		锁销高出量	10~15 mm	闭锁时,用目视法测定锁销距套上端的距离	检测线
		锁止动作	按下按扭,车门不应打开; 拨出近扭,车门应能打开	按闭锁-解锁操作车门锁止按扭,并用手感检查解锁时最大操作力	检测线
		锁止操作力	2~15 N		检测线
		密封条、内饰板	密封条不应脱落损伤,内饰板不应污损,翘起,左右应同色	目视检查	检测线
		车窗玻璃内外夹条	车门外板与外侧玻璃密封胶条间应无间隙		路试场
		车门框密封胶条	平整美观,无损伤、直线部的凹凸不平应小于1.5 mm/100 mm,*R*50 mm 以上部分的 *R* 部凹凸:小于3 mm,不足 *R*50 mm 的 *R* 应圆滑平整		检测线
		车门密封条	不应有起皱、损伤		检测线
		车窗玻璃摇机手柄	门窗全闭时,玻璃摇机手柄的位置应在前上方A(30°)范围内,手柄与内饰板应同色		
		车窗玻璃摇机操作力	小于1.7 N·m	手感检查	检测线 路试场

续表

检测项目			技术要求	检测方法	检测点
14	中门	车窗玻璃呢槽	不应起皱损伤	目视检查	检测线
		表面质量	表面漆层光滑，无划痕、变色、疵斑、气泡、缩孔、毛刺、太阳漆、污损、剥落、开裂、变形现象		检测线 路试场
		周边间隙	门与中、后立柱间隙为 $5.6^{+1.4}_{-1.6}$ mm，在全长部位应均匀，其差值不大于 1.5 mm，高低差应小于 1.5 mm，冲压线偏移应小于 1.5 mm	目视检查，必要用塞尺量	
15	后侧窗	后侧窗玻璃密封条	密封条与玻璃和车身贴合良好，不应有折皱现象	目视检查	检测线
16	背门	背门锁及锁眼	不应松动，锁芯动作良好	手感，将钥匙插入锁芯，反复开锁检查	检测线
		背门开启	开启正常，无异响、松动、沉重感	开闭背门，用手感检查	检测线
		全开限位	应正常，保持全开状态	使背门全开	检测线
		背门关闭	无松动，应正常，无金属声	用手按开门器，关背门，闭锁时用手检查	检测线
		背门撑杆	装配牢固，功能正常	手感、目视检查	检测线
		表面质量	表面漆层光滑，无划痕、变色、疵斑、气泡、缩孔、毛刺、太阳漆、污损、剥落、开裂、变形现象		检测线
		周边配合	背门开闭灵活，无异响、背门与后侧围间隙为 $6.1^{+1.4}_{-1.6}$ mm，与顶盖间隙为 $8.6^{+1.4}_{-1.6}$ mm，在全长部位应均匀，其差值不大于 1.5 mm，高低差应小于 1.5 mm，冲压线偏移应小于 1.5 mm		检测线 路试场
17	保险杠		装配牢固，表面漆层光滑，无划痕、变色、疵斑、气泡、缩孔、毛刺、污损、剥落、开裂、变形现象，周边间隙、高低差小于 1.5 mm	手感、目视检查	检测线
18	燃油箱加油盖		加油口盖开闭灵活，盖与侧围高低差小于 1.5 mm，间隙为 $3.7^{+1.4}_{-1.6}$ mm，且均匀，加油口盖板锁芯动作正常，开闭灵活	目测，将点火钥匙插入锁芯，使锁芯动作按闭锁，解锁反复操作	检测线

续表

检测项目			技术要求	检测方法	检测点
19	车身内饰	顶盖内衬	不应有损伤、脏污、折皱,松旷、脱落	目视检查	检测线
		前围侧围内饰			检测线
		地毯			检测线 路试场
		室内灯	装配牢固,开亮灵活,与开关指示一致	目视检查	检测线
		安全扶手	装配牢固,左右同色		检测线
		遮阳板	不应脏污,损伤,支架不应松动。转动操作力5~25 N,在任意位置能停住	用手感检查距遮阳板边沿20 mm处,由玻璃转至顶盖的操作力	检测线
		工具盒	锁销动作灵活,盖与仪表台板之间的间隙应小于3 mm,且左右间隙差应小于1.5 mm,高低差小于2 mm	目测,操作工具盒锁销直到解锁为止	检测线
		烟灰盒	灵活轻便	目测	
		仪表台板	拉索走向正确,各线束插接正确,无漏插错插、线束无破损;拉索开关灵活,工作正常,无卡滞现象;各指示灯工作正常;不应有脏污,损伤,仪表护罩镜片不应有污损	目视检查	检测线
		线束	包覆应无破损,线夹固定牢固,无外露,插头插接可靠。		检测线
		各照明信号装置	灯罩玻璃完好,装配牢固、到位,无松动		检测线
		污垢、杂物	无		检测线

续表

检测项目			技术要求	检测方法	检测点
20	前座椅	倾斜操作	应灵活正常,无沉重感,正常状态下调节手柄低于坐垫上平面 20 mm	操作调节器,使座椅倾斜装置动作且使靠背停止在任意位置,检查调节器复位的灵活性	检测线路试场
		调节器复位	灵活		
		滑动操纵	应正常	操作滑动杆使座椅滑动,检查调整杆,工作状况和座椅滑动动作;目测坐垫从最前固定位置到最后固定位置的距离,检查滑动后定位是否可靠,然后使滑动手柄复位,检查其复位的灵活性	
		滑动量	135 ~ 145 mm		
		滑动后定位	在任意工作位置能锁定		
		滑动手柄复位	灵活		
		头枕	在工作位置不应自动下滑,拆卸操作力正常	手感、目视检查	
		污垢、杂物	无	目视检查	
		颜色	全套座椅生产厂家、颜色一致		
21	中座椅	倾斜操作	应灵活正常,无沉重感	操作调节器,使座椅倾斜装置动作且使靠背停止在任意位置,检查调节器复位的灵活性	检测线路试场
		调节器复位	灵活		
		头枕	在工作位置不应自动下滑,拆卸操作力正常	手感、目视检查	
		污垢、杂物	无	目视检查	
		颜色	全套座椅生产厂家颜色一致		
22	副座	翻折	灵活	手感	检测线路试场
		固定	可靠,无松动	手感	
		污垢、杂物	无	目视检查	
		颜色	全套座椅生产厂家、颜色一致		

续表

检测项目			技术要求	检测方法	检测点
23	后座椅	污垢、杂物	无	目视检查	检测线路试场
		颜色	全套座椅生产厂家颜色一致		
		锁紧	可靠	手感，解除靠背锁，使靠背前翻	
		解锁	灵活		
		后靠背铰链装配及锁扣	铰链不应松动。锁扣闭锁可靠，折叠功能正常		
		调节器复位	可靠		
24	油门踏板	装配	螺钉拧紧到位	目测、手感	
		自由行程	2 ~ 10 mm	在踏板前端用足感检查	检测线路试场
		最大操作力	60 N 以下	使节气门由全闭位置到全开位置，用足感检查其最大操作力	
		踏板及节气门阻滞和回位	不得阻滞，回位灵活		
		异响	无	用足踩踏板到节气门全开 2 ~ 3 次检查	
25	离合器踏板	装配	螺钉拧紧到位	目测、手感	检测线
		自由行程	10 ~ 25 mm	在踏板前端用足感检查	检测线路试场
		回位	灵活	用足踩踏板使其与底面接触 2 ~ 3 次	
		踏板力	127 N 以下	用足感检查	
26	驻车制动杆	驻车制动器螺栓	装配到位，扭矩值 18 ~ 22 N · m，作红色标	扭力扳手、目测	检测线
		按扭回位	正常，手柄胶套装配牢固，无松脱	用手按齿杆顶端的按钮 2 ~ 3 次，到棘轮脱开为止	检测线路试场
		动作范围	3 ~ 6 齿，回位后手柄成水平，空行程小于 10°	以 200 N 的力拉齿杆，数棘轮齿数	

续表

检测项目			技术要求	检测方法	检测点
27	制动踏板	脚踏板支架	装配到位,螺栓扭矩值 20 ~ 30 N · m,红色标	扭力扳手、目测	
		自由行程	1 ~ 6 mm	用足触动踏板前端检查	检测线 路试场
		最小间隙	最小间隙大于 95 mm	在踏板上加 300 N 的踏力,检查踏板与前壁间的最小间隙	
		回位	灵活	在踏板上加 300 N 的踏力,踩踏 2 ~ 3 次检查	
28	安全带	装配	装配可靠	用手检查安全带检查	检测线 路试场
		收放	灵活		
		锁紧	可靠		
29	机油	油量	机油品质不低于 QE 级,加注量在机油尺上下刻度内	拔出机油尺检查	检测线
30	电瓶		紧固可靠,正负极线不能装反	目测、手感	
31	碳罐		管路连接正确,卡紧	手感	
32	空气滤清器		紧固可靠	手感	
33	发动机V型皮带(含压缩机皮带)	松紧	挠度:6 ~ 9 mm	在水泵和发电机皮带轮之间施加 98 N 的力,直尺测量 V 型皮带的挠度,通常用手感检查	检测线
		间隙	与发动机零件的间隙应大于 3 mm,与车身的有关零件的间隙大于 10 mm	V 型带与发动机零件及车身零件的间隙用直尺测量,但通常用目测	检测线

实作训练 7.2

请你在教师的指导下,进行外观及零部件工作状态检测训练。

实作鉴定7.2　外观及零部件工作状态检测

鉴定内容	鉴定结果	
	合　格	不合格
各种工、量具的使用		
车辆标志检查		
玻璃检测		
轮胎检测		
汽车油液加注检测		
车门检测		
仪表板检测		
保险杠检测		
内饰检测		
座椅检测		
安全带检测		
操纵机构检测		
发动机外观检测		
点火开关检测		
蓄电池检测		
工、量具的清洁		
工、量具的摆放		
工、量具的使用规范		
工、量具的安全使用注意事项		
学生：	教师：	日期：

7.3 灯光指示与电器检测

任务准备

- 汽车实训室、整车、灯光指示与电器检测所需工具与设备。
- 灯光指示、电器设备检测项目及技术要求。

任务实施

各种灯光指示和电器检测项目如表7.3，但根据生产厂家及车型的不同，检测项目及技术要求会有所不同。

表7.3 灯光指示和电器检测项目

检测项目			技术要求	检测方法	检测点
1	点火开关	动作	应正常	用点火钥匙按“OFF→ACC→ON→ST”操作检查	检测线路试场
2	发动机启动	启动性能	应在3次以内启动成功	当离合器踏板踩到底，油门踏板不踩动，转动点火钥匙启动位置(ST)保持3 s，然后释放钥匙使其自动回到接通位置(ON)保持3 s，反复进行	检测线路试场
3	ECU		紧固可靠，线束插接牢固	目测、手感	
4	机油压力报警灯蓄电池充电状况报警灯	亮和灭	点火开关接通灯应亮，发动机启动后灯应灭	使点火开关接通，检查报警灯是否亮；然后启动发动机，检查是否灭，同时检查灯光颜色	检测线路试场
		灯光颜色	灯亮时应为红色		
5	驻车制动系报警灯	亮和灭	点火开关接通，驻车制动闭锁时应燃亮，驻车制动解锁时应灭	在点火开关接通，驻车制动机构处于闭锁状态，检查报警灯是否亮；且驻车制动器解锁是否应灭	检测线路试场
		灯光颜色	灯亮时应为红色		

续表

检测项目			技术要求	检测方法	检测点
6	前、后示宽灯牌照灯	亮和灭	接通时应亮，断开时应灭	组合开关按接通和断开进行检查	检测线路试场
		亮 度	左、右相同		
		灯光颜色	前示宽灯为白色，后示宽灯为红色，牌照灯为白色		
7	前照灯及变灯信号	照明开关工作	与开关指示一致	照明开关按断开→接通（Ⅰ）→接通（Ⅱ）操作检查	检测线路试场
		变光开关工作		变光开关按远光→近光操作检查	
		前照灯工作	远光、近光均应亮	使照明开关在前照灯接通位置变光开关按：远光→近光操作检查	
		宽度	左、右应一致		
		远光变光指示信号	变光开关在远光位置应亮，在近光位置时应灭		
8	仪表灯	仪表灯工作	应亮	照明开关处于前照灯接通位置（Ⅰ）时检查	检测线路试场
9	收放机	收放机工作	应响	收放机电源开关接通时检查	检测线
10	转向信号灯	开关工作	与开关指示位置一致	照明开关按：（左）接通→断开→（右）接通操作检查	检测线路试场
		闪 光	接通时应闪光	使照明开关在（左）接通位置和（右）位置时检查	
		闪光频率	频率稳定，且正常		
		亮度	左右应相同		
		开关回位	应正常，且开关在断开位置	开关在接通方向，使转向盘转 1/2 转后到原位（断开），并对左右方向检查	
11	危险报警闪光灯	开关工作	与开关指示位置一致	报警开关按：接通→断开操作	检测线路试场
		闪光	左右转向信号灯、仪表指示灯应同时闪光	报警开关在接通位置时检查	
		闪光频率	频率稳定，且正常		

续表

检测项目			技术要求	检测方法	检测点
12	制动灯	灯亮	制动踏板(前端)被踩下 2 ~ 12 mm 时,灯应亮	踩动制动踏板,用足感检查制动灯在亮时踏板被踩下位置以及灯光亮度和颜色	检测线路试场
		亮度	左右相同,比后示宽灯更亮		
		颜色	应为红色		
13	倒车灯	倒车灯工作	灯应亮	点火开关接通,使换挡杆在倒车挡位置时检查	检测线路试场
		亮度	左右应相同		
		灯光颜色	应为白色		
14	顶灯	开关工作	与开关指示位置一致	顶灯开关按:断开→车门→接通操作	检测线路试场
		亮与灭	门开时应亮,门闭时应灭	顶灯开关接通,开关前端左右车门检查	
15	喇叭	按钮回位	应灵活	按钮按:接通→断开操作检查	检测线路试场
		音量、音色	应正常且无浊音	在点火开关接通,按钮也接通时检查	
16	刮水器	开关工作	与开关指示一致	刮水机开关按:断开→低速工作→高速工作操作,用目测法检查	
		工作速度			
		擦拭残渣	应无	使刮水机在低速工作和高速工作时检查	
		异响			
		刮片自动复位的位置	距水平方向密封条距离为 10 ~ 40 mm	刮水机工作,喷射洗涤液,然后刮水机开关断开,检查刮片与水平方向上的密封条间的距离	
17	风窗洗涤液	喷射位置	应喷射在距刮片擦拭中心半径为 100 mm范围内	在点火开关和洗涤器开关接通时检查	

续表

检测项目			技术要求	检测方法	检测点
18	暖风装置	开关工作	与开关指示一致	暖风风扇开关按:接通→断开操作	检测线路试场
		通风位置选择旋钮动作	应灵活	用通风选择旋钮操作各通风位置	
		温度控制旋钮动作		按“冷、热”位置操作温度控制旋钮	
		空气内外循环操纵杆动作		操作杆按:内循环→内外循环操作	
		送风状态	送风应正常,送风强度与开关位置一致,通风选择旋钮位置与送风方向和部位相同,风温随温度控制旋钮的位置而变化	在点火开关和暖通风扇开关接通时,检查送风状态。在各位置用通风选择旋钮检查送风方向、送风部位,用风量选择杆检查送风强度,在“冷、热”位置用温度控制旋钮检查风温	
19	制冷空调	空调工作	与开关指示一致	发动机运转后,空调开关按:接通→断开操作	检测线路试场
		自动关闭	应能自动关闭,10 s 后自动接通	踏下加速踏板至全行程 90% 时检查,再松开踏板 10 s 后检查	

实作训练 7.3

请你在教师的指导下,进行灯光指示与电器检测训练。

实作鉴定 7.3　灯光指示与电器检测

鉴定内容	鉴定结果	
	合　格	不合格
各种工、量具的使用		
检测设备的使用		

续表

鉴定内容	鉴定结果	
	合 格	不合格
启动性能检测		
各种警报指示灯检测		
前照灯及开关检测		
转向信号灯及开关检测		
收音机检测		
制动灯检测		
倒车灯检测		
空调检测		
风窗洗涤液检测		
工、量具的清洁		
工、量具的摆放		
工、量具的使用规范		
工、量具的安全使用注意事项		
学生：	教师：	日期：

7.4 底盘检测

任务准备

- ➢ 汽车实训室、整车及底盘检测所需工具与设备。
- ➢ 底盘检测项目及技术要求。

任务实施

7.4.1 底盘检测规程

1）检查各零部件装配正确、紧固，无松动、错装、漏装现象，排放控制系统和 ABS 控制系统各零部件及总成表面及连接部位应干燥、清洁，无油、水、及润滑脂附着。

2）燃油供给系统总成及部件装配正确、联结可靠，无管路弯折、干涉和渗漏现象。

3)发动机、变速器、传动轴、后桥、减振器安装正确、联结可靠,无管路弯折、干涉和渗漏现象。

4)发动机进、排气系统零部件及总成联结可靠,无渗漏、干涉现象。

5)制动系统零部件或总成及联结部分装配正确、可靠,无干涉、渗漏现象。

6)发动机冷却系统和空调系统各零部件及总成连接正确、牢固,管路无干涉、渗漏现象。

7)电气线索装配、卡接正确、牢固,与发动机转动部分间隙大于3 mm,其护套不允许直接搁置在发动机及消声器等高温表面。

8)装好发动机挡泥板。

7.4.2　前束试验

(1)试验设备及工具

前束试验台双头扳手和扭力扳手。

(2)试验方法

1)试验台处于正常状态。

2)引车员观察前一辆车侧滑合格后,将车辆对准导向装置缓慢驶入试验台,熄火、换挡处于空挡位置,行驶中不允许紧急制动。

3)引车员下车,开始测试后,观察左右前轮前束值大致相同,用方向盘夹具固定方向盘。

4)前束调整员松开转向拉杆螺母,均匀调整左右转向拉杆螺母,测量前束值在规定范围内:前束角度值以车型的要求为准,左右大致均等,实际调试时以满足测滑为准。

5)前束调整结束后,用双头扳手紧固拉杆的锁紧螺母,打扭力,涂色标。

6)调整合格后,前束调整员松开车轮夹紧装置,按铃提示引车员缓慢驶出试验台。

7.4.3　前轮侧滑试验

(1)试验设备

侧滑试验台。

(2)试验方法

1)试验台处于正常状态。

2)车辆以4 km/h的速度驶入试验台,通过时不允许转向和制动。在前轮完全通过试验台时,目视侧滑仪表数值量,记录侧滑数据,应在0~3 m/km范围内。

3)如侧滑不合格,应返回前束试验台重新调整前束,重复上述试验。

4)调整方向盘,使方向盘幅条角度差不大于3°。

5)严禁在侧滑板上进行制动和转向。

7.4.4　前轮转角试验

(1)测试设备和工具

前轮转角试验台、双头扳手。

(2)试验方法

1)试验台处于正常状态。

2)车辆缓慢驶入试验台,不允许转向和紧急制动。

3)在前轮完全驶入试验台后,拉紧手刹,换挡处于空挡位置,左右转动方向盘至极限位置,目视数字屏数值量,记录转角数据, YJ5 应在内角:35°~41°、外角 33°~39°范围内。

4)如转角不合格,重新调整,重复上述试验。

5)方向盘游隙左右不大于 7.5°,转弯指示灯,紧固方向盘锁紧螺母(扭矩要求 25~40 N·m),涂色标,盖上方向盘盖板。

7.4.5 转鼓试验

(1)试验设备

转鼓试验台。

(2)试验方法

1)试验台及各种安全防护装置、排烟装置处于正常状态。

2)换挡处于空挡位置,启动发动机,检查各部分应无振动和异响,离合器按踩到底和不踩两种情况检查各部位,应无异常振动和异响。

3)车辆进入试验台后,使其中心线和试验台中心线基本一致,在 3 s 和 0.5 s 内使节气门从全闭到全开分别进行各挡位的缓加速和急加速试验,不允许变速器各挡位脱挡、离合器打滑、转向轴窜动、发动机及其他各部位异常振动和噪声等不正常现象出现,其车速表指针摆动在正负 1 km/h 范围内。

4)在倒挡加速到 10 km/h 以上车速时,各部位应无异常振动和响声。

5)分别进行 60 km/h 和 80 km/h 的定额运转以及 100 km/h 的高速运转 3 s 以上,不允许转向轴窜动、方向盘抖动、发动机及其他各部位异常振动和噪声等不正常现象出现。

6)以 40 km/h 定额运转 5 s 以上,记录车速表数据应在 40~45 km/h 范围内。

7.4.6 制动(ABS 系统)检测

(1)试验设备

制动试验台、ABS 检测仪。

(2)试验方法

1)试验台处于正常状态。

2)车辆垂直驶入试验台滚筒上,中心线与试验台中心线基本一致,换挡处于空挡位置进行测试。

3)测试记录前后制动力数据,表 7.4 是一款车型的前后制动力数据。

表 7.4 前后制动力数据

前初始力	后初始力	前轮合力	前轮差力	制动力和	后轮差力	手制动力
≤230 N	≤220 N	≥2 735 N	≤304 N	≥5 410 N	≤365 N	≥2 015 N 或抱死

(3)进行 ABS 的检测

1)关闭汽车电源,将便携式 ABS 测试仪插头插入汽车上已备的 ABS 检测专用插口。

2)将便携式故障诊断仪选择开关打到"前轮"。

3)打开汽车电源,过 5~10 s 后,观察仪表台板上的 ABS 显示灯。如果灯闪烁频次为一长两短,进入第 4 步骤,否则,按动便携式故障诊断仪复位按钮两次,若出现闪烁频次为一长两短,进入第4步骤,仍然不能出现一长两短闪烁频次的,视为ABS系统故障,将车移回总装车间返工。

4)踩住制动踏板,过3~10 s后,出现制动力瞬间失去的现象,则为ABS系统前轮部分合格;10 s内不能出现制动力瞬间失去现象的,视为ABS系统故障,将车移回总装车间返工。

5)关闭汽车电源,将便携式ABS检测仪开关打到"后轮"。打开电源,过5~10 s后,观察仪表台板上的ABS显示灯,如果灯闪烁频次为一长两短,进入第7步骤,否则,按动便携式故障诊断仪复位按钮两次,若出现闪烁频次为一长两短,进入第7步骤,仍然不能出现一长两短闪烁频次的,视为ABS系统故障,将车移回总装车间返工。

6)踩住制动器,过3~10 s后,出现制动力瞬间失去的现象,则为ABS系统后轮部分合格,10秒内不能出现制动力瞬间失去现象的,视为ABS系统故障,将车移回总装车间返工。

7)前轮和后轮部分均合格的,则为ABS系统合格,汽车驶出制动试验台,将制动试验台转换开关打到"普通检测"。

(4)**真空助力器临时检测**

1)首先检查气密性

①启动发动机。

②发动机运行1~2 min后,停止运转。

③用相同的制动力踩制动踏板几次,注意观察踏板行程,如果第一次踏板下沉很深;第二次和第三次踩下踏板时,其行程减少,表示气密形成。

④如果踏板行程不变,表明气密未形成。

2)检查是否工作

①发动机停止运行后,用相同的力,踩动制动踏板几次,确认踏板行程未改变。

②启动发动机同时,踩动制动踏板,如果踏板行程有少许增大,则表明助力器工作良好,但是如踏板行程无变化,则表明助力器有故障。

3)制动测试不合格时,需要检查调试制动系统,重作制动试验。

实作训练7.4

请你在教师的指导下,进行底盘检测训练。

实作鉴定7.4 底盘检测

鉴定内容	鉴定结果	
	合 格	不合格
各种工、量具的使用		
检测设备的使用		
各零部件装配情况检查		
燃油供给系统总成及部件安装检查		

续表

鉴定内容	鉴定结果	
	合　格	不合格
发动机、变速器、传动轴、后桥、减振器装配检查		
发动机进、排气系统零部件及总成装配检查		
制动系统零部件或总成及联结部分检查		
发动机冷却系统和空调系统各零部件及总成检查		
电气线索装配检查		
发动机挡泥板装配检查		
前束试验		
前轮侧滑试验		
前轮转角试验		
转鼓试验		
ABS 检测		
真空助力器临时检测		
工、量具的清洁		
工、量具的摆放		
工、量具的使用规范		
工、量具的安全使用注意事项		
学生：	教师：	日期：

7.5　汽车总装扭力抽查

任务准备

➢ 汽车实训室、整车及汽车总装扭力抽查所需工具与设备。

➢ 汽车总装扭力抽查项目及扭力要求。

任务实施

汽车总装扭力要求如表 7.5 所示，但根据生产厂家及车型的不同，抽查项目及扭力要求会有所不同。

表7.5 汽车总装扭力要求

编号	抽查项目	编号	抽查项目	编号	抽查项目
1	前悬挂螺母扭矩60～85 N·M(黄漆)	13	后拖臂、横向杆螺栓扭矩70～90 N·M(黄漆)	25	发动机左、右支架与车体连接螺栓扭矩45～65 N·M(黄漆)
2	脚踏板支架螺母、螺栓扭矩20～30 N·M(红漆)	14	点火线圈螺栓扭矩6～12 N·M(黄漆)	26	发动机后吊耳与车体连接螺母扭矩35～55 N·M(黄漆)
3	(脚踏板支架、前围处四通、比例阀)制动油管螺母扭矩14～18 N·M(红漆)	15	后制动油硬管连接螺栓扭矩14～18 N·M(红漆)(后桥分装)	27	发动机车体支架与发动机连接35～55 N·M(黄漆)
4	制动油管、制动总泵总装工序	16	后制动器、差速器螺栓扭矩18～28 N·M(黄漆)(后桥分装)	28	燃油箱螺栓扭矩18～28 N·M(黄漆)
5	制动油管、ABS作动器总装工序	17	后桥加油螺塞45～65 N·M	29	传动轴连接螺栓扭矩40～60 N·M(黄漆)
6	作动器与制动油管连接螺母扭矩14～18 N·M(红漆)	18	骑马螺栓扭矩40～60 N·M(黄漆)(后桥分装)	30	前悬压杆支座螺栓扭矩45～65 N·M(黄漆)
7	四通十字接头连接螺母扭矩14～18 N·M(红漆)	19	后桥前吊耳螺母扭矩44～69 N·M(黄漆)	31	消音器螺母扭矩45～55 N·M(黄漆)
8	作动器制动油管连接螺母扭矩14～18 N·M(红漆)(分装)	20	后桥后吊耳螺母扭矩29～54 N·M(黄漆)	32	空调压缩机螺栓扭矩7.5～10.5 N·M
9	感载阀连接螺母扭矩14～18 N·M(红漆)	21	传感器十字槽六角头螺钉8～12 N·M(后桥分装)	33	稳定杆支架螺栓扭矩20～30 N·M(黄漆)
10	后桥减振器螺母、螺栓扭矩45～65 N·M(黄漆)	22	空调吸入管、排出管总装工序	34	连接杆(下)螺母扭矩18～28 N·M(黄漆)
11	后制动油软管螺母扭矩14～18 N·M(红漆)	23	1号吸入管与2号吸入管连接螺母扭矩28～32 N·M(兰漆)	35	前桥本体与车体连接螺栓矩80～110 N·M(黄漆)
12	后桥总装、制动油管总装工序	24	2号排出管与干燥器出口管连接螺母扭矩13～15 N·M(兰漆)	36	前桥本体与摇臂连接螺栓扭矩60～85 N·M(黄漆)

续表

编号	抽查项目	编号	抽查项目	编号	抽查项目
37	压缩杆与前桥摇臂连接螺栓扭矩 80 ~ 110 N·M(黄漆)	45	前桥摇臂与转向节连接螺栓扭矩 45 ~ 65 N·M(黄漆)	53	排出管与蒸发器连接螺母扭矩 13 ~ 15 N·M(蓝漆)
38	转向横拉杆总成螺母扭矩 70 ~ 100 N·M(黄漆)(分装)	46	横拉杆与转向节连接螺母扭矩 30 ~ 55 N·M(黄漆)	54	换挡操纵控制装置螺栓扭矩 10 ~ 16 N·M(红漆)
39	转向齿轮齿条机构压板扭矩 20 ~ 30 N·M(黄漆)(分装)	47	前制动软管螺母扭矩14 ~ 18 N·M(红漆)	55	手制动器螺栓扭矩 18 ~ 22 N·M(红漆)
40	下转向轴连接螺栓扭矩 20 ~ 30 N·M(黄漆)(分装)	48	转向器上下部连接螺栓扭矩 11 ~ 17 N·M(红漆)	56	安全带器螺栓扭矩 25 ~ 45 N·M(红漆)
41	转向器分装工序	49	上下转向轴连接螺栓扭矩 20 ~ 30 N·M(黄漆)	57	前挡风玻璃总装工序
42	前制动盘、前制动软管总装工序	50	转向器总装工序	58	前座椅铰链螺栓扭矩 25 ~ 45 N·M
43	转向节与减振器连接螺栓 80 ~ 110 N·M(黄漆)	51	空调蒸发器总装工序	59	轮胎螺母扭矩 60 ~ 120 N·M(蓝漆)
44	燃油系统泄漏、通气量按国家标准抽查	52	吸入管与蒸发器连接螺母扭矩 30 ~ 35 N·M(蓝漆)	60	连接杆(上)螺母扭矩 40 ~ 60 N·M(黄漆)

注意

■ 记录上的“项目编号”与本表“编号”一一对应。

■ 在“VIN 号(件数)”栏内填写所抽车的车型代号和最后六位 VIN 号,无法填写 VIN 号的填写件数。

■ 在“结果”栏的左边一栏内填写检测数据(不能检测出具体数值的项目不填写);右边一栏内进行抽查判定,合格的打“√”,不合格的打“ ×”。

■ “燃油系统泄漏、通气量按国家标准抽查”每班抽查一次,在“VIN 号”栏内填写所抽车的车型代号和最后六位 VIN 号,在“结果”栏的右边一栏内进行判定,合格的打“√”,不合格的打“ ×”。

■ 不合格的项目,向车间发出返工通知,要求车间对当班已生产的全部车辆的该项目进行返工,并在“备注”栏内填写返工数量,按 3% 的。

■ 数量要求重新抽查,作好 VIN 号和结果记录。

实作训练7.5

请你在教师的指导下,进行汽车总装扭力抽查训练。

实作鉴定7.5 汽车总装扭力抽查

鉴定内容	鉴定结果	
	合 格	不合格
各种工、量具的使用		
检测设备的使用		
检查扭力		
检查是否涂色标		
工、量具的清洁		
工、量具的摆放		
工、量具的使用规范		
工、量具的安全使用注意事项		
学生: 教师: 日期:		

7.6 怠速排放检测

任务准备

- 汽车实训室、整车及怠速排放检测所需工具与设备。
- 怠速排放标准。

任务实施

7.6.1 检测设备

废气分析仪:用于测量机动车汽油发动机排放废气中的 HC、CO、CO_2、O_2 浓度。其中对 HC、CO、CO_2 采用先进的 NDIR 不分光红外分析技术进行检测,对 O_2 采用最新的电化学分析技术进行检测。废气分析仪如图 7.2。

图 7.2　废气分析仪

7.6.2　试验方法

1）测试仪器处于正常状态。

2）车辆停在尾气分析仪旁，发动机在暖机情况下，将采样探管插入排气管 400 mm 左右，怠速稳定5 s后，开始记录 30 s 内测试值的平均值，表 7.6 是几款发动机型号的怠速排放物限值。

表 7.6　怠速排放物限值

机　型	怠速排放污染物限值	
	CO(%)	HC(ppm)
JL465Q5、JL465Q7、JL462Q3	0.27	73
JL474Q	0.23	65

3）测试完毕后，取出抽样管，按清洗键，废气显示回零。

实作训练 7.6

请你在教师的指导下，进行汽车怠速排放检测训练。

实作鉴定 7.6　汽车怠速排放检测

鉴定内容	鉴定结果	
	合　格	不合格
各种工、量具的使用		
检测设备的使用		
怠速排放污染物检测		
工、量具的清洁		
工、量具的摆放		
工、量具的使用规范		
工、量具的安全使用注意事项		
学生：　　　　　教师：	日期：	

7.7 汽车路试与淋雨密封性检测

任务准备

- 汽车实训室、整车、路试与淋雨密封性检测所需工具与设备。
- 汽车路试项目及要求。
- 淋雨密封性检测要求。

任务实施

7.7.1 汽车路试

路试检测及要求见表7.7,但根据生产厂家及车型的不同,检测项目及要求会有所不同。

表7.7 路试检测及要求

序号	检验项目	检验要求
1	暖通、空调	行驶中启动空调后压缩机应开始工作,制冷效果良好,蒸发器部位不漏水,暖风机应能正常工作
2	离合器	用一脚离合器法从低挡到高挡作加速行驶;从高挡到低挡作减速行驶;急启动急加速(前进、后退)行驶及各种速度行驶时,离合器接合柔和,分离彻底,操作中无异响
3	转向系	转向盘无轴向窜动,行驶和制动时转向系无异常振动和响声,转向盘操作轻便,转向灵活,无阻滞,转向后具有自动回正能力
4	换挡变速	用一脚离合器法从低挡到高挡作加速行驶;从高挡到低挡作减速行驶;急启动急加速(前进、后退)行驶及各种速度行驶时,换挡杆位置正确,换挡灵活,不允许有脱挡和跳挡,行驶中无异响
5	制动	以30 km/h点制动时,制动效果良好,不应跑偏,倒车制动时应能制动。制动时应无异常抖动和异响。在坡道上能驻车制动
6	发动机	凭感觉检查油门踏板行程增减应与车速的增减相对应。在怠速空挡和换挡加速时,发动机、变速器等部件应无异响
7	直线行驶性	在平直的路面上,以30 km/h的车速作直线行驶,轻扶方向盘行驶30 m,目测其偏移量,右偏不大于1 m,左偏不大于2 m
8	车体	在怠速、加速行驶和作环行路线及卵石路面行驶时,凭听觉检查车体各零部件应无异常振动和异响
9	振动状况	在卵石路面上行驶过程中整车无异响

续表

序号	检验项目	检验要求
10	雨刮	开关接通后工作正常无异响,开关断开后刮片能自动复位。且与下边缘平行,距离为20~50 mm目测
11	安全带	装配正确,安全带锁片插入锁扣应牢固,按动锁和按钮锁片脱落灵活
12	静态检查	制动总泵及制动油管各接头等不允许有渗漏和附着油
		燃油泵及燃油管等各接合部位应无渗漏
		发动机、变速器、后桥、转向器等不允许偶渗漏和附着油
		散热器及进出水管、水泵等冷却系统及暖通系统应无渗漏
		个零部件应装配正确、无干涉
		目测检查电器系统能见部位线束应走向正确,卡接牢固。收放机、灯光、仪表等应工作正常,信号指标应正确
		在能见范围内,紧固件应装配正确,车架能见部件焊接处应无脱焊现象

7.7.2 淋雨密封性检测

(1)试验设备

淋雨试验室:在模仿自然状态下,强暴雨的淋雨强度,来检测汽车密封性,如玻璃、天窗、车门等的密封性能。主要有淋雨、风干、照明等系统组成的防水,可靠性实验(图7.3)。

图7.3 汽车淋雨实验室

(2)试验方法

1)车辆依次驶入淋雨棚。

2)管路压力调整到0.15 MPa,淋雨3 min后驶出试验棚,观察车体各部位应无渗漏。

3)如淋雨试验不合格,应调整后重作试验。

实作训练7.7

请你在教师的指导下，进行汽车路试训练。

实作鉴定7.7 汽车路试

鉴定内容	鉴定结果	
	合 格	不合格
各种工、量具的使用		
空调检验		
离合器检验		
转向系检验		
换挡变速检验		
制动检验		
发动机检验		
直线行驶性检验		
车体检验		
振动状况检验		
雨刮检验		
安全带检验		
静态检查		
汽车淋雨密封性检测		
工、量具的清洁		
工、量具的摆放		
工、量具的使用规范		
工、量具的安全使用注意事项		
学生：	教师：	日期：